2023

中国智慧教育区域发展研究报告

教育部教育管理信息中心

西北大学　　　　　　　　编著

《中国教育信息化》杂志社

上海教育出版社

SHANGHAI EDUCATIONAL
PUBLISHING HOUSE

图书在版编目（CIP）数据

2023中国智慧教育区域发展研究报告 / 教育部教育管理信息中心，西北大学，《中国教育信息化》杂志社编著. — 上海：上海教育出版社，2024.4
ISBN 978-7-5720-2611-9

Ⅰ.①2… Ⅱ.①教… ②西… ③中… Ⅲ.①地方教育 – 信息化 – 研究报告 – 中国 – 2023 Ⅳ.①G527

中国国家版本馆CIP数据核字(2024)第075390号

策划编辑　刘美文
责任编辑　曹书婧　余佳家
封面设计　周　亚

2023中国智慧教育区域发展研究报告
教育部教育管理信息中心　西北大学　《中国教育信息化》杂志社　编著

出版发行　上海教育出版社有限公司
官　　网　www.seph.com.cn
地　　址　上海市闵行区号景路159弄C座
邮　　编　201101
印　　刷　上海普顺印刷包装有限公司
开　　本　889×1194　1/16　印张16.75
字　　数　356千字
版　　次　2024年8月第1版
印　　次　2024年8月第1次印刷
书　　号　ISBN 978-7-5720-2611-9/G·2302
定　　价　88.00元

如发现质量问题，读者可向本社调换　电话：021-64373213

编　委　会

顾瑞华　江苏省苏州市电化教育馆

吕晓棠　江苏省苏州市电化教育馆

李　萌　陕西省西安市西咸新区教育体育局

张　龙　陕西省西安市西咸新区教育体育局

张西强　陕西省西安市现代教育信息技术中心

秦红斌　上海市教师教育学院

康永平　上海市闵行区教育局（现上海市莘光学校）

冯吉红　上海市徐汇区学校事务管理中心

卢冬梅　天津市和平区教育局（现天津第十九中学）

厉先光　浙江省东阳市教育局

项目负责人

刘曦崴　教育部教育管理信息中心

编写团队

西北大学袁新瑞团队：张原瑞　毛海平　陈靖文　周润泽　褚禹江　段晓莹

西北师范大学俞树煜团队：高　畅　彭　宽　朱秀琪　刘　楠　胡梦颖

深圳大学曹晓明团队：何　涛　罗九同　李心怡　徐诗婷　曾　莹

淮北师范大学张琪团队：蔡荣啸　周晨韵　颜　欣　华　伟

（以下按照区域名称拼音字母排序）

广东省东莞市教育信息中心姚永安团队：程庆雷　范夫伟　梁卫卫　李贤康

河南省教育资源保障中心苏晨团队：王志伟　胡培林　袁娜斐

湖北省荆门市电化教育馆钟守春团队：侯　凯　黄晓东　黄万彪

湖北省武汉市汉阳区教学研究培训中心谭婷团队：盛　菁　朱嘉卉　陈　明　张　进　陈顺清

江苏省南京市电化教育馆陈平团队：沈书生　沈　莹　章　伟　邵吉荣　沈乃飞

江苏省苏州市电化教育馆顾瑞华团队：肖年志　王稔春　唐　玮

陕西省西安市西咸新区教育体育局李萌团队：马　磊　张新刚　张　龙

陕西省西安市现代教育信息技术中心张西强团队：贾　毅　段宇萍　史　婷　王　强　张　澎

上海市闵行区教育局康永平团队：马嘉敏　沈　晶

上海市徐汇区学校事务管理中心冯吉红团队：陈晓冬　陈　昶　吴怡然　何　芳　孙佳菁

浙江省东阳市电化教育馆厉先光团队：吕楚麟　陈　琳　张海玉　杜　芬　赵国晓

前　言

距离上一期的《中国智慧教育区域发展研究报告（2021）》的出版已经过去两年了，2022年的研究报告因为各种原因没能出版。而这两年，注定是不平凡的两年。首届世界数字教育大会在中国的召开和以 ChatGPT 为代表的生成式人工智能的出现与大讨论，是人类历史上划时代的重大事件。同时，我们基于在线教学实践，开始思考数字时代智慧教育发展的长远路径。2022年，教育部将教育数字化转型纳入年度工作要点，各司局站到前台讨论教育数字化工作，开启了数字时代教育发展的新征程。党的二十大报告指出要"推进教育数字化，建设全民终身学习的学习型社会、学习型大国"，发展数字教育和教育数字化转型成为我国教育重大战略，为智慧教育发展擘画了更广阔的空间。实践领域，继 ChatGPT 之后，众多大模型和生成式人工智能产品被推出，精彩纷呈的实践应用引发了教育变革的新赛道，知识重组、学习模式变革真真切切来到了人们眼前，变革的声音逐步趋向统一。这些变化，预示着智慧教育进入数字时代，开启了教育模式转段升级的变革期。

在这个重要的时期，研究报告编写组在教育部教育管理信息中心的组织下，与全国多个省、市、县（区）和西北大学、北京师范大学、西北师范大学、深圳大学、辽宁省电化教育馆等研究团队共同努力，圆满完成了2023年的研究报告，从更广阔的视角向读者呈现我国智慧教育发展的进程：一是概念与内涵的发展；二是发展新动态；三是区域聚焦观察；四是区域特色案例；五是发展指数与特征趋势；六是智慧教育大家谈。

报告根据以上内容分为六个章节。

第一章概念与内涵：阐述了本报告对智慧教育概念与内涵的新认识，对教育信息化、教育数字化和数字化转型、智慧教育的概念发展，以及各概念之间的关系进行了梳理和统一，并从几位专家的视角对核心概念进行了解读。

第二章发展新动态：从研究热点、区域工作热点、技术热点和2023大事记四个方面展现智慧教育发展进程中的新鲜事。

第三章区域聚焦观察：通过对国家级新区和温州市的聚焦观察，呈现较为先进的区域智慧教育规模化发展的特征与趋势。

第四章特色实践案例：本章涉及的区域一般是在智慧教育发展方面较为积极和主动的区域，有系统的组织推进举措。

第五章发展指数与特征趋势：关于指数的研究始于 2019 年，经过三年的不断完善，本期推出综合发展指数，用数字记录发展的历程。另外，本章基于本报告提出的指标体系，分析了智慧教育的发展特征，并进一步基于学理分析，提出了智慧教育的发展趋势。

第六章智慧教育大家谈：呈现有代表性的专家学者对智慧教育发展的看法。

本研究报告的编写，是在教育部教育管理信息中心的高度关注和精心指导下开展的，倾注了编写组的辛勤汗水，受到了各区域参与团队的热情关切。但是，我们的工作难免存在疏漏，恳请各位读者和同行给予批评指正！

执行主编　袁新瑞

2023 年 12 月 31 日

目 录
CONTENTS

第一章

CHAPTER 1
概念与内涵

第一节 智慧教育概述

一、定义与内涵

当我们回顾教育发展的历程，可以发现：智慧教育的发展正经历着从智慧传播到系统重构的过程。《中国智慧教育区域发展研究报告（2020）》中详细阐述了"智慧教育"概念的发展，并对其内涵进行了初步定义：智慧教育是指在现代教育理论的指导下，通过构建信息技术赋能的互联、开放、泛在的多元交互与三元（物理空间、信息空间、人类社会）智能教育系统，构建以学习者为中心的教学和学习模式，实现学习者高效知识掌握，深度思维、个性能力和智慧发展的新型教育。[①]智慧教育是以技术为支撑，由教育发展需求驱动的一场教育变革，它带来的并非仅仅是对教学模式的改变，而且是对整个教育系统的重构。它是一种正在发生的、在当前教育变革中占据主导地位的教育模式，也是信息技术融入教育教学后，对整个教育系统引发系统性变革的新型教育模式。

自"十四五"规划实施以来，国家出台系列政策加强教育数字化建设，党的二十大首次将"推进教育数字化"写入党的重要文件，可见数字化正深刻影响着教育的发展变革。数字时代，技术引起社会结构的三元化，教育同步迎来百年未遇之大变局。数字要素作为新的生产力赋能教育，必会引起教育系统生产关系的根本变化，教育的底层逻辑在变：学习来源不再仅仅是教师，学生由"向教师学"转变为"向信息空间学"，互联网付费学习模式在质疑声中蓬勃发展；"ChatGPT 们"的出现给我们带来"教什么、怎么教"的问题，教学内容不应该仅停留在"教知识"，更要注重"教能力"。从"三通两平台"建设，到"智慧教育示范区"项目启动与"教育新基建"政策出台，国家推进智慧教育的重心正由"硬件主导"步入"协同创新"阶段，并通过"提质增能""区域带动""优势引领"的方式实现智慧教育的深入实践。人工智能、大数据、云计算等数字智能技术为智慧教育新的发展赋能，智慧教育不再局限于基础设施建设和功能应用，而是更加强调全面融入和影响教育生态，促成新的教育体系转型与变革。当前社会已进入一个"人机协同""认知增强""虚实融合"的数字化学习时代，我国智慧教育迈向发展新时期。基于上述分析，参考《中国智慧教育区域发展研究报告（2020）》中的相关定义，笔者将对"智慧教育"的概念和内涵作进一步细化。

数字时代的智慧教育是在现代教育理论的指导下，利用数字技术赋能的互联、开放、泛

---

① 教育部教育管理信息中心，《中国教育信息化》杂志社，腾讯智慧教育发展研究中心 . 中国智慧教育区域发展研究报告（2020）[M]. 北京：北京大学出版社，2020：14-15.

在、智能的教学数字空间重构教育系统的结构，支持以学习者个性化发展为目标的教学和学习模式，实现大规模因材施教，构建现代化教育治理体系，促进学习者高效掌握知识，推动思维、能力与智慧协同发展的新型教育。数字要素和智能技术赋能的教育系统结构转型是数字时代智慧教育发展的核心手段，通过大规模因材施教实现人的个性化发展是核心内涵，教育数字化转型的结果是智慧教育在数字时代的新发展。

根据该定义，智慧教育可以分为以下四个层次。

1. 理论基础是现代教育理论，就是建构主义的学习理论和联通主义的学习理论。建构主义学习理论强调知识不是依靠教师传授得到的，而是学习者在一定情境下，借助他人的帮助，利用必要的学习资源，通过意义建构的方式获得的。联通主义学习理论认为学习最本质的东西是联通的能力和过程，是学习者面对各种各样的知识和知识之间，能够在自己的认知体系里形成一个系统的网状结构，达到对知识的迁移应用的学习目标。

2. 手段是数字要素和智能技术赋能的大规模因材施教。通过构建一个教学信息空间，重构传统的教育系统结构，进而在"教"的方面实现大规模因材施教，在"学"的方面实现学习者的个性化发展。

3. 目标是希望通过上述手段的教学，促进学习者对知识的高效掌握，同时实现学生思维与能力的个性化与多元化发展，由此带来教育系统理论体系、教学内容组织与传播、教学空间系统、教学与人才培养模式的变革。

4. 在实践过程中，《中国智慧教育区域发展研究报告（2020）》中提出智慧教育数字化转型的四维路径：课程体系重构、学习空间再造、学习方式多元、治理体系变革。课程体系重构是让课程更加个性、严谨，并形成跨学科的课程整合。学习空间再造要求学习空间能够基于线上线下的融合灵活重组，并通过智能化的手段来提升学习效率，创新改革方式方法。然后在前两者的基础上，实现学生学习方式的多元化，实现信息技术支撑下的大规模因材施教，进而驱动教育治理体系的重构。

在当前我国以区域为单位的智慧教育发展背景下，基于上述四维路径，我们对智慧教育的实践特征作如下分析。

1. 教学内容数字化：在线教育是新动能，教学资源是核心要素。我国教育需求已从"有学上"转变为"上好学"，想要实现资源分配均匀且高质量的教学，就需要整合有限的优质资源支撑大规模教育需求。将优质教育资源以在线课程的方式沉淀下来非常重要。在线教学在质疑中不断壮大，愿意付费在线学习的人越来越多。将优质在线课程、知识图谱、题库等互联网教学资源与学校教学融合的实践路径初露锋芒。

2. 教学环境数字化：联通的大平台是放大器，技术重构终端是连接器。国家智慧教育平台统领下的"互联网＋教育"大平台是数字化转型中统领各方力量的稳定器，各区域平台互联互通、资源共享，形成整体的信息空间是国家推进智慧教育发展与高质量教育体系建构的关键因素。未来，利用技术重构终端和交互系统实现智慧教室、实验室、功能部室、科技馆、博物馆等教学环境的数字化需要企业与学校共同探索。

3. 学习服务数字化：规模化下的个性化是灵魂。信息社会下的人才需求观已从知识型、技能型人才观转变为创新型人才观，人才选拔的模式改变，学习的目标、内容、路径、方法也会随之发生变化。信息时代下，教育正在经历由规模化向规模化下的个性化发展的历史变革。人工智能在教学科研和学习支持方面有着巨大的应用价值，能够驱动规模化下的个性化教学，促进学习者个性化发展。

4. 教育治理数字化：大数据与教育评价是驱动机。教育管理与学习评价是数字化教育中重要的新型生产关系，教育实质上是评价和选拔的问题，评价是选拔的依据，所以教育评价是否多元、个性、精准从根本上影响教育的发展。人工智能、大数据为学习评价和人才选拔带来新手段，数据要素为评价、交互、内容供给带来新的生产力，由此助力教育系统全新生产关系的构建。

二、概念辨析

近年来，教育发展变革的历程中涌现出不少新兴词汇："教育信息化""教育数字化""智慧教育""电化教育""网络教育""数字教育""互联网＋教育""教育数字化转型"等，很多人都在热议这些词汇，但实际上对它们的概念没有非常清晰的认识，甚至认为它们都是同一回事。所以，我们将基于上述对智慧教育的定义，对"教育信息化""教育数字化"和"智慧教育"作一个概念的辨析。

"教育信息化""教育数字化"和"智慧教育"这三个词来自不同的政策表述，它们之间互相关联。

"教育信息化"的首次提出是在 2006 年 3 月中共中央办公厅、国务院办公厅印发的《2006—2020 年国家信息化发展战略》。此后教育信息化进程不断发展，以教育信息化带动教育现代化成为我国教育事业发展的战略选择。《教育信息化"十三五"规划》提出，到 2020 年基本建成"人人皆学、处处能学、时时可学"，与国家教育现代化发展目标相适应的教育信息化体系。教育部印发的《教育信息化 2.0 行动计划》指出，通过实施教育信息化 2.0 行动计划，到 2022 年基本实现"三全两高一大"的发展目标。

"教育数字化"的内涵可追溯至 2016 年 3 月发布的"十三五"规划纲要，其中"数字中国"被上升为国家战略层面，此后数字化和数字化转型被引入教育领域；在党的十九大、"十四五"规划纲要进一步提出数字化转型的背景下，2021 年 7 月，教育部等六部门发布《关于推进教育新型基础设施建设构建高质量教育支撑体系的指导意见》，提出要以教育新基建促进线上线下教育融合发展，推动教育数字转型、智能升级、融合创新，支撑教育高质量发展；《教育部2022年工作要点》明确提出实施教育数字化战略行动，建设国家智慧教育公共服务平台；党的二十大报告中提出要推进教育数字化，建设全民终身学习的学习型社会、学习型大国；2023年2月，中共中央、国务院印发《数字中国建设整体布局规划》，指出促进数字公共服务普惠化，大力实施国家教育数字化战略行动，完善国家智慧教育平台。

可以看到，教育信息化是先于教育数字化提出的，但我们认为数字化不是信息化的高级阶段，而是信息化的基础手段。教育信息化发展到一定阶段后，伴随数字化的积累与普及，会引起业务模式和系统形态的转变，也就是我们所说的"教育数字化转型"，数字化转型的发生使得教育信息化进入高级阶段。

"智慧教育"是一个教育发展目标概念，数字要素和智能技术为智慧教育发展带来了新的生产力，也为智慧教育的目标实现带来可能，信息化、数字化的积累与转型利用技术要素赋能智慧教育变革，助力高质量教育体系构建。至于"电化教育""网络教育""数字教育""互联网＋教育"等，都是通过某种信息技术手段实现教育目标，而教育的目标是实现人的发展。

第二节　核心概念解读：专家视角

现代信息技术深刻改变着人类的思维、生产、生活与学习方式，为教育发展提供了新动能。在信息技术与教育深度耦合的过程中，出现了不同形态的概念。尤其是随着"数字中国"国家战略的提出，"教育数字化"概念出现的频率显著增加，整个教育界也在关注和研讨如何应对时代之变，探索教育数字化转型的原理和策略。为此，项目组特邀国内教育信息化领域的知名专家，对教育信息化、智慧教育和教育数字化等概念展开解读与剖析，以期能够正本清源，厘清相关概念的区别和联系。

一、黄荣怀，北京师范大学教授 [①]

数字技术具有巨大的变革潜力，教育数字化转型作为国际教育改革与发展的战略选择，已

① 观点整理自如下文献：黄荣怀. 以教育数字化构建学习型社会基座［N］.学习时报，2023-02-06（04）；黄荣怀. 加快教育数字化转型，推动学校高质量发展［J］.人民教育，2022（Z3）：28-32；黄荣怀，杨俊锋. 教育数字化转型的内涵与实施路径［N］.中国教育报，2022-04-06（04）；黄荣怀，刘梦彧，刘嘉豪，等. 智慧教育之"为何"与"何为"——关于智能时代教育的表现性与建构性特征分析［J］.电化教育研究，2023，44（01）：5-12，35.

成为全球共识。作为教育信息化的特殊阶段，教育数字化转型是从战略层面进行系统规划，全面推进数字化意识、数字化思维和数字化能力的过程。推进面向全民终身学习的学习型社会和学习型大国建设，教育数字化转型是关键手段，而数字化教育则是学习型社会和学习型大国的核心组成部分。与传统学习型社会的内涵不同，数字时代学习型社会最突出的特点是学习对象全覆盖、学段全覆盖，支持多样化的学习模式，坚守学习个体的包容性与学习机会的公平性，并实现跨学习空间的智联融通，对多元化学习需求表现出很强的适应性。因此，教育数字化转型需持续利用数字化、网络化和智能化的技术及手段来变革教育系统，是一种学习和教育领域全要素、全流程、全业务和全域的数字化过程，可以切实扩大"人人皆学"的覆盖范围、拓宽"处处能学"的空间广度、延展"时时可学"的时间跨度，从而构建满足全民终身学习需求的开放灵活、可持续发展的学习型社会。

从技术视角来看，教育数字化转型涉及三个方面：一是研发和共享数字化教育资源，以丰富学习内容和学习者的适应性选择；二是部署和有效使用数字工具、互联环境和信息平台，以优化和变革教育教学过程，并改善学习者的体验和成效；三是利用数据资源和可信算法，以提升教育决策的效果和效率，改变传统的工作思路和流程。

数字技术的应用只是手段，数字化思维才是教育转型的灵魂。可持续发展的数字化转型需要在教育系统中实施全要素、全流程、全业务和全领域的数字化进程。首先，教育教学过程涉及培养目标、教育内容、教学模式、评价方式、教师能力和学习环境等，各要素都需要在数字化的演进过程中作出适应性调整，从而实现协同发展。其次，学校及区域推动教育改革，需要在科学的数字化思维引领下，组织和协同各利益关联方，对教育系统进行系统性、整体性、协同性的变革，需改变课堂教学中数字设备及教学资源的机械性应用模式和教育教学管理中数字技术简单叠加式应用的工具性思维，超越当前的"表象式"改革诉求，系统谋划和引领数字时代下学校的改革与发展。

智慧教育是一种由学校、区域或国家提供的高学习体验、高内容适配和高教学效率的教育系统。智慧教育作为教育信息化发展的高端形态，契合教育数字化转型的发展目标，已经成为各个国家教育期待发展的目标和全社会共同关注的话题。作为未来教育的理想形态，智慧教育具有感知、适配、关爱、公平、和谐五大本质特征，具体表现为能让学习者有高学习体验的智慧学习环境，包含以学生为中心的教学及渗透到教育过程全要素、全流程评估的新型教学模式，重视公共教育、终身学习、教育公平及包容性的现代教育体系。

在复杂且系统的教育改革和发展中，智慧教育的实现过程是缓慢而渐进的。智慧教育既是教育数字化转型的目标，也是人们对其形成和建构过程的价值期待。若从教育发展规划和教育教学实践等来描述智慧教育的建构性特征，需遵循操作性、阶段性、多样性原则。其中，操作性原则是指智慧教育的建构过程应符合智能时代教育系统的变革方向，在教育数字化转型战略背景下，将教育变革落到实处；阶段性原则是指智慧教育的建构样态应满足教育改革与发展新阶段的要求，并持续解决不同阶段的教育问题；多样性原则是指智慧教育系统应尊重学校与学生的多样性，并提供适应性的支持与服务。

区域间与部门间的高效联动对于教育数字化转型的落实将起到关键作用。经过教育信息化 1.0 和 2.0 的建设，我国数字技术与教育进入融合与创新并存的时期。在新的阶段，更要强调应用技术支撑教改、赋能创新和促进变革的作用。引领性的教育改革规划有助于推进技术应用，解决不同阶段的教育问题。

二、武法提，北京师范大学教授 [①]

教育数字化转型与"数字中国"建设一脉相承，是教育领域融汇新一轮科技革命成果的主要突破口。党的二十大报告强调要"推进教育数字化，建设全民终身学习的学习型社会、学习型大国"，赋予了教育在全面建设社会主义现代化国家中新的使命。构建高质量的智慧学习环境是推进教育数字化转型的基本途径，使规模化教育与个性化培养成为可能。相比传统的学习环境，智慧学习环境是资源、工具和技术都更为丰富的学习环境，通过构建数字化、个性化、自主化的学习场景，实现学习资源的共享、学习过程的监测和评估、学习效果的优化，从而促进学生的有效学习。从技术赋能教育变革与发展的视角，出现过两组与信息化相关的概念：一是过程形态的概念，包括教育信息化、教育数字化，这类概念强调技术变革教育的实践过程；二是目标形态的概念，包括电化教育、信息化教育、互联网教育、数字教育、智慧教育，这类概念强调技术赋能下的教育形态。

信息化的核心是提高效率，延展人类的能力，但并未从本质上改变原有的物理世界的生产和经济模式。数字化的核心是利用信息技术颠覆传统，在数字空间重构和创新生产生活方式。信息化教育阶段主要是运用电教设备、计算机、局域网、多媒体，开发教育资源，优化教育过程。典型技术是幻灯机、录像机、电视机、计算机、局域网、多媒体、web1.0。教育形态是技术在教育中有了初步的应用，学习环境和学习资源出现信息化形态，在此基础上人们探索信息化教学模式。数字教育是发挥技术作为教育变革的内生动力，促进教育价值观的优化、创新和

---

① 观点整理自如下文献：武法提，田浩，高姝睿 . 教育数字化转型下的智慧教育形态：关键特征与生成途径 ［J］. 中国基础教育，2023（01）：33-37；武法提 . 数字教育的本质及未来发展趋势 ［C］// 第二十届教育信息化创新与发展研讨会 . 深圳：《中国教育信息化》杂志社，2023.

重构，从而形成组织和机构的数字化意识与数字化思维的教育形态。典型技术是大数据、人工智能、互联网、物联网等，教育形态是技术推动教育全要素、全业务、全领域和全流程系统转型，在数据的作用下，涌现出了新的教育模式与评价方式。因此，信息化是数字化的基础，数字化是信息化的升级。信息化时代是一切业务数据化，数字化时代是一切数据业务化。教育数字化转型是教育信息化发展到以教育数据业务化为核心的新阶段。教育数字化转型强调基于数据要素提升教育生产力，强调利用大数据、人工智能等新一代信息技术，通过分析和挖掘数据来创造新的价值。

教育数字化转型有四个重要目标：一是充分应用数字化技术，改变传统的工作思路和流程，树立数字化意识，实现数字思维引领的价值转型；二是促进教师、学生及教育管理者的数字化能力培养；三是构建智慧教育新生态，涉及数字战略与体系规划、新型基础设施建设、技术支持的教学法变革、技术赋能的创新评价等；四是形成数字化治理体系和机制，对教育治理的体制机制、方式流程、手段工具进行全方位系统性重塑。

数字教育的发展将催生数字教育学。教育学及其各分支学科都将进行数字化融合与转变。据此，需要探究数字教育的基本规律、基本原理，重构教育基本理论体系，需要建立数字教育的本体论、认识论、方法论，形成数字教育的育人观、知识观、课程观、教师观，探索数字教育的学习论和教学论。人机协同将成为智慧学习环境设计的基线思维。因此，智慧学习环境的创设须遵循基于人机价值对齐的人机协同的理念，旨在发挥人类智慧与机器智能的双重优势，通过规划教育主体与智慧学习环境的阶段性协同分工及可行性路径，提高对复杂性、开放性教育问题的诊断和决策的准确率。

智慧教育属于"愿景式"概念，旨在构建智能的学习环境，变革传统的教学方式和教育机制，是人们对未来教育的共同想象与期待。典型技术包括大数据、生成式人工智能等新一代信息技术。智慧教育是数字教育的理想化形态，可以精准感知学习场景，精准适配学生个性需求，营造适性的学习体验，并能实现人机智能协同。身处教育数字化转型的关键时期，教育领域的决策者和管理者要准确把握智慧教育形态的关键特征，明确构建智慧教育形态的基本路径，充分利用技术优势赋能教育变革，推进教育数字化转型与可持续发展。

三、王珠珠，中央电教馆原馆长[①]

党的二十大从国家战略高度提出了教育信息化的新定位和新要求、教育改革发展的新动能

---

① 观点整理自如下文献：王珠珠：教育数字化的实践路径［EB/OL］．［2022-12-23］．https://www.sohu.com/a/620380196_99950984；王珠珠：从国家数字化的战略高度看教育数字化［EB/OL］．［2023-09-27］．https://nic.upc.edu.cn/2023/0927/c7404a412760/page.htm.

和新优势、教育高质量发展的新领域和新赛道。教育数字化不是简单地使用技术的问题，而是从国家发展战略、从"教育、科技与人才的一体化"的战略高度去看怎样开辟新领域、新赛道，形成新动能和新优势。联合国教科文组织曾经提出教育信息化的四个阶段的划分：起步、应用、融合和创新。在《教育信息化十年规划（2011—2020 年）》发布的时候，国家已经从起步走向了应用。2018 年发布《教育信息化 2.0 行动计划》的时候，我们正在从应用走向融合和创新。从本质上看，教育数字化是教育信息化的一个过程，处于"四步走"教育信息化的过程中。在这个阶段，要强化大数据赋能教育教学、服务人的全面发展、推动教育能力和教师能力的全面提升。当下的教育信息化是应用驱动、创新驱动，是用世界的眼光建设中国的教育强国。

数字化转型是利用技术和相关思维方式，驱动教育模式创新和生态系统重构的方法与过程。作为方法，数字化转型强调数据要素的作用及其推动业务的整体性和综合性变革。在这一轮转型变革中，主要采取的是新兴信息技术，包括大数据、人工智能、区块链等，是以数据的应用作为重要驱动的转变。作为过程，数字化转型区别于以往的教育信息化，但仍然是教育信息化的一个进程。理解数字化转型需要把握几个关键词：一是"转型"，即转变的是教育模式；二是"新一代信息技术应用"；三是"整体性、系统性"，即从技术路线和特征上来看，数字化转型是一场"整体性、系统性"的变革。

实现教育数字化要从"教育、科技与人才的一体化"的战略支撑和基础支撑角度审视教育在整个国家数字化中的基础性、先导性和全局性的战略定位。在教育数字化转型中，要提高认识，要开辟新领域、新赛道，形成新动能、新优势。基于这样的认识，一定要协调各方面的力量，建设智慧教育的新生态，要进一步学习和借鉴联合国教科文组织《一起重新构想我们的未来：为教育打造新的社会契约》报告，自觉适应数字时代的变化，把教育当作社会的"共同契约"，共同去建设。寻找教育数字化转型的内驱力应在两个方面做努力，一是问题导向，即要认识到教育信息化总体上是行政驱动为主，还没有形成普遍的学校师生自觉主动运用的积极性；二是结果导向，即教育信息化是实现教育高质量发展，增强人才培养和知识贡献，适应国家基础性战略支撑的需要。利用好外生变量和内生变量之间的关系，便能推动教育创造新的发展动能。

教育信息化进程中出现的不同概念是由技术的支撑作用和价值取向的差异产生的。智慧教育秉持生态观理念，表述了在技术背景下的教育价值取向，追求人的智慧与机器智能相互结合、相互融通、相互支撑、相互赋能的教育新形态。智慧教育有别于工业时代的教育形态，其目的是构建面向人人、适合人人、更加开放灵活的高质量教育体系。人工智能的规模化应用已经证明，其不仅对体力劳动者的工作岗位有影响，也会取代一部分脑力劳动者的工作岗位。教育数字化转型的历史进程中，需要转变发展策略与思维方式，以"应用为王、服务至上、示范引领、安全运行"的原则推进智慧教育。在技术上，要通过云迁移、系统集成、数据治理、数据应用，重构教育的新生态和新形态。从利益相关者的角度，要特别注意把学校的变革作为重要载体，把教师和学生作为实践主体，激励师生积极参与和贡献，让师生在实践中共同成长。此外，还需要把思维的变化置于智慧教育的建设与发展过程中，更多地利用数字时代的互联网思维，如用户中心、追求极致、平台战略等，用适应时代需要的思维和文化观念推动良性的智慧教育生态建设。

第二章

CHAPTER 2
发展新动态

为了呈现智慧教育发展的新动态，我们从 2022—2023 年的研究热点、区域工作热点、技术热点和 2023 大事记四个视角做了观察、梳理。

第一节 研究热点

一、研究关注

在中国知网，以"智慧教育""教育数字化""教育信息化""人工智能和教育"为主题对 2022 和 2023 年的文献进行检索，共有记录 13792 条，然后通过手工筛选、软件除重，剔除与主题不相关的文献（包括卷首语、会议征稿、咨询、培训计划、丛书简介等），最终得出 6513 篇有效文献，其中包括期刊论文和学位论文等不同类型的文献。

通过绘制智慧教育研究关键词的共现网络图谱（如图 2-1 所示），并统计智慧教育研究高频关键词前 10 位（如表 2-1 所示），可看出：从关键词出现的频次分析，"人工智能"居首位，共出现 1015 次；从中心性分析，"人工智能"的中心性为 0.26，大于 0.1，并且比其他关键词高。综合分析图谱与表中数据可知，"人工智能""智慧教育""职业教育""数字化"等为智慧教育领域在 2022 和 2023 年的研究热点，并且智慧教育在职业教育、高校以及教学改革中发挥了重要作用。

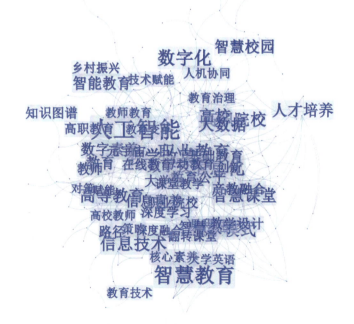

图 2-1 智慧教育研究关键词共现网络图谱

表 2-1　智慧教育研究高频关键词

序号	关键词	频次	中心性
1	人工智能	1015	0.26
2	智慧教育	499	0.08
3	职业教育	241	0.03
4	数字化	222	0.07
5	信息化	216	0.04
6	教学改革	193	0.03
7	信息技术	165	0.02
8	高等教育	138	0.04
9	智慧课堂	130	0.06
10	高职院校	122	0.01

二、研究热点分析

对关键词进行聚类分析，可以了解到智慧教育领域的研究热点（如图 2-2 所示）。根据智慧教育研究的关键词聚类知识图谱，将关键词聚类为八类主题，分别为数字化、智慧教育、数字教育、高等教育、人才培养、信息技术、数字教材、职业教育。聚类结果的模块值 Q=0.6578，大于 0.3，表明聚类结构显著；聚类平均轮廓值 S=0.8307，大于 0.5，表明聚类结

图 2-2　关键词聚类知识图谱

果合理，且聚类是高效率并令人信服的。通过对聚类结果的分析，发现智慧教育研究热点主要包括以下内容：一是智慧教育基础理论研究，包括教育数字化和教育信息化等；二是智慧教育技术支撑，包括人工智能等；三是智慧教育教学模式，包括线上教学等；四是智慧教育应用领域，包括基础教育、职业教育等。

（一）智慧教育基础理论的研究

智慧教育基础理论研究侧重点涉及概念、特征、内涵、模式、框架体系等方面的内容。智慧教育的理论基础为其实践发展提供理论支撑和前进方向。近两年，智慧教育基础理论研究聚焦于数字化和信息化，其中包括产教融合、乡村振兴等政策引领下的教育发展路径，也包括"互联网+"背景下人才培养、教育管理等教育创新策略。智慧教育基础理论研究已是目前智慧教育的研究热点之一，智慧教育基础理论体系也将随着我国教育发展战略的高度关注而不断完善。

（二）智慧教育技术支撑的研究

技术是推动教育改革的重要因素之一，因此智慧教育的技术支撑是目前智慧教育的一大研究热点。智慧教育技术支撑体现在人工智能、大数据、互联网、云计算、物联网等信息化核心技术上，这些核心技术在教育领域中的应用为智慧教育的快速发展提供了强有力的技术支撑，有助于智慧教育环境的建设。其中，人工智能技术的发展是推动智慧教育研究和实践深入发展的重要动力，近两年，AIGC等人工智能工具在教育中的应用成为教育研究者普遍关注的智慧教育研究热点，相关的论文著作和科研成果也显著增多。

（三）智慧教育教学模式的研究

教学模式是课堂教学改革中的重要因素之一，黄荣怀提出了智慧教育系统，而教学模式是此教育系统的核心组成部分。智慧教育教学模式的研究体现在智慧课堂、线上教育、深度学习等关键词，智慧教育中的教学模式应以学习者为中心，利用智能设备，根据学习者特征，进行个性化、智慧化、多元化教学。研究者对智慧教育教学模式的研究聚焦于教学模式的构建和创新，旨在通过智慧教学模式构建智慧型课堂，充分利用智慧教学资源开展智慧教学，通过智慧教学活动来提升学习者的创造力，促进学习者的创新型发展。

（四）智慧教育应用领域的研究

智慧教育应用于各个教育领域，包括基础教育、职业教育、高等教育及社区教育等。为了满足这些领域的需求，相关学校在开展教育工作的过程中，需要确保教育内容、策略和政策与智慧教育的要求相适应。智慧教育应用领域的研究主要包括智慧教育在各级各类学校中的应用路径探析及策略构建，通过促进教育资源共享实现教育公平、融合智慧化教育理念、运用个性化教学设计、构建多元化的智慧校园生态系统，通过新技术的支持，重构智慧教育生态系统，最终服务教师和学生，为其提供更加优质的资源。

三、研究项目分布

全国教育科学规划课题是国家社科基金教育学单列学科课题，项目类别包括国家重大课题、国家重点课题、国家一般课题、国家青年课题、西部课题、教育部重点课题、青年专项课题等。本文仅对 2022 年和 2023 年全国教育科学规划课题立项数据进行分析。

根据全国教育科学规划 2022 年课题立项名单，关于智慧教育立项数总计 50 项，2 项国家重点课题，26 项国家一般课题，2 项西部课题，20 项教育部重点课题。其中，华中师范大学的相关立项数最多，为 5 个；北京师范大学和江南大学的相关立项数也比较多，分别为 3 个。以吴龙凯教授作为项目负责人的"智能技术赋能教育评价改革研究"获批国家社科重点项目；以杨俊锋教授作为项目负责人的"人工智能教育场景应用的伦理与限度研究"获批国家社科基金重点项目。通过梳理全国教育科学规划 2022 年课题立项名单中项目的主题，发现这些项目涉及了智慧教育的各个方面，包括教育评价改革、人工智能教育场景应用、数字化资源供给模式、教师情感素养及提升、教师画像及应用、学生智能评测和辅导、碎片化学习的深度学习机制和应用效果、混合教学环境下的大学生学习投入智能评测与干预、虚实融合学习空间的深度学习机制及有效支持等方面。（如图 2-3 所示）

图 2-3 2022 年智慧教育主题立项热词

根据全国教育科学规划 2023 年课题立项名单，关于智慧教育立项数总计 83 项，2 项国家重大课题，2 项国家重点课题，40 项国家一般课题，11 项国家青年课题，3 项西部课题，25 项教育部重点课题。其中，北京师范大学和华东师范大学的相关立项数最多，分别为 5 个；陕西师范大学的立项数也比较多，为 4 个。以韩锡斌教授作为项目负责人的"数字教育形态研究"获批国家社科基金教育学重大项目；以汪琼教授作为项目负责人的"新一代人工智能对教育的影响研究"获批国家社科基金教育学重大项目。通过对全国教育科学规划 2023 年课题立项名单中项目主题的梳理，发现这些项目涉及了智慧教育的各个方面，包括数字教育形态研究与建设、新一代人工智能教育场景应用、智慧教育平台建设、智慧教育教学范式创新与实践、数字教育水平测度与治理、数字教材建设与评估、数字赋能教师数字素养评估与提升、数字赋能乡村教育资源均衡分配等方面。（如图 2-4 所示）

图 2-4　2023 年智慧教育主题立项热词

通过梳理、分析 2022 年和 2023 年关于智慧教育的立项数据，发现"人工智能教育场景应用"仍然是智慧教育主题项目申请中的热点问题，随着人工智能技术的不断发展和普及应用，教育过程的各个方面都渗透着人工智能技术，各种人工智能技术在教育场景中的应用成为大量研究的基础。"教育数字化"也是智慧教育主题项目申请中的热点问题，这也符合当前国家教育整体的发展形势，数字化转型背景下教育应该何去何从是当前研究者普遍关注的问题。全国教育科学规划 2022 年和 2023 年课题立项名单中的项目旨在探索和应用新的教育技术发展智慧教育，以此来提高教育质量和教学效率，促进教育公平和发展。

四、重要会议关注

2022 年和 2023 年，全国召开了多场会议探讨智慧教育的发展。本课题组根据公开资料整理出十几场国家级及以上重要会议，会议关注焦点主要有人工智能对智慧教育未来的影响与挑战、探索智慧教育扶贫扶智、后疫情时代教育行业的数字化转型和教育评价机制改革、探讨教育数字化转型的战略与推进路径等。本课题组根据会议影响范围挑选了以下六场会议重点关注。

（一）全球智慧教育大会

智慧教育承担着构建公平、优质、高效、个性化的未来教育的重要使命。为努力推动我国教育数字化转型与智能升级，以教育智慧发展智慧教育，以国际化视野探索智慧教育发展的未来之路，用科技让"因材施教"得以发生，聚众力让公平优质的教育成为可能，进一步破解数字鸿沟问题，助力社会可持续发展，经教育部批准，由北京师范大学与联合国教科文组织教育信息技术研究所联合主办全球智慧教育大会。

"2022 全球智慧教育大会"于 2022 年 8 月 18 日至 20 日通过线上线下融合方式召开。会议以"智能技术与教育数字化转型"为主题，邀请国内外教育界、科技界和企业界的专家学者，从科技赋能教育的视角探讨智能技术发展与教育融合应用，从学生的视角探讨学习危机与教育的未来，从教师的视角探讨教师教育与教学创新，从生态的视角关注区域智慧教育发展、农村教育转型与教育数字化治理等。

"2023 全球智慧教育大会"于 2023 年 8 月 18 日至 20 日在北京举行。会议以"教育转型与数据治理"为主题，邀请国内外教育界、科技界、企业界的专家学者和一线教师，共同探讨教育数字化转型的策略与推进路径，关注科技赋能教育的机制，探索区域智慧教育生态与学习型社会建设，分享智慧教育新理论、新技术、新观点、新成果。与会专家认为，智慧教育是推进教育更加公平、包容的优质教育，是让全民享有终身学习机会的必然选择。近年来，人工智能技术迅速发展，在教育中的应用日益广泛。人工智能技术、教育数字化转型方兴未艾，数据治理已成为需要高度关注与解决的课题。专家认为，应积极开展数字教育国际合作，倡导按照共商、共建、共享原则，构建服务全民终身学习的教育数字化资源公共服务平台，共同推动更多国家、更多人参与优质教育资源开发，让智慧教育惠及所有人。

（二）2022 年中国 5G 发展大会智慧教育高峰论坛

2022 年 11 月 17 日，由中国信息通信研究院、金砖国家未来网络研究院中国分院主办，中国互联网协会智慧教育工作委员会、5G 应用产业方阵行业应用组智慧教育行业组、IMT-2020

（5G）推进组承办的"2022 年中国 5G 发展大会智慧教育高峰论坛"成功举办。论坛以"5G 赋能，育见未来"为主题，旨在探讨 5G 助力教育数字化转型的发展路径，加快推动 5G 与教育融合创新。工业和信息化部信息通信发展司司长谢存在致辞中指出，我国稳妥有序推进 5G 网络建设，大力推动 5G 与重点领域深度融合，在教育领域，经过应用试点等实践探索，校园 5G 网络能力逐步提升，典型应用场景逐步明晰，行业生态逐步丰富，"5G+ 智慧教育"发展取得初步成效。谢存就下一步工作提出了三点倡议：一是坚持需求导向，着力提升应用质量；二是坚持技术赋能，着力促进教育资源均衡发展；三是坚持协同创新，着力深化产学研合作，持续推动"5G+ 智慧教育"健康繁荣发展。

（三）2022 国际人工智能与教育会议

2022 年 12 月 5 日，由中华人民共和国教育部、中国联合国教科文组织全国委员会与联合国教科文组织共同主办，北京师范大学、联合国教科文组织教育信息技术研究所和"人工智能与教育"教席承办的"2022 国际人工智能与教育会议"以线上方式举行。本次会议主题为"引导人工智能赋能教师，引领教学智能升级"。中国教育部部长怀进鹏指出，要聚焦教育数字化变革中教师面临的机遇和挑战，展望科技赋能教师的新愿景，探索人工智能变革教学的新路径，以数字化为杠杆，为教师赋能，促进教学升级，撬动教育整体变革，推动教育更加包容、更加公平、更有质量。怀进鹏表示，要将教师队伍建设作为教育发展的基础性工作，高度重视人工智能技术带来的变革性影响，重视数字时代教师队伍的建设、发展和福祉保障，通过应用技术推进教育优质均衡、优化教育治理模式、赋能教师专业发展等，推动构建更加公平、全纳、富有韧性的教育体系。

（四）世界数字教育大会

2023 年 2 月 13 日至 14 日，由中华人民共和国教育部、中国联合国教科文组织全国委员会共同主办的世界数字教育大会召开。本次会议主题为"数字变革与教育未来"。在本次大会上，发布了 7 项智慧教育平台标准规范，这是为了更好地推进教育数字化转型和智慧教育的发展，聚焦教育数字化变革中教师面临的机遇和挑战，展望科技赋能教师的新愿景，探索人工智能变革教学的新路径。与此同时，大会还发布了中国智慧教育蓝皮书和智慧教育发展指数，发起了成立世界数字教育联盟的倡议。这些成果和倡议将有助于推动全球数字教育的发展，为未来的教育变革提供重要的思路和方向。

（五）2023 中国互联网大会智慧教育论坛

2023（第二十二届）中国互联网大会于 7 月 18 日至 20 日在北京召开，大会期间，由中国信息通信研究院主办，中国互联网协会智慧教育工作委员会、5G 应用产业方阵智慧教育行业组、虚拟现实与元宇宙产业联盟（XRMA）智慧教育特设组联合举办的智慧教育论坛在 7 月

18 日上午召开。论坛以"数字变革与智慧教育未来"为主题，旨在展示智慧教育产学研用各方在技术、应用和产业等方面的最新成果和实践，探讨教育数字化转型发展路径，推动智慧教育高质量发展。本次论坛在"创新应用"领域进行了优秀项目成果评选。北京超星集团的项目成果获得专家的高度评价和肯定，并成功获评为"2023 年中国互联网大会智慧教育论坛创新应用成果"。此外，论坛还发布了《2023 年中国智慧教育白皮书》，白皮书从政策背景、技术背景、发展现状、发展趋势等方面对智慧教育进行了全面梳理，为未来智慧教育的发展提供了重要的参考和借鉴。

第二节　区域工作热点

为了观察各地智慧教育的工作热点，我们对覆盖 10 个省及直辖市（陕西、江苏、广东、山东、湖北、浙江、河南、上海、重庆、天津）38 个区域的数据进行了抽样，通过爬虫和问卷填报获取数据，分析了各区域的工作计划、年度工作要点、工作总结及网站新闻中的相关活动、领导讲话等，得到了以下工作热点词云图（如图 2-5 所示）。

图 2-5　区域工作热点词云图

各区域近年的工作大体都是围绕数字化、信息化、智能化发展开展的，与区域教育信息化"十四五"规划关键词（如图 2-6 所示）方向基本一致。数字化校园建设、智慧课堂建设、教育信息化、人工智能、信息素养、网络安全、云平台、大数据等成为区域普遍关注并积极探索的重要议题。这些关键词反映出智慧教育的热点集中在信息化建设、前沿技术应用、数据赋能决策及利用人工智能等提高教育的质量和效率。各地教育部门都在朝着这些方向积极努力，以满足不断变化的教育需求，推动教育体系的现代化与融合创新。

图 2-6　教育信息化"十四五"规划关键词词云图

第三节　技术热点

2023 年，智慧教育在以人工智能为代表的新一代信息技术的持续推动下呈现出新的技术热点和发展趋势。应用新兴的大数据、人工智能、虚拟现实、元宇宙等技术，构建新型数字化学习系统、教育模式及学习支持服务体系，进而推动智慧教育的发展，成为智慧教育的重要实施路径。

一、智慧教育中的技术发展趋势

2023 年，智慧教育中的技术发展与应用呈现多维并进的趋势，主要发展方向包括：人工智能（AI）在教育中的应用（包括自动化评估、个性化学习和智能教育辅助工具等）；虚拟现实（VR）和增强现实（AR）在教育中的应用（主要指向通过模拟场景和互动体验来增强学生的学习效果和参与度等）；移动学习和移动设备的应用（主要指向利用手机、平板电脑等移动设备进行学习和教学等）；大数据分析和学习分析（主要指向通过对学生学习行为和表现的数据进行分析，提供个性化的学习支持和评估等）；在线协作学习和社交学习（主要指向通过在线平台和工具，促进学生之间的合作和交流等）；游戏化学习和娱乐化学习（主要指向将游戏元素和娱乐因素融入教育中，提高学生学习的趣味性和参与度等）。新技术应用中呈现的典型趋势主要包括以下四个方面。

（一）"数智融合"推动智慧教育转型升级

在智慧教育中的技术不断演进的进程中，2023 年智慧教育领域技术发展的一个重要趋势是传统数字技术与新一代智能技术推动智慧教育向"数智化"升级。"数智化"（Digital Intelligence）是在人工智能高速发展的推动下，原有数字技术样态与新一代智能技术触发的人工智能样态的复合，是指利用数字技术和数据驱动的方法，实现智能化、自动化和优化决策的能力。它结合了人工智能、大数据分析、机器学习等技术，通过对大量数据的收集、整理和分析，为教育主体提供更深入的分析和智能化的决策支持。"数智化"让智慧教育在技术方面迎来了巨大的变革。数字化转型推动了智慧教育的发展，包括更智能化的学习管理系统、个性化学习应用及跨平台的在线教育平台。机器学习和大数据分析使得教育变得更加智能化和精准化，能够更好地理解学生的学习习惯和需求。同时，移动设备和应用程序的普及让学习变得更加便捷灵活，学生可以随时随地获取知识。这些技术的进步不仅使教育更加全面化、个性化，而且极大地促进了教学方法的创新与多样。

（二）人工智能技术赋能教育成为应用焦点

人工智能（AI）工具在教育领域得到广泛应用，这改善了重复和烦琐的教学设计与学习任务。人工智能对教学和学习产生的潜在影响引起了广泛关注。它通过辅助教师创建教学内容和评估学生成绩，逐渐深度影响教学。此外，使用虚拟角色和元宇宙等技术手段来提升学生的学习体验，并通过个性化学习提高学生的学习效率也成为可能。同时，人工智能技术的不断进步引发了关于学术诚信、准确性和公平性的讨论。复杂且被广泛使用的人工智能写作技术使许多人担心学生利用其作弊，这成为智慧教育发展中亟待解决的问题。教育研究者日益关注人工智能输出的准确性和公平性。另外，过度依赖这些工具是否会导致学生丧失重要技能也成为人工智能应用的隐忧。整体来看，人工智能技术已经展现出其赋能教育的潜力，教育界需要认识并谨慎应用人工智能技术，以确保学生得到全面发展和公正评价。

（三）混合学习成为智慧教育实践新常态

近几年，在线教育全面应用，整个社会对混合学习的接受度得到了大幅提升，积累了丰富的经验。2023 年对混合课程的采用不断增加，打乱了在线和面对面的二分法[①]。教师和学生现在可以在同一门课程中获得在线和面对面的多模式教学和学习经验，这导致了传统教学与在线学习之间的界限模糊。教师的角色和技能需求正在适应新型的教学环境，以确保学生能够充分受益于不同模式下的教学活动。无论是基础教育，还是高等教育，混合学习均成为其中的重要实验方向。在基础教育领域，2020 年 8 月，教育部在全国遴选确立了 90 个"基于教学改革、融合信息技术的新型教与学模式"实验区，全面启动基础教育信息化教学改革的探索与实践。在高等教育领域，《教育部高等教育司 2023 年工作要点》明确提出要深入实施数字化

---

① EDUCAUSE. 2023 地平线报告：教与学版［EB/OL］.［2023-05-08］. https://library.educause.edu/resources/2023/5/2023-educause-horizon-report-teaching-and-learning-edition.

战略行动，塑造高等教育改革发展新优势，加快高等教育数字化转型，打造高等教育教学新形态。

（四）数字内容自动生成为智慧教育注入新动力

随着生成式人工智能（Artificial Intelligence Generated Content，AIGC）技术的不断发展和创新，数字内容自动生成为智慧教育注入了全新的动力和可能性。这项技术通过利用大数据和机器学习算法，能够模拟人类的创造力和思维方式，自动生成丰富多样的教育内容。同时，低代码和无代码（LCNC）技术的快速发展为应用程序的开发提供了便利，降低了编码的门槛，使更多人能够参与到内容创建的过程中。AIGC 和 LCNC 技术的快速发展将极大地改变教育的面貌，教育工作者需要充分了解和掌握这些新技术，以更好地应对教育挑战和机遇。

二、智慧教育中的技术发展热点

纵观 2023 年智慧教育领域技术的发展和应用，除云计算、虚拟现实、大数据、物联网等信息技术继续获得广泛应用外，一些新的技术热点也呈现出来。

（一）生成式人工智能（AIGC）

生成式人工智能是指利用复杂的算法、模型和规则，从大规模数据集中学习，以创造新的原创内容的人工智能技术。AIGC 可以自动生成具有语义和逻辑结构的新内容，这项技术能够创造文本、图片、声音、视频和代码等多种类型的内容，全面超越了传统软件的数据处理和分析能力。2022 年末，OpenAI 推出的 ChatGPT 标志着这一技术在文本生成领域取得了显著进展，2023 年被称为生成式人工智能的突破之年。这项技术从单一的语言生成逐步向多模态、具身化快速发展。在图像生成方面，生成系统在解释提示和生成逼真输出方面取得了明显的进步。同时，视频和音频的生成技术也在迅速发展，这为虚拟现实和元宇宙的实现提供了新的途径。生成式人工智能技术在各行业、各领域都具有广泛的应用前景。

生成式人工智能的发展已经超过半个世纪，最早可追溯到 1966 年麻省理工学院（MIT）开发出的模拟与治疗师交谈的聊天机器人 ELIZA。2023 年，AIGC 之所以备受全社会的高度关注，主要得益于横空出世的 ChatGPT 对业界掀起的 AI 科技冲击，并带来了人工智能领域的一系列变革性突破。国内外 AIGC 领域步入新阶段，发展势头迅猛，国外代表性的有 OpenAI ChatGPT、谷歌 Bard、亚马逊 Bedrock 等，国内代表性的有百度"文心一言"、华为"盘古"、腾讯"混元助手"、阿里"通义千问"、科大讯飞"星火认知"等。生成式人工智能成为 2023 年的难忘印记。2023 年国家语言资源监测与研究中心发布的"2023 年度中国媒体十大新词语"中，"生成式人工智能"高居首位。

在教育数字化转型与智能化升级的驱动下，教育领域也成为生成式人工智能落地实践较多的领域之一。2023 年 9 月，联合国教科文组织颁布了《教育和研究中的生成式人工智能指南》（如图 2-7 所示），这是全球首份与生成式人工智能相关的指南性文件，旨在促使生成式人工智能能够更好地融入教育。2023 年 7 月，国家互联网信息办公室联合国家发展和改革委员会、教育部等多部委，发布了《生成式人工智能服务管理暂行办法》，规定在教育等各行业科学合理地使用生成式人工智能。

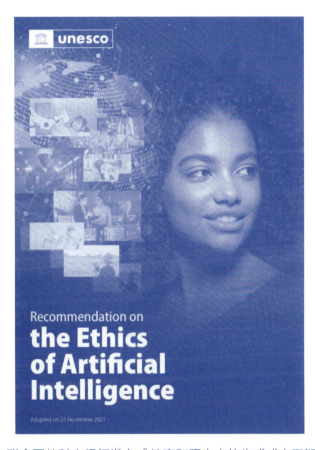

图 2-7　联合国教科文组织发布《教育和研究中的生成式人工智能指南》

生成式人工智能在教育领域中的潜在应用场景有：

1. 个性化学习：生成式人工智能可以根据学生的学习需求和兴趣，提供个性化的学习材料和练习。它可以分析学生的学习数据和反馈，为每个学生定制适合他们的学习内容和难度适中的练习。

2. 智能辅导和自学：生成式人工智能可以提供智能辅导和解答。通过对话系统和自然语言处理技术，它可以理解学生的问题，并给出实时和个性化的解答与建议。同时，它也可以帮助学生进行自主学习，提供学习资源和指导。

3. 自动评估和反馈：生成式人工智能可以自动评估学生的学习成果和能力水平，并提供即时的反馈。它可以分析学生的作答和表达，识别错误和问题，并向学生提供指导和改进建议。

4. 虚拟实验和模拟：生成式人工智能可以创造虚拟实验和模拟环境，提供更为安全、便捷和丰富的实验体验。它可以通过图像生成和虚拟现实技术，让学生在虚拟环境中进行实验和探索。

5. 语言学习和翻译：生成式人工智能可以用于语言学习和翻译。它可以生成逼真的语音和对话，帮助学生提高口语和听力能力。同时，它也可以进行语言的自动翻译，促进跨语言交流与理解。

6. 创意表达和创作：生成式人工智能可以用于创意表达和创作。例如，它可以生成音乐、绘画、故事等创意作品，激发学生的创造力和想象力。

综合来看，生成式人工智能为教育提供了更加个性化、智能化和创新化的可能性，可以提高学生的主动性和学习效果，减轻教师的负担，并且为教育的不断发展和创新提供支持。同时，使用生成式人工智能也需要关注隐私保护、伦理问题及数据安全等方面的挑战，确保其得到正确和负责的应用。

（二）大语言模型（LLM）

大语言模型（Large Language Model，LLM），也叫大型语言模型、大模型，是基于海量文本数据训练的深度学习模型。它不仅能够生成自然语言文本，还能够深入理解文本含义，处理各种自然语言任务，如文本摘要、问答、翻译等。2023 年，大语言模型及其在人工智能领域的应用已成为全球科技研究的热点，其在规模上的增长尤为引人注目，参数量已从最初的十几亿跃升到如今的一万亿。参数量的提升使得模型能够更加精细地捕捉人类语言的微妙之处，更加深入地理解人类语言的复杂性。在过去的一年里，大语言模型在吸纳新知识、分解复杂任务及图文对齐等多方面能力上都有显著提升。随着技术的不断成熟，大语言模型将不断拓展应用范围，为人类提供更加智能和个性的服务，进一步改善人们的生活和生产方式。引起广泛关注的 ChatGPT，本身也是一个大语言模型应用的案例，其多模态预训练大模型经历了 GPT-3、GPT-3.5、GPT-4、GPT-4.5 不断迭代的过程，这些模型被训练来理解和生成人类语言，以便进行有效的对话，解答各种问题。

2023 年，伴随着 ChatGPT 在全球的爆火，数以百计的大语言模型也争先恐后地加入了这一战局，掀起了一场轰轰烈烈的"百模大战"，除 GPT 各版本的大模型外，谷歌发布了大语言模型 LaMDA；亚马逊推出了泰坦大模型。国内大语言模型也进入快速发展期，如百度发布了文心大模型，华为发布了盘古大模型，科大讯飞发布了星火认知大模型，阿里发布了通义千问大模型等。

大语言模型不断成熟，正呈现出赋能千行百业的新态势。教育领域成为大语言模型的重要赋能领域，多家教育科技公司纷纷加入大模型赛道。可汗学院、多邻国、Chegg 等国外知名教育公司相继宣布推出结合 GPT-4 或其他大语言模型的学习工具。国内多家互联网公司、教育机构也纷纷抢滩市场。网易发布了国内首个垂直教育领域的大模型"子曰"，包含翻译、口语、作文修改、语法讲解等应用场景。好未来推出了垂直数学领域的大模型 MathGPT，以解题和讲解算法为核心。作业帮针对教育领域，基于过去的教育数据积累推出了银河大模型。大语言模型可为智慧教育提供个性化学习、智能辅导、作文批改、语言翻译、知识问答等多方面的支持，为学生和教师创造更好的学习和教学体验。

（三）元宇宙

元宇宙是一个融合现实和虚拟的数字化空间，它不仅提供了沉浸式的虚拟体验，还能与现实世界进行互动和连接。随着中国元宇宙峰会的召开、科技巨头 Facebook 改名 Meta、NFT 价格不断创新高等事件的发生，元宇宙成为公众领域的热点，2021 年也被称为元宇宙元年[①]。作为技术进步的产物和虚拟世界的表征，元宇宙不是简单地借助数字世界扩大宇宙的虚无缥缈，而是挣脱时间和空间的双重束缚，以虚拟和现实的结构关系创造出一个平行于现实世界的虚拟空间，实现两者间的双向交互[②]。元宇宙虚实交融的在场效应对教育具有革命性影响，师生可以通过智能设备和数字通信技术实现不同场景的切换，从而为学习者提供沉浸式的交互训练。2023 年，元宇宙正在迅速发展并引起广泛关注。在技术层面上，元宇宙的发展主要依赖于虚拟现实（VR）、增强现实（AR）、人工智能（AI）和区块链等先进技术。虚拟现实技术使用户可以进入并与虚拟环境进行互动，而增强现实技术将虚拟信息叠加到现实世界中，增强用户的感知，人工智能则为元宇宙提供了自动化、智能化的交互和体验，而区块链技术则可以确保元宇宙的安全性和去中心化特性。元宇宙的研究框架如图 2-8 所示。

元宇宙对教育的价值在于其能够提供沉浸式学习体验、促进全球合作、个性化定制学习、虚拟实践机会、创新培养、安全的学习环境和职业准备等方面的支持，为学习者创造了更有趣、更灵活和更丰富的学习环境，促进了教育的质量和效果的提升。需要注意的是，尽管元宇宙在 2023 年有了显著的进展，在教育领域中也有了初步的应用，但它仍处于早期阶段，许多技术和应用仍在不断发展和改进。未来几年，预计元宇宙将会有更多创新和突破，实现更深度的融合和更丰富的体验。

---

① 翟雪松，楚肖燕，王敏娟，等 . 教育元宇宙：新一代互联网教育形态的创新与挑战 [J]. 开放教育研究，2022，28（01）：34-42.

② 韩乐 . 元宇宙技术赋能高校教育教学新业态探究 [J]. 中国成人教育，2023（21）：43-47.

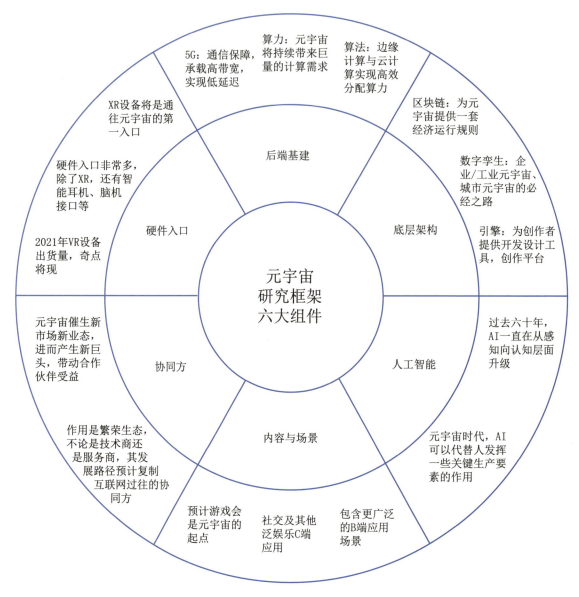

图 2-8　元宇宙研究框架

（四）数字人

数字人（Digital Human/Meta Human）指存在于非物理世界中，运用数字技术创造出来的、与人类形象接近的数字化人物形象。数字人是信息科学与生命科学融合的产物，是利用信息科学的方法对人体在不同水平的形态和功能进行虚拟仿真。"数字人"一词可追溯到 1989 年美国国立医学图书馆发起的"可视人计划"（Visible Human Project，VHP）；2001 年，在以"中国数字化虚拟人体的科技问题"为主题的香山科学会议上也提出了"数字化虚拟人体"的概念。2023 年，伴随着生成式人工智能、大语言模型的快速发展，数字人技术发展也是多样而迅速的。全球新经济产业第三方数据挖掘和分析机构艾媒咨询发布的《2023 年中国 AI 数字人产业研究报告》数据显示，2022 年中国虚拟人核心市场规模为 120.8 亿元，同比增长 94.2%，预计

2025 年将达 480.6 亿元。① 在传统行业数字化转型及降本增效的需求推动下，中国 AI 数字人业务需求进一步释放，未来 AI 数字人将向着情感化、人性化的方向发展，为企业及个人提供更加贴近用户需求的服务。

2023 年，随着数字人仿真程度的不断提高和相关技术的高速发展，数字人在教育领域的应用已经呈现出多样化和广泛性的特征。首先，数字人可以满足线上交互的需求。在线学习虽然可以突破地域的限制，但因为存在外部干扰、缺乏互动性等原因，学习者的注意力和学习效果无法达到课堂学习的水平。数字人则可以在虚拟世界中提供良好的教学互动，保持学生对在线课程的注意力。其次，数字人可以充分利用元宇宙中的资源与情景，创造全新的教学模式。在元宇宙中，教师的数字人拥有无限的可能，可以完成在线下难以做到的事情，例如，教师数字人可以利用建模道具，在课堂上实时拆解一台内燃机，深入讲解其运转原理和部件结构；也可以利用场景构建，再现历史场景，以亲历者的身份带领学生感受历史文化的魅力（如图 2-9 所示）。数字人的典型应用场景如下：

图 2-9　AI 虚拟女教师开开

1. 互动式教学：数字人可以充当虚拟教师，突破传统线下教学的时空限制，随时随地与学生进行对话和互动，提供反馈和建议。这种互动式教学方式可以增加学生的参与感和投入度，激发学生的好奇心和思维能力。

2. 远程教学：数字人直播教育不受地理位置的限制，可以通过网络技术实现远程教学，帮助学生在不同地点和时间进行在线学习。在教学直播过程中，当学生提出问题时，AI 数字教师可在线进行实时互动答疑，不间断互动，为学员打造 24 小时交互答疑课堂。

3. 个性化学习体验：传统教育场景的痛点在于交互形式的不足，缺乏互动。数字人可以根据学生的兴趣、能力和学习习惯等个性化因素，提供定制化的学习方案和更加适合学生的教学内容。

4. 改善传统教学生产流程：利用数字人技术可轻松复刻教师的形象、声音、动作，或者打造一个学生更感兴趣的虚拟形象，输入准备好的脚本文案，即可生成一条数字人教学视频，大幅提升短视频内容制作的效率，有效地满足教育机构对大量课程的需求。

未来，数字人技术在教育领域的发展将持续引领教学方式的革新与提升。随着技术的不断

---

① 艾媒咨询. 2023 年中国 AI 数字人产业研究报告 [DB/OL].[2023-11-06]. https://t.cj.sina.com.cn/articles/view/1850460740/6e4bca44019010wk1.

进步和应用场景的拓展，数字人在教育中的潜在影响将愈发显著。教育者需要不断地探索和应用数字人技术，以更好地适应新时代的教学需求，同时，科技人员也应持续推进数字人技术的研发和创新，以提供更高效、更智能的教学解决方案。数字人技术的进一步探索和应用，将会为教育带来更多的创新和可能性，让教学更贴近学生的需求，进而提升教育的品质和效果。

（五）脑机接口

脑机接口技术是一种变革性的人机交互技术，其作用机制是绕过外周神经和肌肉，直接在大脑与外部设备之间建立全新的通信与控制通道。它通过捕捉大脑信号并将其转换为电信号，实现信息的传输和控制。2023 年，科学家们开发了可以将神经信号转化为接近正常对话速度的语句的脑机接口。全球首例非人灵长类动物介入式脑机接口试验在北京获得成功，促进了介入式脑机接口从实验室前瞻性研究向临床应用迈进。随着脑科学、人工智能和材料学的发展，脑机接口技术不断进步，它将在提高患者生活质量、促进个性化和精准化医疗方面发挥重要的作用。

脑机接口技术的出现将人脑与计算机之间的交互提升到了一个新的高度。通过直接捕捉和解读人脑的活动，脑机接口能够实现人与计算机之间的实时互动，使人们可以通过思维控制计算机或其他智能设备，也为其在教育领域的应用带来富有吸引力的前景。

2023 年，脑机接口技术的突破为其在教育领域中的应用带来了可能性，但其融入教育也将面临一系列挑战。首先是技术本身的复杂性和稳定性，脑机接口技术需要高度精确的传感器和算法，任何技术故障都可能对教育过程造成严重影响。其次是隐私和伦理问题，如何保护学生的脑活动数据免受滥用是一个亟待解决的问题，需要各界共同努力来解决。

三、总结与展望

2023 年是新一代信息技术整体爆发潜能、全面赋能智慧教育的一年，大幅提升了智慧教育的"数智化"水平，不仅促进了教学方式的变革，也为教育改革带来了前所未有的可能性。生成式人工智能是其中最亮眼的技术之一，通过模拟人类创造力和思维方式，为教师和学生提供丰富多样的教育内容，激发学生的创造力和想象力。大语言模型技术依靠海量数据的学习和训练，可以生成准确、流畅的自然语言，为学生提供智能化的答案和解释，提高学生的学习效果和参与度。元宇宙技术将为智慧教育创造全新的学习环境和体验，学生可以在虚拟空间中参观名胜古迹、获取全球教育资源，并与专家互动，获得身临其境的学习体验。脑机接口技术进展迅速，可以实现人脑与计算机直接交互，帮助学生通过脑电波等方式进行个性化的学习和思维控制。

展望未来，我们期待新技术在教育中得到更广泛的应用。从个性化教学到全球范围内的教育资源共享，新媒体与新技术将进一步打破地域限制，让优质教育资源更加普惠全球。同时，教育领域新技术的大规模推广需要智慧教育生态系统内各角色的密切合作，以确保技术的有效运用，并保证教育公平。此外，新技术带来的信息安全和隐私问题也需要引起足够重视，确保学习环境的安全和可信赖。

第四节　2023 大事记

2023 年，智慧教育发展态势迅猛，几乎每天都有重大事件发生。本大事记在编排时，原则上以选择能全面反映国家层面的重大活动为基本出发点，具有首创性、变革性、非常性、借鉴性，具体包括各种重要会议的召开及主要会务活动、重要政策、重大事件等。

1 月 11 日，《中国教育报》编发 2022 "智慧校园"创新案例征集特别报道，共发布《智慧校园建设的挑战与策略》等 21 篇文章。

1 月 12 日，2023 年全国教育工作会议在北京召开。中央教育工作领导小组秘书组组长、教育部党组书记、部长怀进鹏强调，要纵深推进教育数字化战略行动，重点做好大数据中心建设、数据充分赋能、有效公共服务、扩大国际合作四件事。

2 月 13 日至 14 日，由教育部、中国联合国教科文组织全国委员会共同举办的首届世界数字教育大会在北京举行，时任国务院副总理孙春兰出席开幕式并致辞，教育部部长怀进鹏发表主旨演讲，超过 130 个国家和地区的代表参会。

2 月 17 日，第 23 届中国国际教育年会暨展览全体大会在北京召开。教育部部长怀进鹏在视频致辞中倡议，全面深化数字教育合作，推动教育现代化。

2 月 25 日，国家教育行政学院举行 2023 年春季开学典礼，教育部党组书记、部长、国家教育行政学院院长怀进鹏出席并讲话，强调要抓改革，通过大力推进教育数字化培育先机，继续深入实施国家教育数字化战略行动，加快构建服务终身学习的教育体系。

3 月 28 日，在国家智慧教育公共服务平台上线一周年之际，全国青少年学生读书行动启动暨国家智慧教育读书平台开通仪式在京举行。平台一期重点围绕青少年读书空间、老年读书社区组织建设，同时向用户推荐中国语言文字数字博物馆、中国数字科技馆等优质资源平台。

4 月 3 日至 4 日，教育部组织专家赴宁夏开展"互联网＋教育"示范区建设验收工作。宁夏回族自治区人民政府副主席马宗保出席会议并致辞。专家组表示，宁夏"互联网＋教育"示范区建设达到了预期目标，取得了显著成效，同意通过验收。

4月11日至5月10日，国家互联网信息办公室起草了《生成式人工智能服务管理办法（征求意见稿）》，明确相关产品和服务提供者的合规义务，对生成式人工智能进行专项监管，并向社会公开征求意见。

5月，国家中小学智慧教育平台陆续上线了"基础教育精品课""数字化精品课堂""实验教学精品课""实验教学说课""科学公开课""给孩子们的大师讲堂"等优质资源。

5月9日，教育部办公厅印发《基础教育课程教学改革深化行动方案》，推进数字化赋能教学质量提升，明确提出充分利用数字化赋能基础教育，建好、用好国家中小学智慧教育平台，丰富各类优质教育教学资源，引导教师在日常教学中有效常态化应用。

5月9日，教育部印发《关于加强中小学地方课程和校本课程建设与管理的意见》，提出校本课程建设要注重服务学生个性化学习需求，注重体现综合性、实践性和选择性，丰富载体形式，建设数字化课程资源。

5月18日，"智慧教育示范区"创建项目专家组秘书处联合教育部教育信息化战略研究基地（北京、华中、西北），开展"2023年度智慧教育优秀案例征集"活动，拟遴选智慧教育优秀案例150个左右，其中，区域发展类案例30个左右、学校实践类案例100个左右、解决方案类案例10个、研究成果类案例10个。

5月23日，国家互联网信息办公室发布《数字中国发展报告（2022年）》，在"数字社会建设推动优质服务资源共享"板块提到，国家教育数字化战略行动全面实施，国家智慧教育公共服务平台正式开通，建成世界第一大教育教学资源库。

6月，教育部科学技术与信息化司组织开展"教育大数据赋能教育教学改革"线上问卷调研，面向部内各司局、直属单位、各级教育行政部门、部属高校，了解教育数据治理体制机制、教育资源数据应用等情况，共计回收有效问卷3万余份。

6月9日，联合国教科文组织宣布中国"国家智慧教育平台"获得2022年度联合国教科文组织哈马德·本·伊萨·阿勒哈利法国王教育信息化奖，该奖项是联合国系统内教育信息化最高奖项。奖项2022年度主题为"利用公共平台确保包容性地获取数字教育内容"，中国"国家智慧教育平台"在58个教科文组织会员国申报的98个项目中脱颖而出。

6月13日，中共中央办公厅、国务院办公厅印发《关于构建优质均衡的基本公共教育服务体系的意见》，提出"大力推进国家教育数字化战略行动""加强国家中小学智慧教育平台建设，构建互联互通、共建共享的数字教育资源平台体系"等。

6月19日至20日，2023年全国教育数字化现场推进会议在湖北武汉召开。教育部党组书记、部长怀进鹏出席会议并讲话，湖北省副省长邵新宇出席会议并致辞，教育部党组成员、副部长吴岩主持会议。会上，吴岩宣布成立教育数字化专家咨询委员会，怀进鹏为委员代表颁发聘书。

6月26日，以"人工智能时代：构建交流、互鉴、包容的数字世界"为主题的世界互联网大会数字文明尼山对话在山东济宁曲阜开幕。会议强调，要在全球文明倡议指引下，把握人工智能发展机遇，探索人工智能治理良策，共促人工智能时代的人类文明交流互鉴、和谐共生，携手构建网络空间命运共同体。

7月7日，教育部办公厅印发《关于加快推进现代职业教育体系建设改革重点任务的通知》，明确要求各校要深化国家职业教育智慧教育平台应用，优先使用全国性、区域性资源库，鼓励建设有特色的校级资源库。

7月13日，国家网信办联合国家发展改革委、教育部等七部门公布《生成式人工智能服务管理暂行办法》，旨在促进生成式人工智能健康发展和规范应用，维护国家安全和社会公共利益，保护公民、法人和其他组织的合法权益。

7月14日至15日，全国网络安全和信息化工作会议在北京召开，习近平总书记对网络安全和信息化工作作出重要指示强调，深入贯彻党中央关于网络强国的重要思想，大力推动网信事业高质量发展，以网络强国建设新成效为全面建设社会主义现代化国家、全面推进中华民族伟大复兴作出新贡献。

7月26日，教育部、国家发展改革委、财政部印发《关于实施新时代基础教育扩优提质行动计划的意见》，明确实施"数字化战略行动，赋能高质量发展"等八项重大行动。

8月10日，"智慧教育示范区"创建项目专家组秘书处发布通知，公示2023年度智慧教育优秀案例名单，共确定324个智慧教育优秀案例，其中，区域发展类74个、学校实践类226个、解决方案类12个、研究成果类12个。

8月18日，由北京师范大学与联合国教科文组织教育信息技术研究所联合主办的2023全球智慧教育大会在北京开幕。教育部副部长、中国联合国教科文组织全国委员会主任陈杰出席会议并致辞。会议以"教育转型与数据治理"为主题，设置涉及"教育数字化与终身学习""数据治理与认知发展"等16个主题论坛。

8月29日，2023中国—东盟教育交流周在贵阳开幕。教育部党组书记、部长怀进鹏出席开幕式并致辞，贵州省委书记、省人大常委会主任徐麟出席，贵州省委副书记、省长李炳军出席并讲话，开幕式上启动中国—东盟数字教育联盟，举行中国—东盟财经高校财经教育网络成立仪式。

9月7日，联合国系统内教育信息化最高奖项，2022年度联合国教科文组织教育信息化奖的颁奖仪式在法国巴黎教科文组织总部举行，中国"国家智慧教育平台"项目获奖。

10月13日，教育数字化助力中西部地区教育高质量发展推进会在宁夏银川召开，教育部部长怀进鹏出席并讲话，副部长王光彦主持。

10 月 17 日至 20 日，2023 年第一期高等教育数字化专题培训班在浙江杭州举办，共 159 人参加培训。

10 月 18 日，中央网信办发布《全球人工智能治理倡议》，指出各国应秉持共同、综合、合作、可持续的安全观，坚持发展和安全并重的原则，通过对话与合作凝聚共识，构建开放、公正、有效的治理机制，促进人工智能技术造福于人类，推动构建人类命运共同体。

11 月 18 日至 19 日，由中国信息技术教育杂志社主办的"第一届全国基础教育数字化论坛"在北京国家会议中心召开。

第三章

CHAPTER 3
区域聚焦观察

为了更系统、更全面地呈现区域智慧教育的发展，本报告选择了全国 8 个国家级新区的集合、温州（地市代表）两个板块做了观察。它们代表了经济较为发达、较具有活力的区域的智慧教育发展状态，具有典型意义。

第一节 国家级新区

一、概述

作为我国国家空间战略的重要载体形式，国家级新区是既有政策试验区的经验延续和模式深化，日益丰富的实践探索经验使得国家级新区的智慧教育呈现出各具特色的功能定位，印证了国家级新区这一发展模式的灵活性优势。作为基于同一政策设计框架的教育现象，国家级新区智慧教育具有一定的共性特征。而在空间尺度多样化、"先行先试权"倾斜的政策体系支持下，国家级新区的智慧教育的内涵与定位也同样得到极大延展，并呈现出与其他城市新区不同的特征。正因此，国家级新区已成长为影响我国区域教育协调发展的显性空间变量，并已成为剖析我国教育策略变迁、体制机制创新的重要窗口。如何在全面推进的态势中体现区域特色，将智慧教育发展纳入数字中国和智慧社会的建设中，以解决亟待应对的实践问题和层次短板，推动形成具有中国特色的新区智慧教育发展之路，对于促进区域教育均衡发展和质量提升，实现区域教育现代化和学习型社会建设具有重要价值。

二、工作热点与特色做法

（一）工作热点

基于"智慧教育发展评估体系"，利用词云图、数据统计等方法，从工作热点（教育理念）、教学空间、数据资源、教育形态和教育治理五个维度表现国家级新区智慧教育发展水平。调研问卷涉及区域、学校、教师三个层面，分别对各区域教育主管单位、学校信息化负责人及普通教师进行线上发放，收到区域有效问卷 9 份、学校有效问卷 402 份、教师有效问卷 3558 份。

对国家级新区工作计划的核心词汇进行词频分析，从数据可以看出，智慧课堂、智慧校园、智慧教育、人工智能、智慧管理、安全等关键词出现的频率较高，反映出新区以"智慧"为抓手，推进教育新样态的顶层设计与规划方向。

1. 国家级新区教学空间建设

从校园智慧化程度方面看，教师在校园智慧化发展中有着较高的期待。词频分析表明，教师期待的功能包括高清直播录播、仿真实验、常态化行为分析录播、智慧管理、可视化、智能安防、自助终端、互动反馈等。

新区对网络接入的需求分别为网络提速（占比49.42%）、无线网络稳定（占比21.41%）、建设无线网（占比9%）、网络到班（占比8%）和城域网建设（占比4%）。教师对网络的需求主要集中在提速、稳定、无线网和城域网建设等方面。

对比分析新区建成统一门户的占比情况可知，天津滨海新区、广州南沙新区、陕西西咸新区都有一定的建成统一门户的占比，但比例相对较低（均在50%以下），表明这些区域在统一门户建设方面还有提升的空间，南京江北新区建成统一门户的占比最高（占比100%）。（如图3-1所示）

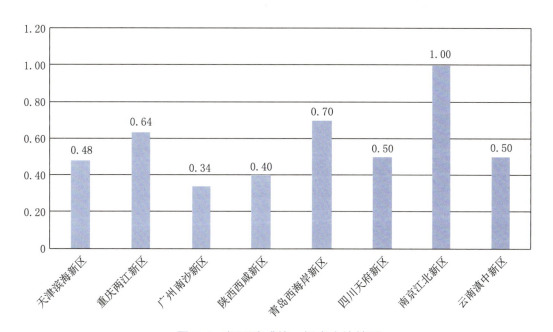

图3-1 新区建成统一门户占比情况

2. 国家级新区数据资源使用与建设

从新区教学资源师均使用次数情况来看，不同地区的教师资源使用情况存在较大差异（极差值为138.79）。除云南滇中新区外，其他区域教学资源师均使用次数均较低，这也是各维度中差异性最大的指标。（如图3-2所示）

从新区教学资源自建比例来看，各区域的自建资源占比均在30%到70%之间，说明各新区在自建资源方面有一定的投入和积累。天津滨海新区、重庆两江新区、陕西西咸新区、四川天府新区、云南滇中新区的自建资源占比都在50%左右，南京江北新区和广州南沙新区的自建资源占比相对较低，青岛西海岸新区自建资源占比相对较高。（如图3-3所示）

从新区使用教学资源形式的比例来看，PPT、Word、PDF等多媒体文档资源在智慧教育中仍然占据重要份额，为教育提供了基础且重要的资源共享和信息传递手段。其他重要资源

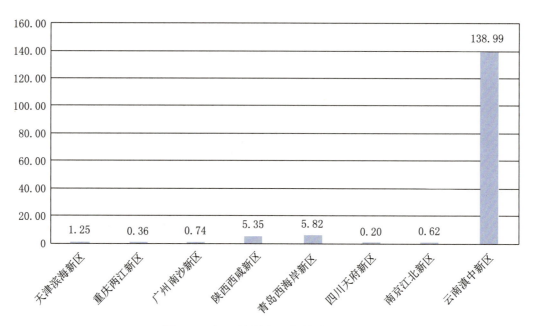

图 3-2 新区教学资源师均使用次数

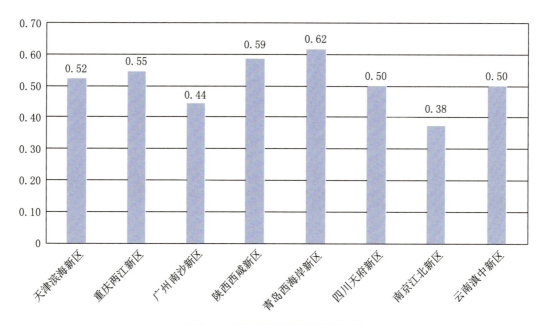

图 3-3 新区教学资源自建比例

有国家中小学智慧教育平台（占比 15%）、微课（占比 6%）、学科网（占比 6%）、题库（占比 5%）、名师空间（占比 3%）与智学网（占比 2%）。

3. 国家级新区教育形态

教师发展智能化形态的热词表明，教师对"多媒体教学""互联网学习""个性化教学""在线教学""学业评价""综合素质评价""智慧课堂"和"智慧教育"等概念表现出较好的掌握与关注程度。教师对"知识图谱""虚拟现实""人工智能教育互联网学习""混合式教学学业评

价"等掌握程度偏低。

智慧教育的发展离不开教学模式的创新，从现阶段各区域教学模式的分析来看，教师关注的教学模式呈现出多样化趋势，涵盖了传统讲授、任务驱动、创新教育、学科融合、翻转课堂、微课应用等多种形式。

4. 国家级新区智能治理

从新区学校智能治理业务的开发和应用情况来看，智能治理业务在教育领域中的应用较为丰富，涵盖教师管理、课堂教学、学业评价、学生成长记录等多个方面。尽管如此，调研中选择"无"的占比最高，达到71%，这意味着在当前的智能治理业务中，很多学校或地区尚未开展智能治理业务，或者正在探索破除数据壁垒，推动数据共享和部门协同的相关机制。其次是"教师管理"（占比27%）、"智慧课堂"（占比20%）、"学业评价"（占比19%）、"成长档案"（占比16%）、"精品课程"（占比15%）和"综合素质评价"（占比13%）。

（二）国家级新区智慧教育发展指数

1. 教育智能化规划发展指数

从新区教育智能化规划发展指数看，大部分区域对智慧校园的规划占比都比较高，在70%至100%之间。这充分体现了中小学智慧校园作为承载教育数字化转型与智能升级发展的主阵地，已成为促进学校现代化发展、推动教育高质量提升的关键抓手。其中，重庆两江新区、四川天府新区、南京江北新区、云南滇中新区占比为100%，天津滨海新区、陕西西咸新区、青岛西海岸新区等区域的规划占比在80%至100%之间，体现出上述区域高度重视智慧校园建设，并尝试通过制度创新和管理创新推进学校业务流程再造，升级改造学校育人环境，打造智慧教育空间的规划诉求。（如表3-1所示）

表 3-1　新区教育智能化规划发展指数

天津滨海新区	0.96
重庆两江新区	1.00
广州南沙新区	0.70
陕西西咸新区	0.80
青岛西海岸新区	0.98
四川天府新区	1.00
南京江北新区	1.00
云南滇中新区	1.00

2. 教育智能化基础网络发展指数

教育智能化基础网络发展情况涉及网络速度、稳定性、覆盖范围、安全性等方面。从新区

教育智能化基础网络发展指数看，整体数值偏低且较为集中（极差值为 0.17）。（如表 3-2 所示）

表 3-2　新区教育智能化基础网络发展指数

天津滨海新区	0.03
重庆两江新区	0.11
广州南沙新区	0.07
陕西西咸新区	0.05
青岛西海岸新区	0.13
四川天府新区	0.17
南京江北新区	0.06
云南滇中新区	0.00

3. 网络空间成熟度发展指数

从新区的网络空间成熟度发展指数看，新区网络空间成熟度差距不大（极差值为 0.17），排名前三的为南京江北新区、青岛西海岸新区和重庆两江新区。（如表 3-3 所示）

表 3-3　新区网络空间成熟度发展指数

天津滨海新区	0.37
重庆两江新区	0.41
广州南沙新区	0.33
陕西西咸新区	0.35
青岛西海岸新区	0.42
四川天府新区	0.38
南京江北新区	0.50
云南滇中新区	0.38

4. 教学资源可持续发展指数

从新区教学资源可持续发展指数看，区域教学资源可持续发展存在较大差异（极差值为 0.56）。

天津滨海新区、重庆两江新区、广州南沙新区、陕西西咸新区、青岛西海岸新区、四川天府新区的数据在 0.2 至 0.4 之间，这些区域已经具备一定的教学资源，且教学资源使用效率适中，但仍有进一步优化和提升的空间。云南滇中新区的数据高达 0.75，说明该区域在教学资源的可持续发展上具有很大潜力，自我创新能力较强。鉴于教学资源的使用效率和自建比例之间需要保持一定的平衡，数据的合理性还有待进一步分析。（如表 3-4 所示）

表 3-4　新区教学资源可持续发展指数

天津滨海新区	0.26
重庆两江新区	0.27
广州南沙新区	0.22
陕西西咸新区	0.31
青岛西海岸新区	0.33
四川天府新区	0.25
南京江北新区	0.19
云南滇中新区	0.75

5. 教学资源服务指数

从新区教学资源服务指数看，教学资源服务存在差异（极差值为 0.26），排名前三的为天津滨海新区、重庆两江新区和陕西西咸新区。（如表 3-5 所示）

表 3-5　新区教学资源服务指数

天津滨海新区	0.53
重庆两江新区	0.45
广州南沙新区	0.30
陕西西咸新区	0.42
青岛西海岸新区	0.41
四川天府新区	0.27
南京江北新区	0.39
云南滇中新区	0.40

6. 管理信息资源建设与服务指数

从新区管理信息资源建设指数看，新区管理信息资源建设存在差异（极差值为 0.44），排名前三的为南京江北新区、青岛西海岸新区、四川天府新区和云南滇中新区（并列）。（如表 3-6 所示）

表 3-6　新区管理信息资源建设指数

天津滨海新区	0.26
重庆两江新区	0.45
广州南沙新区	0.19
陕西西咸新区	0.26

（续表）

青岛西海岸新区	0.58
四川天府新区	0.50
南京江北新区	0.63
云南滇中新区	0.50

从新区管理信息资源服务指数看，新区管理信息资源服务水平存在较大差异（极差值为0.52），排名前三的为四川天府新区、南京江北新区、青岛西海岸新区和重庆两江新区（并列）。（如表 3-7 所示）

表 3-7 新区管理信息资源服务指数

天津滨海新区	0.30
重庆两江新区	0.55
广州南沙新区	0.23
陕西西咸新区	0.27
青岛西海岸新区	0.55
四川天府新区	0.75
南京江北新区	0.63
云南滇中新区	0.25

三、特征与趋势

（一）国家级新区智慧教育发展特征

1. 呈现整体规划、融合创新、多元参与的发展态势

过去十年，中国教育信息化发展驶入"快车道"。国家从顶层设计、政策部署、基础设施、数字资源、应用创新等方面布局教育信息化建设，大力推动国家教育数字化战略行动。随着"四梁八柱"全面搭建完成，教育信息化已由起步应用阶段进入融合创新阶段，区域数字资源供给日益丰富，信息系统建设不断提速，国家级新区信息化的机制体制保障工作得以全方位提升，区域领导均加大了对智慧教育建设的重视，相关运行管理机制趋于完善，计划执行渐有保障。鉴于国家级新区地域跨度大、涉及人口多，区域间发展不平衡的问题依然普遍存在，智慧教育发展不仅与资金投入挂钩，更与信息化发展理念直接相关。由于基础服务平台支撑力不够，高质量的课程资源、题库资源、优秀师资与硬件资源需求量大但难以得到充分满足，新区

智慧教育建设仍存在诸多难题。如何让信息技术真正服务于"教、学、管、评、测、练"的过程，提升区域教育治理能力、信息技术与教学融合水平、教师数字化教学能力，常态化推动因材施教、减负增效、五育并举的育人目标，成为新区面临的重大问题和挑战。

2. 差异化建设路径促进新区教育改革与创新

国家科技创新合力的形成离不开各区域在创新发展中积极性和主动性的发挥。基于自身基础条件，发现并探索出区域创新发展的数字化突破口，解决区域当前存在的发展问题，是当前区域智慧教育建设的核心问题。在构建智慧教育新发展格局的重要时期，国家级新区立足自身的人才、地理条件等优势，另辟蹊径，大胆创新，积极探索差异化发展新路径，围绕"一带一路"建设、长江经济带发展、京津冀协同发展等战略，尊重科技创新的区域集聚规律，因地制宜地进行了创新探索与实践，形成了具有一定区域特色的实践经验或范式。坚持个性化发展道路对新区智慧教育建设至关重要，将进一步推动区域创新组织结构的完善，促进区域数字结构调整，助力区域在创新中突破，在改革中发展。

3. 构建育人新场景成为新区智慧教育的核心要素

智慧教育生态的关键特征是以学生为中心的教学、全面发展的学习评估及泛在的智慧学习环境。国家级新区将以人才培养环境的创新构建为抓手，以培育学生核心素养为中心，加快覆盖面向新时代"五育并举""三全育人"的多类型智慧教学，重在依托网络学习空间，探索智能化教学工具应用，提供更适合学生的学习资源和智能学习服务，并利用信息化手段开展有质量的在线答疑与互动交流服务，满足学生多元化和个性化的学习需要。以线上线下混合式教学、虚拟仿真、精准课堂为代表的信息技术和手段的应用，推动着教学模式不断创新、学习环境持续优化、平台服务能力逐渐增强，信息技术与教育教学融合的深度和广度都得到前所未有的加强。技术引领"课堂革命"不断推动新区智慧教育发展，彰显出全面覆盖、重点推进与探索试点相结合的特征。

（二）国家级新区智慧教育发展趋势

从新一轮科技革命和产业变革的背景来看，第四次工业革命以数字化、智能化、网络化为核心，数据日益成为智慧社会新的生产要素，智慧教育发展不仅需要积聚优质资源，也需要沉淀海量数据宝藏，用数据反哺教学与决策是教育数字化转型的基本思维方式。以数字画像和增值评价为依据，对学生、教师和学校进行全方位的分析，为保障新区综合素质评价的客观性和全面性奠定基础，为有效评估学生全面发展、教师工作成效和学校办学绩效提供科学的评价手段。

在数字化转型推进新区治理现代化的具体实践中，从技术角度看，数字化转型的基本思路是依托人工智能、大数据、云计算、区块链等数字技术，通过深入挖掘、分析教育教学大数据，实现治理主体多元化、治理方式科学化、教育流程可视化、治理决策精准化。从模式创变看，新区治理现代化的实践是运用技术将区域治理过程中的新型基础设施、管理方式、评价形式、育人模式等主要元素进行系统性重构、重组，初步形成开放、可适应、可持续的教育治理新生态。总体来看，国家级新区的数据治理工作整体处于起步阶段，区域数据治理模式、体系尚未清晰，用信息化手段提升治理水平将是未来新区智慧教育的工作重点。

党的二十大报告将"教育强国"明确为到 2035 年必须建成的目标之一，充分体现出教育对于国家现代化建设的重要性。在国家级新区由"政策理念"转变为"政策现实"的探索过程中，新区兼具打造空间功能单元和深化改革试点的双重使命。新时代新征程上，国家级新区智慧教育的发展要坚定不移地走高质量、内涵式发展道路，使决策部署付之于行动、见之于成效，形成育人为本、数据驱动、弹性的未来教育格局，进而推进中国数字化教育范式在神州大地上蓬勃发展。

第二节　温州市区域智慧教育发展

一、概述

温州市自 2011 年开始谋划"温州智慧教育城"建设，到 2021 年作为浙江省唯一推荐区域成功入围教育部 2020 年度"智慧教育示范区"创建项目名单，始终坚持将智慧教育作为打造教育高地的重要支撑与变革力量，以"自上而下制度推进，自下而上以赛促创"的生态模式让项目落地，取得数字化改革新成效。

《2023 温州智慧教育发展报告》被纳入《2023 中国智慧教育区域发展研究报告》，作为区域观察的一部分，报告深入剖析了温州在技术驱动下的教育数字化变革实践，从数字化改革历程、案例特征，到区域模式和制度框架等多个维度，展示了温州在教育数字化转型中全面、深入的探索和实践。这不仅是对温州自身努力的肯定，也为其他地区提供了宝贵的经验和启示。

《2023 温州智慧教育发展报告》主体部分分为三个篇章，共收录了 38 个区域、学校和数字化行业的优秀案例。在统筹区域教育数字化治理与模式创新方面，案例聚焦教育数字化改革的区域模式与制度框架，构建推进智慧校园 2.0 建设的行动模式，探索智能技术支持的区域教育评价改革实践。在助力学校教育数字化转型与高质量发展方面，案例聚焦创设校园数字化融合学习环境，构建智慧化、创新型课堂教学模式，推动数字资源有效应用，探索技术赋能教学改革，实现智慧校园建设和整体治理水平的提升。在协同数字化行业共建教育生态与应用平台方面，案例聚焦创建虚拟化、情景化教学应用场景，积极探索教育实践问题数字化解决新路径。

二、工作热点与特色做法

（一）工作热点：构建"一二四五六"体系

近年来，温州市持续加大智慧教育的实践和探索，把前沿探索和前瞻布局作为教育信息化建设的总牵引，通过战略构架、统筹谋划、协同推进等举措，实现区域教育信息化工作阶段性、螺旋式提升，支撑、引领教育现代化高质量发展。（如图3-4所示）

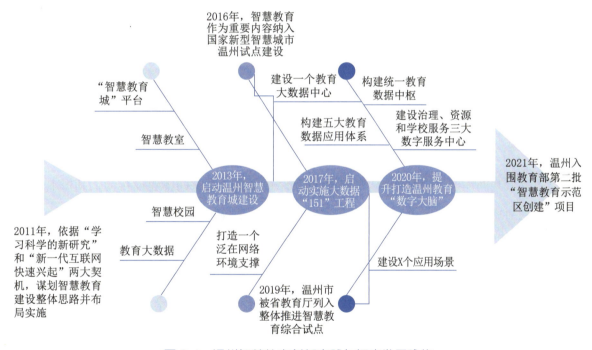

图3-4 温州智慧教育创新实践与探索发展脉络

围绕"创新育人模式，培养创新人才"目标，坚持"一个核心"，即以数据驱动区域教育整体智治和教育信息化转段升级；建立"两大体系"，即建立多主体联合参与的协同创新平台，建立教育"数字大脑"智能服务平台；落实"四项任务"，即实现智慧校园覆盖全部学校、教学应用覆盖全体教师、学习应用覆盖全体适龄学生、人工智能教育覆盖全部学校；实现"五高目标"，即高水平提升信息化融合应用、高品质提升师生信息化素养、高质量推进规模化教育、高效力推进因材施教、高智能助推教育现代化治理；实施"六大行动"，即大共同体建设行动、教育整体智治行动、智慧教育迭代行动、资源智能供给行动、创新人才培养行动和教师信息化

素养提升行动。探索支撑、引领智能时代教育现代化的新途径和新模式。（如图 3-5 所示）

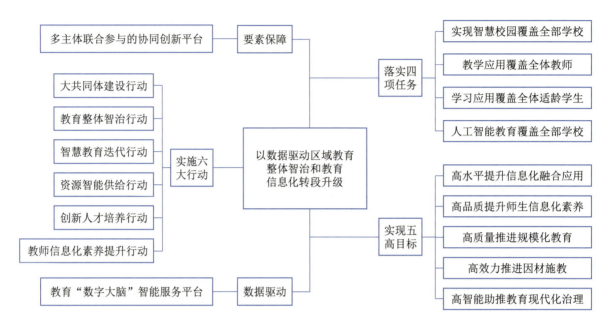

图 3-5　温州智慧教育示范区创建模型构架

（二）特色做法

1. 大共同体建设行动

温州将大共同体建设行动列为"六大行动"路径之首。大共同体建设行动，其根本为推进机制的建立与创新，主要强调在不断强化党政机关实施主体机制的基础上，通过政府统筹加快建立政研合作共同体、产教融合发展共同体、智慧教育新型共同体等系列协同创新机制，加快数据驱动的智慧教育转型发展，提升区域教育资源供给服务能力。温州市 12 个县（市、区）共设 13 个教育技术管理机构（瓯海区分设两个机构），在 13 个管理机构中，有 10 个管理机构职能基于教育技术定编定岗，另有 3 个管理机构除教育技术职能外还承担其他职能；人员编制数合计 217 个，平均 16.7 个；实际从事教育技术管理工作人员合计 110 个，平均 8.4 个；专业岗位设置数量合计 205 个，平均 15.7 个；专业岗位设置数量合计 205 个，平均 15.7 个；共有 8 个设定了高级岗位比例，1 个没有设定（龙湾区），4 个与局机关统筹。

2. 教育数字化改革行动

温州着力建设区域教育"数字大脑"，全域覆盖打造"1+3+X"智能体系，即构建一个教育数据中枢，建设教育治理、教育资源和教育学校三大数字服务中心，建设 X 个数据赋能应用场景，形成区域"数字大脑""好学温州"云平台的教育数据应用生态，实现数字化综合集成智能服务，赋能全域教育教学，实现基于真实应用的大数据的智能辅助决策，提升现代教育治理能力，促进数字技术赋能区域教育业务转型和教育均衡发展。

此外，自 2021 年起，温州市连续三年通过举办"教育领域'移动 5G 杯'数字化改革创新应用大赛"，面向全市遴选优质应用场景和优秀数字赋能案例，以数字化转型驱动智慧教育发展，推进教育领域重大应用全面贯通，发挥示范和创新引领作用。

3. 智慧教育发展行动

发展智慧教育是温州全面深化信息技术教育教学应用改革新征程的起始点。一是实施区域（县域）智慧教育发展指数评估行动，根据区域智慧教育基础指标、区域智慧教育发展指标和区域学校智慧教育发展水平等方面制定标准，开展年度评定并出具指导报告，促进区域智慧教育发展。二是实施中小学智慧校园 2.0 学校创建行动，实现学校从数字化向数据赋能的智慧教育发展。智慧校园 2.0 学校将围绕新基建、学校管理、教育常规、教学模式、教学评价、学生学习方式和人工智能教育等方面开展变革，特别是在数字赋能、人机协同和人工智能教育上重点发力，实现教学管理决策、教学模式、综合评价和学生信息素养的真正迭代升级。

4. 数字资源集约供给行动

智慧教育时代，高质高效的数字资源服务体系为教育教学全过程提供坚实支撑。温州围绕"全民智慧学习一张图"，以本市"数字大脑"为基础，搭建"好学温州"数字资源服务中心，综合集成国家、省级等资源平台，集成温州教育影院、温州市中小学云图书馆、"温州学问通"名师在线（答疑）、"少年瓯越行"智慧研学实践劳动、云阅卷和学前"三朵云"等市级应用系统，引入第三方购买服务的优质资源系统，打造泛在学习资源体系，构建基础数据平台"一源采集，多源矫正"的数据归集机制，赋能各应用系统。

5. 创新人才培养行动

人工智能时代，中小学生拥有着"数字土著"的另一重身份，培养顺应时代发展要求的创新人才，必须重视人工智能与教育的整合。2020 年，温州完成中小学创客教育"五个一"工程，实现了学校"1+X+Y（区县创客实践中心＋区域创客基地＋学校创客空间）"创客空间全覆盖，建立了"GMC"模式（温州创客教育专家组＋创客教育讲师团＋创客教育指导师）师资培养机制，推进学校、家庭、社会"三位一体"合作，被评为全国"青少年创客教育生态区域"。

在此基础上，按照"5133"的思路出台《温州市中小学推进人工智能教育实施方案》，"5"即实施中小学人工智能教育"五个一"工程，主要是推进"一校一 AI 课程、一校一 AI 团队、一校一创新项目、一校一智能空间、一校一品牌活动"建设；"1"是指构建区域统一的人工智能教育教学平台；"33"是指打造"基础普及类、社团拓展类、综合提升类"三阶课程体系、"十百千"三层次人工智能教育师资培养体系和"学校＋教师＋学生"三维度创新素养评价体系。"三阶课程体系"目前已基本构架完成，正不断积累丰富资源；"三层次人工智能教育师资培养体系"将推进设立十个名师工作室、培养百名骨干教师和千名人工智能教育持证上岗教师；"三维度创新素养评价体系"动态监控实施成效，提升人工智能教育普及水平，打造人工智能教育生态体系。

6. 教师信息素养提升行动

在技术与教育双向赋能的浪潮中，教师迫切需要重新定位角色，提升核心素养。温州统筹组织、师训、人事和技术部门的信息化培训功能，建立虚拟的"未来教育技术学院"信息化素养培训平台，全域实施"一把手"校长担任首席信息官（CIO）制，建立机关处室（单位）数字专员制，开展由校长、分管校长和信息化执行官组成的"微团队"专项培训，提升学校信息化领导力；开展信息化骨干教师系列培训，发挥温州市未来教育技术学院讲师团作用，提升教育信息化指导力；加强信息化应用课题研究，完善立项、开题、中期指导和结题考评制度，提升区域信息化应用研究力；实施教师信息技术应用能力提升工程 2.0 整校推进三年行动计划，依托学校信息化项目建设和校本培训，全员提升教师信息化应用能力，从而形成"一平台四能力"的信息化培训体系，力求为技术融合的教学提质增效。

三、特征与趋势

2023 年，温州市智慧教育基础设施逐渐完善，保障体系已初步成型。在经过十几年的探索之后，温州市从补齐硬件设备着手，加速基础设施建设，成功构建了一个涵盖各类教育场景、服务全体师生的智慧教育体系。这种全场景的智慧教育模式，旨在实现优质教育资源的均衡配置，提高教育教学的效率和质量，推动教育公平和可持续发展。同时，温州不满足于数字化升级，不止步于数字化转型，吹响号角，向数字化改革进发，统筹建立全市"延伸扩面"应用清单，共建共享、动态更新，走出了一条"数字大脑赋能＋智慧校园标准引领"的特色路径。

一是坚持"全域智慧"一体推进。强化"三面发力"，坚持系统观念，推进市、县、校三级联动，致力于打通"全域推进智慧教育"各环节，"大抓智慧教育"的态势持续彰显。将国家智慧教育示范区创建列入市委年度重点改革清单，纳入政府工作重点和教育督导内容，统筹协调各相关部门全面落实。成立市、县两级教育"一把手"局长负责的创建工作领导小组，架构"1+4+1"工作专班，常态化推进例会。细化年度目标，分县（市、区）下达指标任务，相关指标任务列入年度区域教育考核内容。构建教育主抓、部门协同、专家引领、企业融入、校地共建的运行格局。在投入、建设、人才保障方面加大力度，形成了全系统共同发力的良好局面。

二是坚持系统集成。利用新技术手段，推进智能教伴系统、智能导学系统、智能学伴、互联网＋等的应用，促进人机协同、人机融合，提升教育的智能化，以教育"数字大脑"体系建设为创新引擎，用数据驱动教育从智能走向智慧，建设"面向人人、适合人人"的教育新生态。以"数字大脑＋未来学习"为顶层理念，建设"学在温州"教育应用门户，集成治理中心、资源中心和学校服务中心三大系统，实现统一入口、统一认证和个性化应用，探索从学前到终身教育全场景覆盖的路径。基于互联网、大数据推进育人提质，加快"X"个场景建设，目前集成国家、省、市和第三方常用的三类应用有 38 个，其中 19 个应用实现单点登录，能最大程度服务使用者。

三是坚持系统创新。出台《温州市智慧校园 2.0 创建指导性指标体系》，从环境融通、数据赋能、教学变革、素养提升、体制保障等 5 个重点维度 27 项指标勾勒出智慧校园 2.0 学校的基本画像："新型空间、钉钉管校、智能教伴、交互课堂、智能学伴、数字改作、数据驱动、人工智能"等，促进教育从环境智能向应用智慧发展。以数字化校园建设为基础，基于学校信息化特色优势，充分利用信息网络技术，提升学校管理、教育教学和后勤服务等整体或某一方面智能智慧化水平，引领智慧校园迭代升级。

在着力促进共同富裕的背景下，教育正朝着高位、优质、均衡的方向发展，人民群众更加迫切地需要构建"人人皆学、时时可学、处处能学"的泛在化学习生态，更加迫切地需要利用新一代信息技术，实现更大的教育公平、更高的教育质量。在今后的智慧教育发展中，温州将紧盯创建目标，加快"六大行动"计划的落实，充分发挥智慧教育的先行作用，以数字化、智能化推动教育补短提升。

一是进一步聚焦公平和质量。实施校园网络基础、教学终端和校园智能环境提升工程，大力推进智慧校园建设，普及新型教学空间、人工智能教育空间等，建设共享开放、汇聚整合的教育资源系统，匹配每个孩子的学习兴趣和能力特点，让每个孩子都能享受到适合自己的教育。

二是进一步重视创新人才培养。拓展"互联网＋义务教育"，强化基于大数据的精准教学，推进 STEAM、项目式学习、创客、人工智能等教育迈进更高层次，变革学习方式，培养创新人才。重构全过程、多维度和智能化的教育评价新体系，为师生减负。

三是进一步实现教育整体智治。以问题为导向，以需求为切入，强化区域和学校"数字大脑"体系建设，优化构架"学在温州"教育智图，打造协同办公"一屏掌控"、政务服务"一网通办"和公共服务"全民泛在"等一批具有温州教育辨识度的场景应用，切实解决群众"急难愁盼"的问题。

四是进一步推进教育队伍建设。以培养智慧型教师为宗旨，完善"一平台四能力"教师信息技术培训体系，全面提升教师信息技术应用能力，引导教师由传统的经验教学向智慧教学转变。推进全域"一把手"校长担任首席信息官制度的实施，提升学校信息化领导力。借力高校、科研机构和企业力量，汇集有温州特色的信息化领导力培训的专题课程资源库，建立分类指导课程培训菜单，帮助培育更多"未来教师"。

第四章

CHAPTER 4
特色实践案例

【案例遴选原则】

课题组在全国范围内的 50 多个观察区域开展了案例征集，共征集到案例 60 个。因篇幅所限和案例报告质量的差异，编写组在征集的案例中作了遴选。案例遴选坚持真实性原则、规范性原则、完整性原则和示范性原则。所呈现的案例一方面具有智慧教育的典型特征，另一方面契合数字时代智慧教育变革的方向，代表了区域智慧教育的较高水平及较为前沿的创新探索，具有示范作用和借鉴意义。

【鸣谢】

在案例筛选时，编写组尽可能地覆盖所有参与区域，但仍有部分案例因篇幅有限，只能忍痛割爱，在此向所有案例提供的区域、学校及个人表示衷心的感谢。

第一节　广东省东莞市

广东东莞市级：数字政府赋能，构建智慧教育新生态

东莞市教育信息中心　姚永安　程庆雷　范夫伟

【摘要】 在国家教育强国、数字中国战略部署下，东莞围绕建设高质量教育体系，积极推进教育数字化转型，结合全市数字政府发展战略，坚持统筹规划、集约建设、应用为王、安全运行，推进教育新型基础设施建设，加强区域教育大数据中心、教育管理服务平台和在线资源学习平台一体化建设，建成与城市智慧大脑融通共享的区域智慧教育大平台，构建区域教育智慧治理、智慧服务和智慧学习新生态，加快教育数字转型和智能升级，为数字政府赋能下的区域智慧教育规划与建设提供样本。

【关键词】 数字政府；智慧教育；教育数字化；数字教育

一、背景与思路

近年来，东莞积极实施"互联网＋教育"战略，推进基础设施、平台体系、数字资源、智慧校园、融合应用等方面的教育信息化建设工作，创新教育发展模式，促进基础教育优质均衡发展，目前取得初步成效：2018 年入选了全国网络学习空间应用普及活动优秀区域；2019 年入选了全国基础教育信息化应用典型案例；2020 年入选了国家级"基于教学改革、融合信息技术的新型教与学模式"实验区；先后打造了"莞式慕课""莞易学"等教育信息化品牌；2020 年、2021 年连续两年被写入《中国智慧教育区域发展研究报告》。目前，东莞建成总出口带宽为

80 Gbps 的教育城域网，全面支持 IPv6，超过 1800 所学校接入，最高支持万兆到校；网络多媒体课室占比为 100%，师机比达 1:1，生机比为 6.5:1。

2019 年以来，东莞积极贯彻落实全省"一盘棋"数字政府建设，成立市政务服务数据管理局和数字政府项目建设工作专班，全面统筹政务系统规划与建设，深入推进政务数据资源共享和开放，以华为为总承包商开展政企合作建设。"智慧教育"是东莞数字政府建设民生保障域的子项目，提出高标准打造"一中心两平台"，即教育大数据中心、"莞教通"一体化教育管理与服务大平台和"莞易学"在线学习平台。构建东莞"互联网＋教育"大平台，旨在通过统筹规划和集约建设实现全市教育数字化水平的整体提升。迈进"十四五"时期，充分利用数字政府建设契机，结合教育事业"十四五"发展规划、国家教育数字化战略行动等，东莞加快进行对教育数字化的谋篇布局，重点提出以发展智慧教育为目标，打造智慧治理、智慧服务、智慧学习新生态，赋能东莞教育高质量发展。

二、举措与成效

（一）坚持统筹规划，高质量编制发展方案

智慧教育是东莞建设高质量教育体系的重要内涵和路径，因此，东莞通过深入调研、编制规划、专家论证等方式，加快进行全市智慧教育的谋篇布局。

一是顶层设计，制定智慧教育行动计划。2021 年 6 月，东莞市人民政府办公室印发《东莞市打造品质教育十二项行动计划》，其中《东莞市推进智慧教育行动计划（2021—2025 年）》对全市"十四五"时期发展智慧教育作出顶层规划，文件提出 20 条创新举措，重点包括建设教育大数据中心、打造"莞教通"和"莞易学"大平台、推进中小学人工智能教育、创新智慧教育体制机制等，到 2025 年，全市将创建智慧校园示范校 100 所，新增 6000 门在线课程，重点支持建设 200 门示范性在线品质课程，培育 30 所覆盖全学段的名校网络课堂示范学校，每年评选 5 所融合创新应用示范学校，构建青少年人工智能教育"一十百千万"计划体系。

二是标准先行，制定智慧校园建设指南。根据国家和广东省智慧校园建设相关标准，在东莞数字政府整体规划框架下，东莞市教育局印发《东莞市中小学校（幼儿园）智慧校园建设指南（试行）》，从建设目标、建设原则、建设内容和建设指标四方面制定全市智慧校园建设体系，明确了"市级大平台、学校小应用"的建设思路，细化了智慧校园基础环境、通用平台、教育应用、保障机制的建设标准，界定了全市统建和学校自建的内容边界，为全市中小学校开展智慧校园建设提供指引，切实避免重复建设和资源浪费。

三是筑牢底线，制定网络安全考核办法。印发《东莞市基础教育系统网络安全工作责任制考核办法》，将其作为镇街（园区）、学校网络安全年度考核标准。以购买第三方服务的方式，

每年对全市镇街（园区）和 100 个学校单位进行现场检查，从组织领导、方案制定、网络管理、数据安全、宣传教育等方面开展日常考核、年度自评和年终考核。严格落实网络安全工作责任制，切实保障网络系统安全稳定运行，筑牢网络安全防线。

（二）坚持集约建设，高标准打造区域平台

结合全市数字政府"一盘棋"建设原则，提出东莞智慧教育建设方案：高标准打造"一中心两平台"，即教育大数据中心、"莞教通"和"莞易学"大平台。

一是建设教育大数据中心，探索大数据支撑的教育治理新模式。遵循国家及教育行业数据标准规范，充分结合全市数字政府建设的数据标准和教育实际，融合企业、高校专家等多方资源力量，高标准制定区域教育数据标准规范，编制《东莞市教育大数据中心基础数据标准》《东莞市教育数据交换与开放接口标准》等系列文件，建成东莞教育数据接口开放平台，做到"一数一源"，向上对接政务数据大脑及省部级教育系统，向下支撑数字校园建设，全面整合教育数据流，应用教育可信数字身份，推进教育信息系统数据汇聚、治理、共享，筑牢教育数字化改革底座，实现教育数据内外双循环，打造智慧治理新标杆。

二是打造"莞教通"智慧教育大平台，发展基于互联网的教育服务新模式。通过推进教育信息系统整合共享、建设智慧校园市级平台、优化教育线上服务窗口、构建开放共享的应用市场等，深入教育领域"放管服"改革，为教育管理者、教师、学生、家长、社会公众提供一站式、均等化、个性化的"互联网＋"教育服务，深入普及"一网通办"，全面提升教育决策科学化、管理精准化、服务个性化水平，打造智慧服务新标杆。

三是打造"莞易学"在线学习平台，构建新技术融合的教育教学新模式。秉承"学在东莞，品质教育"理念，"莞易学"在线学习平台基于海量优质数字教育资源，全面整合市级学习平台，以"一个课程中心＋N个场景应用"为核心架构，建成全市唯一的在线课程中心，实现全市在线课程共建共享，形成具有东莞特色的区域在线学习平台，满足东莞师生、社会学习者个性化终身学习的需求，打造智慧学习新标杆。

（三）坚持创新发展，全方位健全体制机制

坚持应用驱动和机制创新，持续建立健全智慧教育可持续发展机制，实现常态化应用和全方位创新相结合的融合发展模式。

一是成立各级教育信息化组织。推进镇街（园区）教育管理中心和学校成立教育信息化专职工作组织，加强信息化领导力培训提升，探索配置"一官两员两师"，全面统筹所在单位信息化的规划与发展。加强执行力度，增强教育信息化规划，把教育信息化工作纳入教育工作督导评估体系，将各学校教育信息化情况列入对各学校现代化建设和办学水平督导评估的重要内容。

二是打造智慧教育发展共同体。加强协同发展，坚持科研引领，成立"三个中心"，即在线教育研究中心、智慧校园研究中心、人工智能研究中心，逐步形成发展共同体的良性运行机制，注重研究与实践结合，重视成果输出与辐射。依托数字教育资源公共服务体系，探索资源共享和服务供给新机制，扩大优质教育资源覆盖面，利用信息化实现教育均衡发展，建立新型教育体系，为构建智慧教育奠定坚实基础。

三是建立信息化项目审批制度。推进各级教育信息化建设项目的审批审核，落实市、镇、校一体化设计和集约化建设。建设项目按需审批、科学推进，根据实际需求作区域性调配，避免区域发展不平衡和重复建设。同时，将信息化建设列入学校督查评价项目，加强专项审计，充分发挥统筹规划建设效益。

四是健全多方参与的体制机制。落实"政府规划引导、企业参与建设、学校购买服务"的发展机制，充分利用信息技术企业集群发展的产业优势，强化专业支撑作用，营造良好的东莞智慧教育发展生态。制定教育知识产权保护政策，发挥政府和市场两个方面的作用，通过购买服务方式为资源建设提供持续发展能量，促进优质资源长效供给，教育应用能进可出，实现多元投入，协同推进。

东莞智慧教育大平台整体架构如图 4-1 所示。

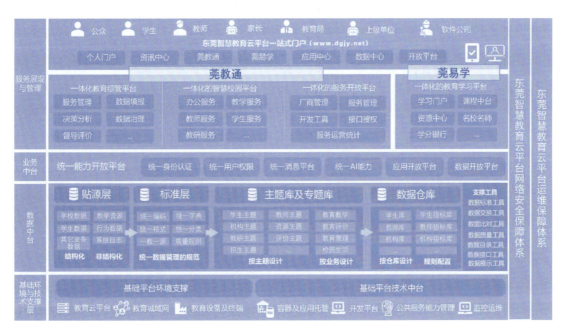

图 4-1　东莞智慧教育大平台整体架构

三、发展展望

智慧教育是教育在信息时代的新升华，是教育信息化推动教育变革的新阶段。东莞市推进数字政府建设为智慧教育的发展提供了良好的数字化环境和强有力的技术支撑。"十四五"时期，东莞打造"智慧教育"新标杆，以开拓创新之势奋力跑出教育加速度，智慧教育发展迈进新阶段，开启新征程。展望未来，东莞智慧教育发展应着力加强以下三个方面。

一是智慧教育要服务建设高质量教育体系。智慧教育强调将人工智能、虚拟现实、大数据、区块链等新一代信息技术深度应用于教育教学，为教育领域的变革提供强大动力，为人才培养提供多样化的可能。东莞发展智慧教育要始终围绕打造"品质教育"、建设高质量教育体系的目标，深度融合信息技术，加快教育数字化转型，积极探索智能时代的教育治理、教育服务、教育教学新模式。

二是智慧教育要支撑引领教育改革发展。作为教育变革的重要引擎和区域教育发展的强大动力，智慧教育将有力支撑和引领东莞的教育改革与发展。推进新一代信息技术与教育教学融合创新发展，发挥数据作为新型生产要素的作用，有利于推动教育数字转型、智能升级、融合创新，引领教育改革创新的体制机制不断健全。未来，教育服务供给将更加丰富多元，线上线下教育实现有机融合，教学将更加灵活个性，评价将更加科学精准，教育治理能力也会显著提升。

三是智慧教育要在探索实践中总结提升。智慧教育融合实践的整体特征是自上而下的系统化与自下而上的生成性相结合。东莞在数字政府战略背景下建设"一中心两平台"，坚持在国家、省级及行业标准的基础上，制定区域教育数据标准，做到"一数一源"，筑牢数字地基，逐步开展应用系统建设，打破数据孤岛。同时，逐年开展智慧校园、课程建设、融合应用等示范遴选，构建智慧教育发展新生态。面向新发展阶段，东莞要坚持直面新挑战，发现真问题，总结好经验，探索出行之有效的东莞智慧教育发展新路径。

广东东莞学校：市校一体化智慧校园移动平台的搭建与应用

东莞市电子商贸学校　徐朝君　武萍　吴默

【摘要】 智慧校园的建设和深入应用是当前各个学校面临的共同问题，东莞市电子商贸学校根据本校的校情，积极落实《教育信息化 2.0 行动计划》《东莞市推进智慧教育行动计划（2021—2025 年）》等文件精神，以《东莞市中小学校（幼儿园）智慧校园建设指南（试行）》为指导，将"打造 5G+ 智慧校园，推进移动智能化办学"作为"十四五"期间学校信息化工作的重要任务，积极构建支持教师高效办公、学生智能学习和生活，方便家校共育的市校一体化智慧校园移动平台，开展有意义的探索实践，取得了一定的成效，具有一定的参考价值。

【关键词】 信息化 2.0；智慧校园；移动办公；家校共育

一、背景与思路

党的二十大描绘了以中国式现代化全面推进中华民族伟大复兴的宏伟蓝图，开启了加快教育现代化、建设教育强国的新征程。教育信息化作为教育系统性变革的内生变量，支撑引领教育现代化发展，推动教育理念更新、模式变革、体系重构。

智慧校园建设和深入应用是一项系统工程，主要包括智慧校园基础环境、智慧校园通用平台、智慧校园教育应用、智慧校园保障机制四部分。在实际建设过程中，要立足校情，结合全市教育信息化整体规划及所在镇街教育教学的实际情况，综合考虑、科学规划、分步实施，整体推进智慧校园建设和深入应用。

近年来，东莞市电子商贸学校积极落实粤港澳大湾区发展的新要求，主动推进《东莞市推进智慧教育行动计划（2021—2025年）》的落实，积极打造东莞智慧教育新生态，遵循《东莞市中小学校（幼儿园）智慧校园建设指南（试行）》，以信息技术与教育教学深度融合为工作核心，以教育信息化项目为主要抓手，以移动智慧校园建设和应用为实施突破口，加快网络信息基础设施建设，加强信息化应用推广，按照"实用性、准确性、扩展性"的原则，搭建了基于家校融合的智慧校园移动平台。该平台的搭建出发点主要有以下三个"必须"。

一是必须满足师生和家长用户所需。在移动互联时代，移动终端进入千家万户，甚至达到了人手一机或多机的状态，日常生活中移动平台的使用是不二之选。因此，我校在智慧校园的搭建上注重兼顾传统PC终端和移动终端，重点面向移动终端，确保用户能随时随地应用。

二是必须基于师生和家长用户所常用的App。当下，移动办公App种类繁多，功能各有所长，因此选择在哪个App上开展深度应用也是一个关键问题，要避免用户的流失，提高应用门槛。为此，我校"智慧校园"开发组在前期开展了调查研究，对用户进行了App使用意向的问卷调查，其中有68.2%的用户选择了微信端，因此，我校选择基于微信公众号平台，进行第二次开发，开展深度应用。

三是必须从师生和家长用户的常需信息入手。目前我校的"5G+智慧校园"主要包含"一网三中心"架构："一网"是指学校微网站，"三中心"是指根据用户群体划分的"教师中心""学生中心"和"家长中心"。这样的分类可更好地实现信息的细化归类，对教师、学生和家长任何一个群体而言，都可对自己所需的信息一目了然。

二、主要举措

推进智慧校园建设和深入应用的着力点，其一是便民，其二是提高工作效率。为此，我校采取了如下举措。

1. 在硬件和软件上做足基础支持。在硬件设施上，我校在每个班级安装了电子班牌，在学生宿舍和教工办公区域都安装了人脸识别系统，这是智慧校园线下采集信息的基础硬件。软件方面，学校坚持"市级大平台、学校小应用"建设思路，搭建各类软件系统，为后期的信息采集和处理提供有力的支持。

2. 在开发平台上自力更生、丰衣足食。我校师资队伍中拥有一批学习能力强、具有一定开发能力的"精兵强将"，为自主开发个性化移动平台提供了有力的人才支撑。我校智慧校园所有功能的搭建和页面的 UI 都由我校"5G+智慧校园"开发组完成，根据各部门在工作过程中的实际所需进行搭建，实现"所需则开发，开发则所需"原则，打造集约型高效应用场景。我们选择的"微信公众号+表单大师"的开发模式，开发起来难度不大，效率很高，可以实现短平快开发移动平台。为保证数据安全，我们与企业方签订了数据保密协议，并将系统部署在市教育云。

3. 在搭建和运营团队上做足人力支持。为了实现"打造 5G+智慧校园，推进移动智能化办学"的目标，我校采取专班和兼职相结合的形式组建团队。贯彻"一把手参与原则"，校长亲自谋划、部署、推动，开发团队核心成员有十多个人，来自教务处、招生办、传媒中心等多个部门。页面 UI 交由具有丰富经验的骨干教师进行平台视觉设计，在平台运维方面，学校专门组建了校长直管的传媒中心负责运行与维护，从而真正实现根据学校所需进行自主研发和应用，每个细节都自主可控，不依托第三方开发，这样使用起来更具有自主性。

4. 在内容框架上契合用户群体所需。目前，东莞市电子商贸学校"5G+智慧校园"主要包含"一网三中心"框架，针对不同人群开设不同端口，将工作过程同时转化为相应的资料进行存档，实现办公与资料存档即时化。"一网三中心"的具体功能有："微官网"——学校对外展示与交流的平台，主要进行资讯宣传和招生引流，该部分包括微信端和网页端；"教师中心"——主要实现移动化办公，如常用的调课申请、文明班评比、请假审批等；"学生中心"——主要实现学生德育操行查询、饭卡充值和学生教务查询等日常学习和生活上所需的应用；"家长中心"——实现家长对学校资讯的了解、对学生成长档案的全面掌握，促进家校共育、家校互动等。

我校在智慧校园的建设上，追求框架清晰、内容翔实、应用常态。通过以上措施，我校实现了"校园资讯即时化、教师办公移动化、学生学习与生活一体化和家校互动信息可视化"的四化目标。让教师、学生和家长三方充分对接，提高教师工作效率、丰富学生的校园学习生活、增强家校互动，进而构建起一个高效沟通的媒介。（如图 4-2 所示）

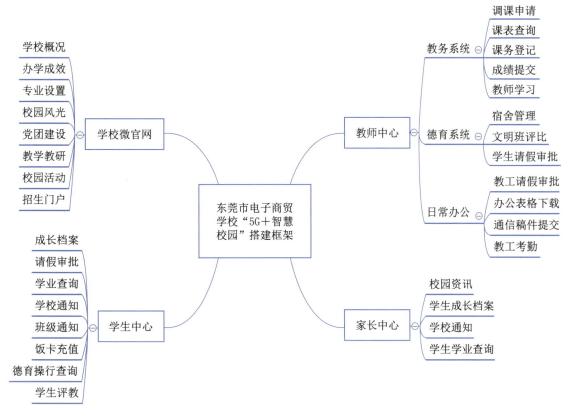

图 4-2　东莞市电子商贸学校"5G+ 智慧校园"搭建框架示意图

三、应用举例

1. 建立学生成长网络档案，推进家校融合。为了更好地实现家校融合、数据共享、共同育人，我校开发了学生成长网络档案，通过这个网络档案，家长可以随时查看子女的成长情况，全方面了解学生的成长过程。同时，学校能够全过程跟踪学生德智体美劳各个方面的表现，促进学生全方位立体成长，在共同培养学生成长的这个点上进行家校融合，落实家校共育。

2. 利用智慧校园移动平台高效完成招生工作。近两年，中职招生面临着巨大的挑战。各学校都主动选择网上招生，但是如何通过网络招到优质生源，以最快速度获取最有效信息，是制胜的关键。我校智慧校园移动平台中的"公众号＋表单大师"高效实用。目前，公众号已有16000 多活动粉丝，为学校的宣传和招生工作作出了积极贡献。

学生从微信公众号入口预报名—学校审核学生资料（按招生政策要求）—学校在规定的时间段内通知审核通过的学生在平台预约面试—学生按学校要求进行面试—择优补录或录取—学生进入校内新生平台—学生进入各班。

在上述全过程中，学生不必入校，学校和学生双方无须电话交流，一切都可以通过平台一环套一环的人性化操作流程，如各种信息发布、学生信息收集等，高效地运作。我校还设计了留言板小功能模块，畅通与学生的交流渠道，此时无声胜有声，让学生感受到学校的关爱，最终将学生引导到各班级群，让陌生的师生尽快熟悉、相互融合。

四、成效与展望

"5G+智慧校园"的搭建和使用，有力地促进了校园信息化的建设和深入应用，充分发挥了软件与硬件设施在校园教学、教研、管理中的应用。对不同的群体开设不同的移动端口，实现了"所需则开发，开发则所需"的校内自主研发目标，自主搭建实用、好用的"智慧校园"。

接下来，学校将充分因应大数据、人工智能、5G 等智能技术的发展，坚持融合创新和引领发展的核心理念，将智能技术融入全市"莞教通"智慧教育大平台和"莞易学"云学堂，全面提升师生信息素养，在智慧管理、智慧教学、智慧学习、智慧评价等方面不断发力，不断推动管理信息化与教育教学创新的深度融合，充分释放教育信息化的潜能，全面赋能学校教育高质量发展。

广东东莞学校："双减"背景下三位一体的智慧教育新样态

东莞市石龙明德小学　夏品山

【摘要】为积极响应国家"双减"政策，东莞市石龙明德小学依托教育信息技术，持续创新贯穿课前、课中、课后全场景的智慧课堂，开展校级特色项目化学习和课后服务，落实立德树人根本任务，坚持指向"五育"并举的综合素质评价，呈现了"双减"背景下课堂内外教育主场景的"慧明人人通""123 乐成长""优树成长"三位一体的智慧教育新样态，以及"培养全面发展且具有中国心、世界眼、未来脑的社会主义建设者和接班人"的学校育人目标。

【关键词】"双减"；智慧课堂；翻转课堂；项目化学习；素质评价

一、背景与思路

2021 年 7 月，中共中央办公厅、国务院办公厅印发《关于进一步减轻义务教育阶段学生作业负担和校外培训负担的意见》，文件指出，要切实提升学校育人水平，持续规范校外培训（包括线上培训和线下培训），有效减轻义务教育阶段学生过重作业负担和校外培训负担（简称"双减"）。

"双减"工作是我国当前的一项重大政治任务和民生工程，是"小切口，大变革"。为落实

"双减"工作，作为莞式慕课实验基地，我校从 2021 年 7 月起，结合本校教育信息化实际，明确了以下工作思路。

树立新理念：打造"慧明人人通""123 乐成长""优树成长"三位一体的智慧教育新样态。

明确新目标：基于教育数字化强化翻转课堂分层教学设计；构建课后服务与项目化学习融合创新发展的特色课程体系；完善学生综合素质评价，创建家校共育平台三大目标工程。

开创新格局：落实"双减"工作，让教育回归"育人"本质，"为党育人，为国育才"，完成"立德树人"根本任务，推动明德教育高质量发展。

二、主要举措

（一）强化翻转课堂分层教学设计

"双减"政策出台后，我校教师基于教育数字化，围绕"精准教学，减负提质"的主题积极展开研讨，依托"慧明人人通"，强化翻转课堂分层教学设计，实现课前分层备课、课中分层教学、课后进阶拓展全场景的分层教学，解决因材施教、作业精准的问题，提升课堂的效率，做到"减负不减效"，让教育见森林，更见树木。

1. 课前分层备课

教师通过"慧明人人通"统一布置课前自学任务，学生通过平板电脑自主完成任务，教师根据课前学情报告反馈，将学生进行分层分组，并进行二次备课，分层设计课中学习目标和学习任务。

2. 课中分层教学

（1）基于课前分层备课设计，教师通过"慧明人人通"下发个人、小组合学的分层探究学习任务，教师再结合学生的即时反馈表现、过程性学习报告进行有针对性的辅导，开展班级规模化的因材施教。

（2）教师通过"慧明人人通"的"课堂评价"功能开展学生即时评价，伴随文字和音效的评价效果，形成课堂评价榜单，适当激发学生在课堂上的竞争意识，充分调动学生课堂学习的积极性。

3. 课后进阶拓展

结合学生的课中学情反馈，教师分层布置作业并统一下发，学生可在完成分层作业的基础上，结合自身情况，进行作业进阶式挑战，实现个性化拓展学习。

具体设计如图 4-3 和图 4-4 所示。

（二）构建课后服务与项目化学习融合创新发展的特色课程体系

根据广东省教育厅要求义务教育阶段学校推行课后服务"5+2"模式和东莞市教育局《东

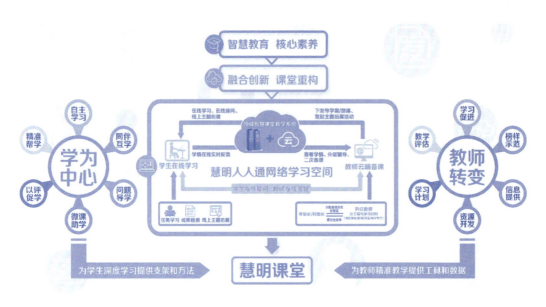

图 4-3 "慧明课堂"结构和流程图

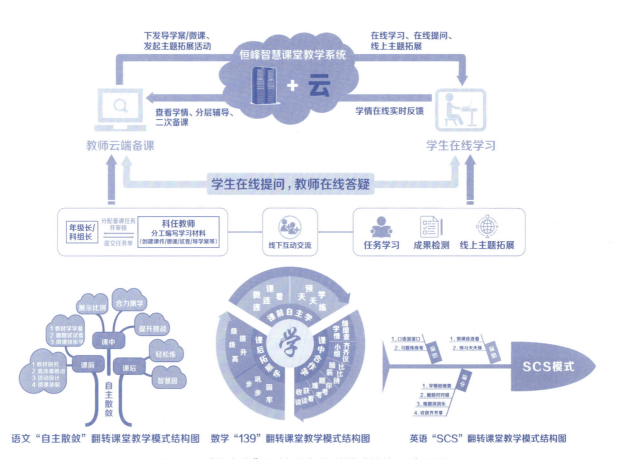

语文"自主散敛"翻转课堂教学模式结构图　数学"139"翻转课堂教学模式结构图　英语"SCS"翻转课堂教学模式结构图

图 4-4 "慧自主"翻转课堂教学模式结构和流程图

莞市 2021 年义务教育校内课后服务工作指引》等相关政策的要求，我校经广泛调查研究后制定了《东莞市石龙明德小学"123 乐成长"校内课后服务工作方案》。

1. 内容保障：减负提质，做到"一校一案"

为推进课后服务制度化、规范化、科学化、常态化发展，学校围绕学生全面发展，聚焦学生六大核心素养，构建内涵丰富的"123 乐成长"课后服务机制。

"1"是指一个"服务宗旨"：秉承家长满意、学生喜欢、教师认可、自愿参加的原则，坚守教育公益性，照顾弱势群体。

"2"是指服务项目"双元美德课程"：课后服务以基础托管辅导与素质拓展两个项目相结合，基础课程和项目课程两类课程相融合，满足学生的个性成长需求，切实增强课后服务的吸引力和有效性。

"3"是指美德课程的"三个方向"：通过国家课程校本化实施、校本课程特色化实施、拓展课程个性化实施，使学生学识向真，情操向美，品格向善。（如图 4-5 所示）

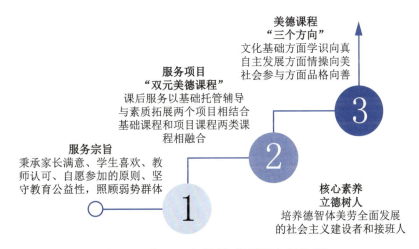

图 4-5 "123 乐成长"课后服务结构图

2. 课程保障：推进"双元三向"美德课程建设

紧扣"聚焦核心素养，塑造面向未来的教育"的课程理念，建设"双元三向"美德课程。（如图 4-6 所示）

（1）课后服务：以基础托管辅导与素质拓展两个项目相结合，家长可根据孩子的兴趣爱好及实际需求，自主选课，真正做到"一人一表"。

（2）项目化课程：以基础课程和项目课程两类课程相融合。

课程分类：学校基于基础课程和项目课程融合开设四大类课程体系，细分为 14 项特色主题课程，以"走班制＋项目化学习"相结合的方式，给学生提供一道丰盛的课程"自助餐"，学生根据自己的兴趣爱好和特长自主选择年级内的某个主题课程，学校按主题分班，组建新的班级。（如图 4-7 所示）

开课模式：在课程实施上，学校创新开展"4+1"项目课程跨学科的项目化学习，每周用

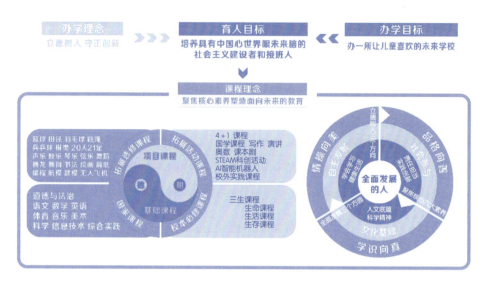

图 4-6 "双元三向"美德课程体系结构图

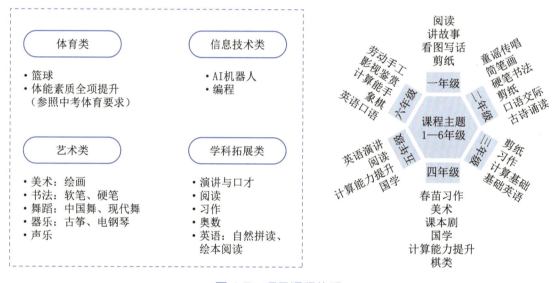

图 4-7 项目课程体系

4 天时间完成国家学科课程教学，用 1 天时间（周三下午、周四下午）采用教师包班形式实施跨学科项目化学习，给学生个性成长提供更多空间。

教学模式：教师采用 PBL 模式进行教学，以问题为导向，学生在负责教师的指导下全程参与，课程工作管理小组参与过程性评估，督导该课程项目落地。项目化学习成果将结合校本活动（8 个明德节）进行成果展评，充分展示明德学子的创意与风采。

截至目前，我校课后服务与项目化学习融合创新发展的特色课程体系已顺利建立，规范化运行，并收获了一定效果。其中，我校"AI 编程'无人驾驶'"项目课程在广东省首届中小学科技教育特色课程的评选中获得特等奖，学生参加全国中小学信息技术创新与实践大赛获一等奖。

项目化学习流程如图 4-8 所示。

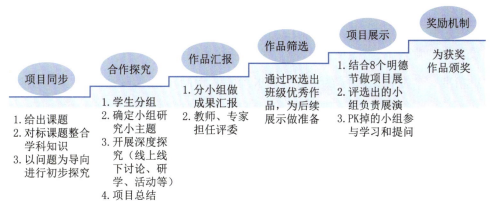

图 4-8　项目化学习流程

（三）完善学生综合素质评价体系，创建家校共育平台

学校围绕学生德智体美劳五育发展，贯彻落实中共中央、国务院《深化新时代教育评价改革总体方案》文件精神，构建"优树成长"智慧教育综合素质评价体系，打造一个因材施教、陪伴学生成长、学校管理、教学互动、家校互联、同学互助的游戏化综合素质评价平台。每个班级配备人工智能交互终端，学生通过身份识别进入个人空间。平台建立清晰易操作的评价标签，教师、学生和家长通过"选择学生、选择指标"两步开展评价。同时，评价系统对学生的过程性评价、终结性评价等数据进行分析，智能生成学生数字画像、成长档案和学生能力指标，帮助教师快速了解学生综合素质，及时调整教学策略和管理方法。家长可通过家长端，轻松查看孩子在校的综合表现，全面了解孩子。这一平台能有效辅助家长开展家庭教育，缓解家长在"双减"背景下的家庭教育中所产生的焦虑。（如图 4-9 所示）

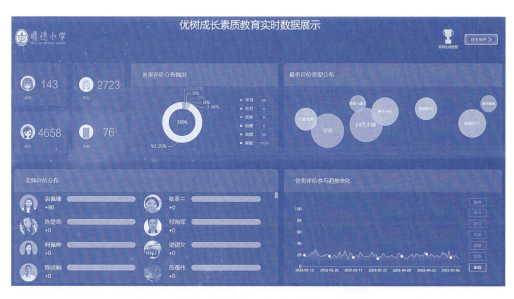

图 4-9　"优树成长"智慧教育综合素质评价

三、成效与展望

教育数字化的背景下，"慧明人人通"翻转课堂分层教学、因材施教，作业设计更具针对性，教学更精准、个性化，教育教学从"大水漫灌"走向"精准滴灌"，学生自主学习能力显著提升。

"123乐成长"是一项响应国家"双减"政策的实实在在的民生工程，是一项学党史、做实事的具体行动；是一种真正以生为本的素质教育，是一个发展学生学业特长、改善教育生态的良好契机，更是使学生焕发生命活力、让校园呈现勃勃生机的教育创新、课程创新、管理创新。

"优树成长"智慧教育综合素质评价平台搭建了学校、教师、学生和家长四方无障碍沟通的平台，基于学生的日常评价数据，通过数学建模打造个人性格名片，定期汇总学生的"综合评语""探究与实践""审美与艺术""运动与健康""劳动与技能"项目测评，为每一位学生提供有针对性、适合其发展的建议，做到有迹可循、客观评价，形成学生个性成长电子档案。

党的二十大报告提出"教育是国之大计、党之大计"。没有教育信息化，就没有教育现代化。学校将充分发挥"莞式慕课实验基地"的教育资源整合应用、教学技术融合创新的作用，借力东莞市作为教育部"基于教学改革、融合信息技术的新型教与学模式"实验区的建设，积极营建"双减"背景下基于教育数字化的课堂内外教育主场景的"慧明人人通""123乐成长""优树成长"三位一体的智慧教育新样态。

第二节　河南省鹤壁市

河南鹤壁市级：智慧教育大平台的建设与应用实践

鹤壁市电化教育馆　王志伟　郑海霞

【摘要】 鹤壁市提出了在河南省率先实现教育信息化的目标。2020年3月，鹤壁市成为河南省唯一的整市建制试点创建教育信息化2.0示范区。为圆满达成示范创建目标，争创省内领先、国内先进的教育信息化2.0示范区，鹤壁市以构建具有区域特色、相互融通的智慧教育大平台为抓手，助力智慧教育向纵深发展，为深化教学改革、优化管理服务、促进教育均衡提供强有力的支撑。

【关键词】 教育信息化2.0示范区；智慧教育；平台

一、背景与战略

鹤壁市始终坚持教育高质量发展。为落实好教育部《教育信息化 2.0 行动计划》，建设好"河南省教育信息化 2.0 示范区"，落实好鹤壁市智慧教育工作实施方案，鹤壁市把教育信息化作为推进教育现代化、建设教育强市的重要举措，重点突破，强力推进，秉承协同创新、共享开放的理念，遵循绿色发展，坚持"全市一盘棋，全城一体化"的原则，围绕核心工作，以构建"智慧教育大平台"为抓手，助力教育信息化 2.0 示范区创建。

智慧教育大平台建设秉承"三个服务"理念，即"让数据服务教师教学、服务学生学习、服务学校管理"，整体按照"124678"思路建设。（如图 4-10 所示）

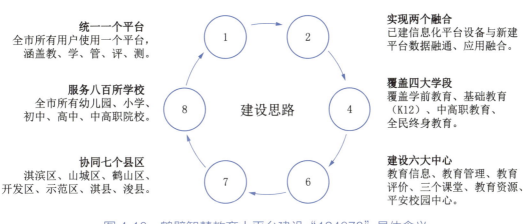

统一一个平台
全市所有用户使用一个平台，涵盖教、学、管、评、测。

服务八百所学校
全市所有幼儿园、小学、初中、高中、中高职院校。

协同七个县区
淇滨区、山城区、鹤山区、开发区、示范区、淇县、浚县。

建设思路

实现两个融合
已建信息化平台设备与新建平台数据融通、应用融合。

覆盖四大学段
覆盖学前教育、基础教育（K12）、中高职教育、全民终身教育。

建设六大中心
教育信息、教育管理、教育评价、三个课堂、教育资源、平安校园中心。

图 4-10　鹤壁智慧教育大平台建设"124678"具体含义

目前，鹤壁智慧教育大平台已具备超过 100 项应用，涵盖了教育教学的全过程，集成了 9 类 60 多项教育类智能硬件。平台的建成使全市教育信息化基础环境得到了明显改善，优质数字教育资源不断丰富，信息技术教学应用不断深入，在促进教育均衡、提高教育质量、支撑教育教学改革、优化管理服务模式等方面均取得了明显成效。

二、主要举措

（一）精准调研，立标导航

2020 年，鹤壁市已基本完成三通建设，但在教育信息化应用方面依然存在诸多不足。为了解症结所在，我们有针对性地开展了广泛且形式多样的师生信息化调研工作，包括举办座谈会近 30 场，发放调查问卷 10000 余份。统计发现，问题主要集中在数据互通不畅、信息化管理与服务体系有待整合、城乡教育仍存在较大差别、新型教学模式推广不够四个方面。专家团队分析论证后，认为解决这些问题的途径是建设覆盖全市的智慧教育大平台，推动信息技术与教育管理、课堂教学、家校协作等融合创新应用，构建市域现代化教育教学管理服务体系。

（二）明确原则，建标指南

一是突出"师生双核"原则。围绕"一切为了师生，为了一切师生"的核心理念，强调以生为本的建设思路，培养学生核心素养，提高教育教学质量，提升数据治教水平。

二是坚持"利旧与创新结合"原则。已建信息化平台设备与新建平台数据融通、应用融合。保证之前投入的资金不浪费的同时，系统分析先进智慧教育项目特征，根据新技术标准，融合鹤壁市教育现状、技术优势和产业优势，进行创新发展。

三是坚持"自主与购买服务结合"原则。重点建设一批具有鹤壁特色，应用程度高的系统和平台，通过评估认证，引入成功的经验做法，采取"政府主导、企业运维、学校应用"的方式，通过购买、开发、征集、自制、共享等多种形式，汇聚和整合各类教育资源，形成公益性和市场化互补的服务模式，构建具有鹤壁特色的大平台。

（三）丰富架构，树标服务

鹤壁智慧教育大平台采用微服务的架构打造行业领先的智慧教育 PaaS（3 中台 3 能力 3 中心），结合 5G、流媒体、AI 识别等技术，将物联网及各类应用与数据中台打通，系统更加智能，具备一个门户、四大功能和六个中心。

1. 统一一个门户

建设全市统一的，为学校、管理者、师生和家长提供一站式服务的门户空间，实现统一身份认证、单点登录、统一鉴权，使整个平台的用户处于有序的使用状态。

2. 具备四大功能

（1）建造智慧教育大脑。建设鹤壁教育云数据中心，完善教育行业基础设施和应用支撑平台，提升基于数据的教育分析、处置、服务和决策能力。

（2）形成覆盖全市、多级分布、互联互通的数字教育云服务体系，为师生、社会提供方便快捷的教育管理、教育资源和数据分析等诸多服务。

（3）统一平台数据标准，规范数据的采集、存储、使用与共享管理，实现教育基础数据的有序开放与共享。

（4）推进已建系统的运行与服务，提升诸平台的互通、衔接与开放水平，促进与我市政务云及各部门之间的数据信息共建共享。

3. 建设六个中心

鹤壁智慧教育大平台六个中心如图 4-11 所示。

（1）教育管理中心。可以让教育管理活动和工作在一个平台上进行，实现局、校一体化管理，提高教育治理能力。利用 5G 和移动互联网打造"鹤云教"App，实现移动办公自动化、5G 招生、家校共育、班班通智慧黑板网上巡课、审批、公文、请假、报修等近 20 项便捷功

图 4-11 鹤壁智慧教育大平台六个中心

能。形成市、县区、乡镇、学校和班级五级管理架构，包含教育局、学校、教师、学生和家长五类用户，管理权限清晰明确。

（2）教育资源中心。向全市中小学师生和家长提供与我市现用教材版本完全相符，数量、种类丰富的数字教学资源，涵盖学前教育、中小学教育、中高职教育、全民终身教育四大学段资源内容，分为外部资源和本地资源，外部资源接入了学科网等多种优质资源，本地资源通过市级、县区、学校三级建设，可形成市域内互联互通、多级共享、具备鹤壁特色的区域资源库。

（3）信息服务中心。主要汇聚了教体局和学校的最新动态，有通知公告、活动信息、比赛通知、政务公告等内容，提供权威的教育信息和办事咨询服务等，链接我市党政服务平台，为用户提供办事指南、便民服务、在线办事等服务。通过建设教育信息中心，打造"网上办公"，推进政务公开，让数据多跑路，师生少跑路。

（4）三个课堂中心。集合全市已建录播教室的172所学校和各区县新建三个课堂的教室，形成全区域内的"三个课堂"建设。对接完成后可以打破传统课堂的空间限制，实现大数据背景下优质教学资源的互联互通，帮助偏远农村山区学校共享城区学校的优质教学资源。通过17项应用解决农村学校师资力量薄弱、开不了课、开不好课的问题，创建名师空间，带动薄弱地区教师能力的提升，构建名校优质资源共享机制，有效促进教育均衡发展。（如图4-12所示）

（5）平安校园中心。对接鹤壁市各教育部门和中小学已建监控摄像头，把治安防控、校园班级监控、校车轨迹监控、在线巡课、明厨亮灶等校园实时视频信息汇聚平台，通过大数据决策指挥中心安全模块区域化呈现。通过分级管理方式和15项应用，管理者可以对校园安全情况

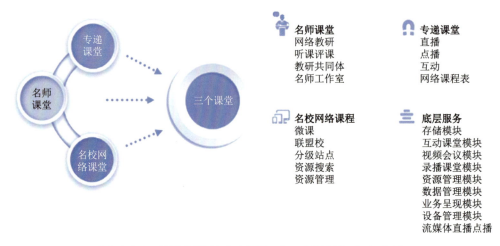

图 4-12 鹤壁智慧教育大平台"三个课堂"中心功能

随时了解，在面对突发情况时可以第一时间响应，制订应对措施，为校园安全提供有力保障。

（6）教育评价中心。通过对平台的移动办公大数据、教学资源大数据和学情分析、视频播放、平安校园数据等各种数据进行深入挖掘和建模分析（如图 4-13 和图 4-14 所示），实现教体局对学校、学校对教师、教师对学生的三维评价。通过数据看板、学科评估、课程评价、教师评价、学情分析、督导评估、表彰、联考等 17 项应用，打通各级系统，形成五级大数据：区域决策大数据、学校运营大数据、班级管理大数据、教师发展大数据，以及学生成长大数据，为区域的政策制定和决策提供数据支持和科学依据。

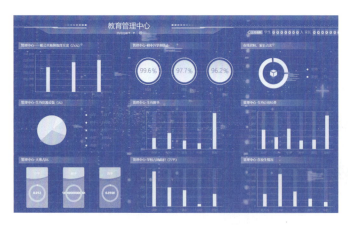

图 4-13 鹤壁智慧教育大平台教育管理大数据

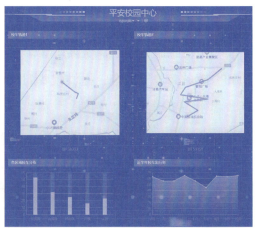

图 4-14 鹤壁智慧教育大平台平安校园大数据

三、区域发展特征

鹤壁智慧教育大平台的建设推动我市智慧教育迈上新台阶，主要特征体现在以下四个方面。

（一）功能齐全，为智慧教育培育沃土

鹤壁智慧教育大平台是按照教育信息化 2.0 要求建成的教育大平台。"大"体现在三个方面：一是功能多，集教育管理、教育资源、教育均衡、平安校园、大数据应用和信息服务六大中心于一体；二是覆盖面广，面向全市所有师生，建立市、县、乡、校及社会机构、信息化企业的多级互联互通机制；三是功能全，平台涵盖学前教育、K12 基础教育、中职教育和终身教育，提供有关管理、资源、信息、学情的数据服务。

1. 数字校园创建彰显成效。制定《鹤壁市中小学数字校园评估标准（试行）》，依托平台开展全市数字校园创建活动。各县区、学校积极响应，近 200 所学校申报参评，已建成市数字校园示范校 45 所、达标校 89 所，省中小学数字校园标杆校 20 所，市直中小学校数字校园建设率已达 85%。通过数字校园创建活动，形成一批功能齐备、满足教育教学需求的数字校园达标校，为师生提供了优质的数字化教学、管理、教研、生活的网络服务环境，推进了全市中小学信息化水平的整体提升。已建成全省人工智能试点区 1 个，全省首批人工智能试点校 8 所，鹤壁市首批创客教育示范校 25 所，首批人工智能示范校 10 所。

2. 智慧黑板更新项目完美收官。深入学校了解师生对多媒体教学设备的需求，通过专家论证、现场考察等环节，确定了"鹤壁市市直学校智慧黑板更新项目"的基本要求。目前，355 套（市教体局统一招标采购 355 套）智慧黑板全部安装到位，并开展了教师操作培训，通过智能交互式场景化教学激发课堂活力，提升课堂效率。累计开展 20 余次进校全员培训，培训教师 5000 余名。在全市重大项目绩效考核中，成绩名列前茅。

3. 教育城域网顺利招标。光纤网络将全市各级教育部门、各学校全部连到网络中，形成一个市域内互联互动、信息交换、资源共享和远程教育的基础构架，为区域基础教育提供全方位信息化应用服务。该项目已经通过大数据政务服务区审核，完成了招标。

（二）资源建设，为精准教学提供平台

推动入网上云，丰富优质资源。鼓励中小学开展跨学科、融合性课程资源建设，开发和引入数字化校本课程及拓展性课程资源，形成文字教材、数字教材和其他数字化学习资源相结合的课程资源体系，通过管理平台、空间平台，实现基于教情、学情的资源精准推送，支持学生个性化学习。

注重利用资源分析来实现精准教学，通过"学科网精准教学通"和"好分数"等应用生成学生错题本，实现精准学情分析，方便教师针对不同学生采用个性化教学，补齐学生的短板，摈弃传统的"一刀切"现象，真正做到精准教学。（如图 4-15 所示）

（三）突出应用，为教学改革提供借鉴

平台建设重在应用，把应用放在优先位置，不断进行探索实践。

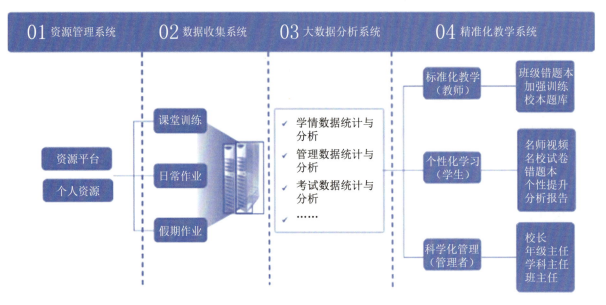

图 4-15　鹤壁智慧教育大平台提供的学科网精准教学通各环节

1. 依托鹤壁智慧教育大平台，通过"1 张 5G 智慧教育云网 +3 个应用场景"的模式，面向教育机构、学校、教师、学生、家长五类用户，推动从环境、资源到应用的数字化。目前，已形成了 5G+ 虚拟实验室、5G+ 远程直播教学、5G+ 教育专用地图三大应用场景。在全国第四届"绽放杯"5G 应用征集大赛智慧教育专题赛决赛中，斩获教育赛道类全国奖项。

2. 举办 2021 年现代教育技术观摩周。为探索"互联网 +"环境下的校际协作和智慧教学新模式，我市借助平台举行了第二十四届现代教育技术观摩周，安排 23 位教师做网络直播互动课和名师直播课，1 万余名教师参加，参与率超过 90%，有效提升了师生的信息技术应用水平，促进了区域教育均衡发展。

3. 举行智慧黑板创新教学优质课比赛。进一步挖掘智慧黑板功能，积极推进信息技术与课堂教学的深度融合，加强对智慧课堂教学的研究和常态化应用，提升智慧黑板项目的应用效果。

（四）科研培训，为教育发展补足动力

1. 开展教育信息化 2.0（信息化领导力）培训。为提升全市教师信息素养和教育信息化应用能力，依托鹤壁市教育信息化 2.0 培训平台，采取线上培训的方式组织开展 2021 年鹤壁市教育信息化 2.0 培训。培训内容分信息化领导力、"互联网 +"教学设计与实践、信息技术及教育应用、信息安全四部分。全市所有在职在编的中小学教师参加了此次培训。

2. 开展中小学信息技术教研线上培训。利用教研平台组织全市信息技术教研员、骨干教师、名师工作室全体成员参加中小学信息技术教研培训活动，对信息技术工作做整体安排部署，并邀请名师工作室成员做优质课展示和新课程培训。

3. 通过课题项目和教研激发研究热情。鹤壁市在承担了教育部教育信息化教学应用实践共同体项目、中央电教馆重点课题和省级课题的基础上，持续开展具有区域特色的课题项目研究。建成全市网络教研平台、城乡教研共同体 119 对、校际集体备课组 1191 个，实现了城乡同步备课，加强了学校间的交流协作，促成了教师之间的思维碰撞，促进了区域内学校之间的协同发展。课题项目研究和教育教学研究为我市基础教育的发展提供了充足的动力。

四、发展展望

随着不断实践与应用，鹤壁智慧教育大平台在提升全市教育服务质量、改进教学、优化管理、提升效率等方面的作用将更加凸显。鹤壁市正在逐步形成符合本市实际、体现本市特色的体系化经验，可以从以下四个方面继续深入研究。

第一，不断完善管理应用，促进区域教育治理能力显著提升。智慧教育大平台建设覆盖了市、县区和学校三级电子政务管理应用系统，需要立足实际，进一步丰富模块内容，实现对辖区内学校、教师及学生的有效管理。

第二，不断丰富资源总量，促进区域教育服务能力显著提升。加快与河南省基础教育资源公共服务平台的对接，建成资源共享系统、网络学习空间、网络教研系统、网络培训系统、互动与反馈系统等，加快形成覆盖全市中小学各年级各学科、互联互通、多级分布、协同服务的教育资源公共服务体系。

第三，不断推动优质资源共享，促进区域教育均衡水平显著提升。依托智慧教育大平台建设同步课堂平台，按需开展城乡学校网络同步直播教学、网上培训和系统内视频会议等，促进城乡一体化均衡发展。到 2022 年，实现"三个课堂"在广大中小学校的常态化按需应用。

第四，不断强化数据应用，促进区域教育决策水平显著提升。充分利用平台中的大数据进行教育教学分析、资源管理分析、数据采集等，应用数据驱动业务决策，在基于大数据的教学质量评价、教学行为分析和精准化管理服务等方面形成有特色、可复制、可推广的模式。

五、教育大事记

2020 年 3 月，鹤壁市被河南省教育厅批准为河南省教育信息化 2.0 示范区创建市。

2021 年 1 月 5 日，印发《鹤壁市中小学"三个课堂"建设与应用实施方案（2021—2022年）》，各县区分别制定相应方案，开展"三个课堂"建设。

2021 年 1 月 11 日，印发《关于开展教育信息化 2.0 示范县区创建的通知》，全市协同创建教育信息化 2.0 示范县区。

2021 年 2 月 7 日，印发《创客教育示范校标准》，开展创客教育示范校评选。

2021 年 4 月 7 日，制定《鹤壁市数字校园建设标准》，开展数字校园创建活动。

2021 年 5 月 20 日，投资 1000 余万元，更新市直学校智慧黑板 400 余套（2 所学校用财政资金自行采购 82 套，市直学校合计更新 437 套），绩效考核位居全市第一名。

2021 年 10 月 20 日，搭建 2.0 在线培训平台，开展教育信息化 2.0 培训，培训教师人数 20000 余人。

2021 年 11 月 25 日，鹤壁智慧教育大平台通过验收。

河南鹤壁学校：鹤壁市"双减"背景下智慧校园的建设应用

鹤壁市师范学校附属小学 刘荣凯 张秋娥

【摘要】 在"双减"大背景下，如何将信息技术与教育教学融会贯通，促进整体性发展成为学校近几年的探索重心。要使教育信息化突破目前的瓶颈，进入深层次应用领域，就必须实现智慧校园信息化。智慧校园建设将信息技术作为校园系统的一种基本构成要素，因此，要使信息技术在学校教学、科研、服务、发展的各个层面都得到充分应用，使信息技术成为学校生存和发展的重要支撑。

【关键词】 智慧校园；智慧教育平台；网络空间

一、背景与思路

为扎实做好"双减"工作，增强教学效益，促进学校高质量发展，成为学校头等大事。在实施教育信息化 2.0 的大背景下，如何将信息技术与教育教学融会贯通，促进学校的整体性发展成为我校近几年来的探索重心。为给师生营造优质的网络学习环境，构建线上线下混合式学习平台，创新应用鹤壁市教育资源公共服务平台，学校以智慧校园建设（如图 4-16 所示）为契机，全面推广鹤壁智慧教育平台，在教学和管理中实现平台的常态化应用。结合学校网络硬件和师生网络空间建设，学校灵活使用"优教信使""鹤云教"App 和网络学习空间，促进教育教学、管理评价、教师专业发展变革。校长带头使用网络学习空间，组织并指导教师积极、系统地开展人工智能主题的网络同步课程建设，向学生推荐河南省中小学数字教材服务平台和学科网上的相关优质课程，方便学生可以居家进行个性化学习，引导学生根据自己的兴趣选修相应的网络课程，促进网络课程在校际间传播交流。

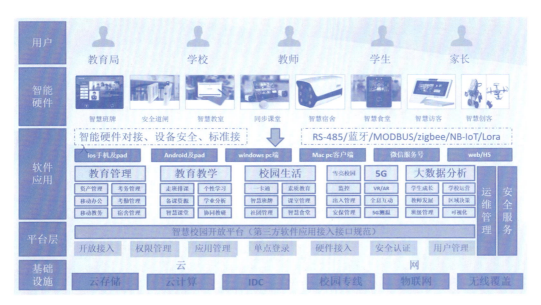

图 4-16　智慧校园总体功能视图

二、主要举措

（一）智慧校园建设为网络学习空间搭建平台

学校与中国移动签署 5G"智慧校园"战略协议，投资 60 余万元实现了无线网络全覆盖、视频监控全覆盖，校门安装了人脸识别系统，教室内实现了云端实时监控。此外，学校还引进鹤壁智慧教育平台，学校安全管理、教务管理、班级管理、家校合作和团队建设等全部纳入线上管理。学校智慧校园建设初具规模。（如图 4-17 所示）

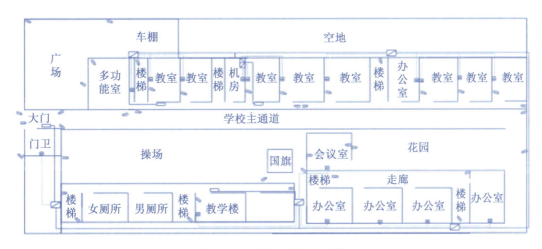

图 4-17　学校网络布局图

2020 年 10 月，学校多功能室安装了云视讯平台，建成多功能录课教室，实现了市内线上直播互动教学。（如图 4-18 所示）学校智慧校园建设羽翼渐丰。

图 4-18 空中课堂

2021 年 5 月，学校为每个教室安装了智慧黑板，引进"优教通"授课平台，多媒体教室安装了河南省远程互动教研平台，为教学信息化提供了必要的物质保障和技术支持，实现了全省直播互动教学。学校智慧校园建设成为亮点。

依托鹤壁智慧教育平台、河南省远程互动教研平台、云视讯、智慧黑板、智慧录播教室和多功能室等信息化设施，学校建成了智慧校园，有效构建了信息技术与教师专业发展、学生全面发展、学校整体发展三者的联系，打造出集教学、教研、学校管理于一体的现代信息化管理模式。

（二）教科研课题引领网络学习空间

学校坚持以教科研兴校，在学校"敦品励学，以和育人"体系总框架的顶层设计下，以信息化课题引领网络学习空间建设。学校近年来的课题有：2017 年度省级课题"微课理念下教师专业发展的实践研究"、2018 年度市级课题"大数据背景下的小学数学个性化作业设计与应用研究"、2019 年度省级课题"微课在小学英语教学中的应用研究"、2020 年度省级课题"核心素养背景下信息技术促进学生学习有效性的策略研究"、2021 年度市级课题"鹤壁智慧教育平台在班级管理中的探究与运用课题"、2021 年度省级课题"基于智慧校园建设环境下提升小学教师信息化教学能力问题与对策的实践研究"等。

（三）信息中心支撑网络学习空间正常使用

信息技术教师是学校信息化建设的排头兵，信息中心负责学校信息化建设的规划设计与建设。

1. 信息中心做好前期准备工作，包括创建班级，设置班主任，设置每个教师的任教班级和学科，批量创建学生账号，在每个班级智慧黑板上安装好"优教备课"和"优教授课"软件，在教师手机安装匹配的"优教信使"和"鹤云教"App，确保有线、无线网络覆盖全校园，教师可直接使用。信息中心连续几年多次进行校本培训，真正把应用落到实处，减轻教师和学生的负担，为教学服务，促使"双减"落地。

2. 每个班级安装了"智慧班牌"（如图 4-19 所示），班主任可以添加班级学生，管理班级主页，展示班级风采。"智慧班牌"作为智慧校园交互终端，贯穿智慧校园教育教学、教育管理、校园生活等多场景。

图 4-19　智慧班牌

3. 学生用学校分配的账号直接登录"鹤云教"App 可看到任课教师和同学的动态，家长登录"鹤云教"App 可实时了解学生学习情况。

学校利用信息技术课堂教学时间，集中进行网络学习空间学生账号的激活和加入班级的操作，以及后期重置密码、师生简单的网络学习空间使用培训等。这些工作均需要信息技术教师提供技术支持，学生先学会使用网页版的鹤壁教育资源公共服务平台，以后回家自行进行手机端的操作就没有问题了。

三、成效和特色

（一）通过网络学习空间和物理空间相结合拓展教学活动空间，利用空间开展项目化学习、研究性学习等，创新教与学方式

1. 全校所有教师均在使用鹤壁智慧教育平台。

2. 校园网师生网络空间应用活跃，生成大量原创资源，吸引师生长期使用。

3. 各科教师课堂上使用"优教授课"进行教学已成常规。

4. 学生在移动学习终端使用"鹤云教"App 已经形成习惯。

（二）利用空间创新家校沟通、教学管理和评价

1. 教师只需要手机安装"鹤云教"App，就能使用和获取各种资源和信息，教材资源和学生信息都是现成的。

2. 普通课堂教学时可使用"鹤云教"App 中的"名师课堂"进行教学，有小组评分、照片上传、视频直播等功能。直播课堂可以使用"鹤云教"App 里的"直播教学"进行线上授课。

3. 如有需要，可以把整个授课过程录下来形成微课推送给学生，让课堂可以回味。"课堂教学"软件界面如图 4-20 所示。

表彰学生　　　　　**教师风采**　　　　**教学资源共享**　　　**学生请假通知**

图 4-20　"课堂教学"软件界面

（三）形成特色化应用经验，以信息化方式破解教育教学难点

学校自从建设智慧校园以来，坚持将鹤壁智慧教育平台用于教育教学工作中，现在学校整体教育信息化水平提高明显，数字资源应用活跃。

教师的信息化教学水平显著提高，教师上公开课、撰写论文、案例评比等，平台上都有丰富的素材可供参考，有效提高了教师的备课水平。

学生的社会化学习能力得到提高，信息素养明显提升，个性化学习成为可能，师生网络互动提升了学生的学习积极性，学生对学习保持长期兴趣，也促进了家校沟通。

（四）校长带头开展网络学习空间的建设与应用，成立学校名师教研团队

学校校长是河南省名师和鹤壁市小学语文名师工作室首席名师，她在鹤壁智慧教育平台上创建了以个人名字命名的名师工作室。

学校成立了名师教研团队，团队由学校的市级骨干教师、市名师、省级骨干教师、省名师联合组成，以项目研究为纽带，以引领指导为切入点，以成立个人工作室为形式，组织开展教

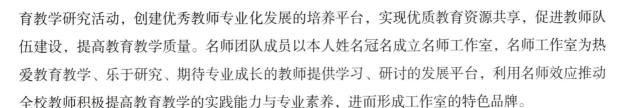

育教学研究活动，创建优秀教师专业化发展的培养平台，实现优质教育资源共享，促进教师队伍建设，提高教育教学质量。名师团队成员以本人姓名冠名成立名师工作室，名师工作室为热爱教育教学、乐于研究、期待专业成长的教师提供学习、研讨的发展平台，利用名师效应推动全校教师积极提高教育教学的实践能力与专业素养，进而形成工作室的特色品牌。

（五）利用鹤壁智慧教育平台与兄弟学校联合打造"教研联盟"，实现区域教研

为了积极落实市教体局"多元、开放、高效"的教师培训模式，促进教师专业化发展，2015 年 12 月，学校联合同是地处鹤壁老区的兄弟学校市第四小学开展"智慧教学共同体"区域教研活动，以实现优势资源互补，"智慧教学共同体"是以提高教师教学能力、提升学校教研水平为宗旨，以鹤壁智慧教育平台为阵地，以教师集体备课为主要形式，以上传的教学设计网络资源为主要成果，以校际交流为加强点，展开的联合网络教研活动。"共同体"教研活动的开展培养了一批素质高、本领硬的优秀教师，充分发挥了引领、示范、辐射作用，让地处鹤壁市老区的两所学校声名鹊起。2020 年 6 月，鹤壁市基础教育教学教研室审时度势，将"共同体"升级为"教研联盟"，为两所学校的发展注入了新的活力，联盟未来将开拓创新，积极探索教育改革发展新路径，加快推进教育信息化建设，共同开创更加美好的未来。

四、思考展望

（一）进一步建设智慧校园，促进学生全面发展

经过近几年的持续探索，学校努力让信息技术与教育教学相融合，使更多学生有机会感受到网络的便捷，突破时间、空间的限制，开拓视野，从而陶冶情操、净化心灵、完善人格，获得充分、完整的发展。每年直接受益学生达千余名，极大地推动了学校乃至区域内的教学影响力。

（二）利用智慧校园平台完善网络课程资源

信息化教育革命的洪流直接冲击着校园模式的更迭，尤其是 2019 年末突如其来的新冠疫情，无疑加速了智能化校园的建设步伐，线上直播课程中暴露出种种问题。同时，"停课不停学"的开展也直接推动了线上教学模式的普及与应用。各地复课开学后，教育人的焦点也逐渐集中于线上线下模式的融会贯通上，随之而来的是网络课程的共享化。

（三）关注教师个性化成长，推动师资队伍持续发展

教师队伍的培养已有成效，有序的分层专业化培训提升了学校教师专业发展的水平，充分激发了教师专业发展的主动性，推动了学校教师数量和质量的持续性发展，为更多学生享受优质的网络课程资源提供了源源不断的师资保障，为建设高水平教师队伍提供了有效保障。

顺应教育信息化的大趋势，在"双减"政策引领下，以理念创新为前提，以技术支撑为保

障，重构课堂生态，打造无缝学习环境，为每一位学生提供优质的教育，让每一位学生成为最优秀的自己，是鹤壁市师范学校附属小学矢志不渝的努力方向。

第三节　河南省沁阳市

河南沁阳市级："智"在公平，"慧"及未来

沁阳市信息技术教育中心　周新秀　袁娜斐　王照玲

【摘要】 沁阳市位于河南省西北部，人口约 50 万，在校生 8 万余人，教师 4000 余人。近年来，全市把教育信息化作为中部县市的重大发展机遇，沿着政府主导、整体推进、创建机制、形成模式的思路，确保教育信息化惠及全体师生，努力促进区域教育优质均衡发展。经过六年的实践探索，形成了"顶层设计、环境建设、融合应用、培训研修、督导评价"五位一体的智慧教育新样态，打造了智慧教育助力区域教育更公平、更均衡、更优质的"沁阳样本"。

【关键词】 智慧教育；融合创新；区域发展；教育均衡

一、背景与思路

（一）背景

教育部 2012 年印发的《教育信息化十年发展规划（2011—2020 年）》中提出"充分发挥现代信息技术优势，注重信息技术与教育的全面深度融合"，2018 年印发的《教育信息化 2.0 行动计划》中提出"以人工智能、大数据、物联网等新兴技术为基础，依托各类智能设备及网络，积极开展智慧教育创新研究和示范，推动新技术支持下教育的模式变革和生态重构"。沁阳市委、市政府高度重视教育信息化发展，大力实施教育强市战略，全面推进教育现代化，全面建设智慧教育，为沁阳经济社会转型升级、绿色发展提供强大的智力支撑。

（二）区域发展理念

"互联网+"的出现，带来一场深刻的时代变革，给每个人带来了机遇、希望与挑战。教育信息化正在改变、创新甚至颠覆传统的教学模式。"如何因应这一时代潮流，完成对传统教育的革新，在智慧教育的洗礼中获得新的增长点"是沁阳市面临的迫切问题，为此，沁阳市坚持协调、开放、共享、均衡的发展理念，构筑沁阳教育发展新生态。通过实施"顶层设计、环境建设、融合应用、培训研修、督导评价"五位一体工程（如图 4-21 所示），着力构建融合创新、交互共享的智慧教育体系，促进学生全面而有个性地成长，推动智慧教育建设，发展公平而有质量的教育。

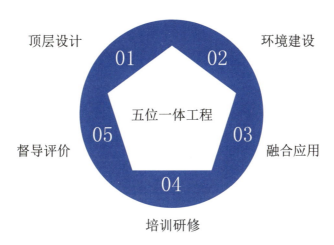

顶层设计   01

环境建设   02

五位一体工程

督导评价   05

融合应用   03

04

培训研修

图 4-21   沁阳市教育体育局智慧教育五位一体工程

二、主要举措

（一）顶层设计先行，智慧决策保障

坚持规划引领、科学谋划，为保障智慧教育的扎实推进，编制完成《沁阳市教育信息化三年行动计划（2015—2017年）》，先后出台了《中共沁阳市委 沁阳市人民政府关于坚持教育优先发展战略打造教育强市全面推进教育现代化的意见（2016—2020年）》、编制了《沁阳市创建河南省教育信息化2.0示范区规划（2019—2022年）》及配套的建设方案、阶段目标任务，形成四项机制。

1. 部门联动机制。落实一把手责任制，七部门协同配合。坚持把智慧教育建设作为一把手工程，落实一把手责任制，组建由信息技术教育中心牵头，教研室、教育科、人事科、师训科、计财科、督导室共同参与的智慧教育信息化实施专项小组。局长做到亲自研究、亲自部署、亲自落实，每年召开教育信息化工作专题会、现场推进会、反馈会10余次，每周召开局党组会、局长办公会，及时解决教育信息化工作中存在的困难和问题，重大工作、重要事项随时、随地解决。对每项工作都建立台账，明确时间节点、责任领导、责任部门和责任人，确保工作精准扎实推进。成立试点项目领导小组，建立健全市、集团、校三级组织。

2. 投入保障机制。设立了教育信息化工作专项经费，近年来，教育信息化投入达5000余万元，并且信息化建设、运维和培训等经费投入比例得到合理安排。

3. 考核激励机制。将教育信息化工作列入年度重点工作，每周开展专项督导，对学校教育信息化工作的开展情况严格监督；将信息化素养考核与选拔任用校长挂钩，不合格的一票否决；将农村偏远地区学校教师与市学校同学科教师的课堂教学质量捆绑评价，优秀教师在年终考核中给予加分奖励，并在绩效考核、评优评先、职称晋升评定时予以倾斜。通过激励机制，提升应用活力，夯实应用基础，有力推动了区域内教育信息化工作高效有序开展。

4. 技术协作机制。将全市 54 名信息技术管理员划片分为 12 个技术协作小组，小问题单独解决，大问题协作解决，辖区问题共商解决，全市问题合力解决，构建了良好的信息化应用环境。

（二）智慧环境升级，优质资源共享

1. 升级硬件设施，营造智慧环境。一是升级硬件设施。2014 年以来，先后投入 5000 余万元，建成教育城域网、校园无线网、智慧教育中心和"沁教云"智慧教育平台，实现"沁教云"人人通空间全程信息化管理、大数据融通共享。目前，全市学校、教师、学生空间开通率均达到了 100%，日活跃度达到 37% 以上。创建 3D 打印、机器人、STEAM 等创新创客教室 4 个，录播教室 15 个，视频互动教室 100 所，为全市学校"班班通"升级换代 257 套触控一体机设备。投入 40 万元，为数据中心配备 Web 应用防火墙、运维堡垒机等网络安全设备。每年投入 80 余万元，对学校的基础设施进行维修改造，夯实学校基础建设。二是营造智慧环境。对全市网络宽带进行升级改造，出口带宽提升至 5G，规模较大的学校达到 1 G，教学点带宽达到 200 M，满足了全市学校的应用需求。三是放大智慧效应。投入 315 万元，为全市贫困村及农村薄弱学校打造专递课堂教室 31 套、改造录播教室 8 个，实现薄弱学校录播教室全覆盖，满足农村学校开展智慧课堂的需求，放大智慧效应，实现优质资源共享。

2. 优化网络空间，资源精准共享。构建"云 + 端"的智慧教育环境，以"沁教云"平台为基础，整合教育资源和管理资源，形成集人教数字校园、东师云备课中心、微课平台、教学评估系统、学生综合素质评价等平台于一体的"沁教云"网络学习空间（如图 4-22 所示）。全市教师、学生实名注册率达 100%，全市 110 所学校的"班班通"、视频互动教室等终端设施已经实现与"沁教云"的融合。国家、省级资源平台优质数字资源智能推送至网络空间，完成在智能终端上的闭环应用，实现智慧教与学。一是微课研发。8 个龙头学校牵头，12 个学科教研员、信息技术教研员及骨干教师组成的 500 人教研团队，研发了覆盖义务教育阶段全学科的 3000 余节优质微课。二是汇聚资源。在优化供给方面，通过优化"沁教云"网络学习空间人人通，实现教育资源精准、按需投放。出台沁阳市教育局优质数字资源建设审核评比实施方案，建立优质资源汇聚的长效机制。共汇聚本地资源 63 万个，其中虚拟课堂、德育教育等特色资源 1365 个；与人民教育出版社合作共建资源 95 万个，通过"一师一优课""优质融合课"优秀课例征集活动，在空间汇聚优秀课例总量达到 555 万个。通过专家引领分享，区域内教师资源共享、生成，进一步形成资源"援建 + 自建 + 共建"三合一模式，解决了校本资源、教学资源、教研资源常态化的共建问题，实现优质资源精准共享。

图 4-22 "沁教云"平台空间数据展示

（三）两大应用模式，力促优质均衡

1. 部门融合。教研和电教融合，促进师资优质均衡。依托"网络名师工作室"，组成网络研修共同体，5 个学科培养 55 位名师，示范带动 350 名骨干教师专业化成长。同时，教研员随时网上"推门听课"、在线评课，对一堂课进行"生生互动、师生互动、环节互动、学生发言、作业完成率、作业正确率"六个维度的评价，评价及时，结果可视化，深受教师的好评。两年来，教研员网络评课 2600 余节，98.6% 的农村教师由传统的经验教学向智慧教学转变。

2. 协作共进。启动"专递课堂"项目建设，市教体局坚持规划引领、试点先行的引导方针，坚持教育信息化与"集团化"发展机制相融合，全市 110 所学校组建 8 个教育集团，实施名校带动弱校、一校带多点的协作共进战略，尤其是加大对教学点的扶持力度，强力推进教育优质均衡发展。2021 年，新增 34 个"专递课堂"，覆盖了所有乡镇的中心小学。沁阳市的"专递课堂"建设历经六年的实践探索，由最初的"能上课"变为现在的"上好课"，形成了"双向互动""远端授课""单方接收""一对一""一对多"等多种专递课堂模式。

（四）五级研修体系，培育智慧教师

采用"走出去""请进来"的形式，打造智能化人才聚集新模式，通过"五级"（国家级、省级、市级、县级、校级）组织培训，对教师实行信息化能力方面的全覆盖、常态化培训与专题式研修，培育智慧教师。

1. 以分类培训促素养提升。组织全市中小学、幼儿园教师参加信息技术应用能力提升 2.0 培训。对全市中小学校长、业务校长及信息技术管理员 200 余人开展专题培训；对骨干教师开展信息化素质能力提升培训，对新入职教师开展信息技术能力提升培训。线下培训人次达到 500 余人，全员轮训 5000 余人。采用市、校两级梯度考核模式，对全市中小学、幼儿园校长和教师进行技能测评，全员 100% 通过测评。校长和教师信息化素养的全面提升，有力地助推沁阳市初步形成"互联网＋教育"高质量发展的新格局。

2. 以师徒结对促能力提升。以商隐小学为全市新教师培训基地，实施师徒结对青蓝工程，采取"网络直播培训＋网络教研"的形式，充分发挥学科名师及"种子教师"的示范引领作用，打造信息技术环境下的教师共同体，有计划、有组织、分层次地培养一批智慧教育优课名师。这一举措提升了教师教学的基础性和发展性能力，提高了融合应用水平。实验小学李方方、商隐小学李彦润成为新生代智慧型教师，所讲的优课被推选到中央电教馆。

3. 以课题研究促技能提升。坚持课题研究，下发《沁阳市教育局信息技术与学科融合课题研究实施方案》，各学校成立项目课题研究组，校长任课题组组长，教科所做好课题开展的组织和指导，信息技术中心负责课题实施的技术统筹，督导室实时开展课题研究过程性检查，确保课题研究工作顺利开展。例如，本市的专项课题"小学'专递课堂'促进城乡教育均衡案例研究——以沁阳市为例"被河南省确定为省级重点课题，实验小学课题"基于网络学习空间应用的智慧教学实践研究"被焦作市确定为重点课题。

（五）智能督导评价，实现个性化管理

一方面，教育中心利用督导 App 实施线下督导、线上反馈，让过程可视，数据可查，结果公正。具体分为过程性评价和终结性评价。一评课堂效果，2015 年，我市为每所学校（包括教学点）至少打造了一套评估教室，开发了沁阳市教学网络巡课系统，教研和信息技术部门对每所学校的课堂教学情况进行同步网络跟踪评价，随时开展网上"推门听评课"。实现"五个一"工作目标，即一天一课表，每科一教师，一课一评价，每天一总结，每周一反馈。二评工作成效，制定沁阳市教育信息化督导评价细则，内容涵盖"组织管理、应用管理、成果推广"三大项九小项，教体局专职督学不定期到各学校专项督查，并将督导情况及时反馈至线上，助力学校形成大数据智慧教育精准治理，全市实现因校施策新模式。

另一方面，通过学生综合素质评价系统，探索基于大数据的精准教育评价模式。小学围绕学业水平、学业负担、体质健康、兴趣与特长、艺术素养、家长满意度 6 个板块 41 项指标，初中围绕学业水平、身心健康、艺术素养、家长满意度 4 个板块 37 项指标，高中围绕学业水平、体质健康、艺术素养、家长满意度 4 个板块 33 项指标进行综合评价。学生的综合素质显著增强，核心素养显著提升。

三、区域发展特征

（一）深度融合，特色彰显

沁阳市把智慧教育研究的重点聚焦到课堂和课程，出台《沁阳市中小学信息技术与学科融合课堂教学新形态教学指南》，学校更加注重融合和应用，很多项目在原有基础上向纵深发展，形成了"学生智慧学，教师智慧教"的独创性，彰显了地域特色。（如图 4-23 所示）

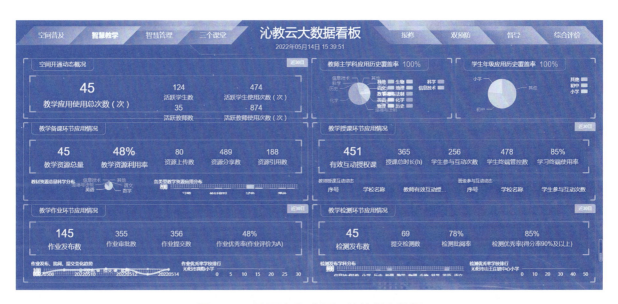

图 4-23　沁阳市全联通智慧教学大数据

1."智慧课堂"让课堂灵活起来。与教育部数字化学习支撑技术工程研究中心进行战略合作，探索智慧课堂教学模式，在全市打造基于网络学习空间的"云＋端融合课"，教师可在平板电脑上或计算机教室里，充分利用空间优质资源，优化传统教学模式，提升课堂教学效率，形成"云本融合，分层教学"的个性化教学模式。

2."网络学习空间"让师生联动起来。第一方面是充分利用网络学习空间开展线上活动。持续开展的"小空间大应用"活动，其六大板块参与人次达 607945 人，31 个班级入围空间应用活动百强班级，学生的核心素养得到有效提升；80% 以上学校利用空间开展"手抄报比赛""跳绳比赛"等活动；开展线上教学优秀案例、空间应用优秀案例征集等活动，参与教师200 余人。第二方面是加强空间对教学应用的支撑。全市充分利用网络学习空间做好教学研讨与交流，解决共性问题，及时推广先进经验；打通个人空间与"名师课堂"等平台，打磨出适合本校学生、本班学生的"学案"，确保了课堂效果；实验小学、第一小学等 35 所学校充分利用网络学习空间的"智慧检测"，扎实做好"停课不停学"期间的学习检测和反馈工作，保证了学习效果。第三方面是深化网络学习空间的家校共育作用。组织教师利用网络学习空间及时做好个别学生的学业指导和心理指导，不让一个孩子掉队，全市有 85% 以上的教师利用"习惯养成"，引导学生在网络学习空间参与阅读、写字、锻炼，积极做好家校共育。教师还充分利用网络学习空间做好留守儿童家庭的思想交流，架起了一座家校沟通的桥梁，传递着教育的智慧和力量。2018 年，我市成为首批"教育部网络学习空间普及活动优秀区域"，实验小学、王召中心小学成为"教育部网络学习空间普及活动优秀学校"。

3."专递课堂"让资源更均衡。沁阳市"专递课堂"模式分为"城乡级"和"乡村级"两种，根据实际需求，帮扶学科多为音乐、美术、英语学科。"城乡级"是以 8 大教育集团的龙头学校为核心，每所优质学校对接乡镇薄弱小学的模式，多采用"1+N"模式。"乡村级"是以乡镇中心小学一体化管理为核心，中心小学对接本辖区教学点的模式，多采用"1+1"模式。从基于信息技术支持下的"专递课堂"研究，到基于"专递课堂"的区域教育均衡研究，沁阳市谱写了"2014 年规划引领、试点先行，2017 年围绕课堂、深化研究，2020 年精心部署、全力推进"三部曲，历经六年多的不懈努力，精准指导，充分研修，高效推送，最终，农村学生的综合素养与乡镇教师的专业能力有了可喜进步，基于"专递课堂"的教育均衡发展方法逐步成熟，形成了"课前准备、课中引导、课后检测"的"专递课堂"教学模式。这一教学模式在全市共享，成效明显。

4."大数据测评"让教学更精准。2019 年，全市引入河南省大数据学科测评系统，选择实验小学、第一小学、实验中学、第二中学、王召中心小学、十五中学作为焦作市"大数据测评"实验校，开展大数据测评研究，探索大数据测评、分析和应用与"先学后教，当堂训练"课堂教学模式，为全市乃至全省探索行之有效的模式。经过两年的教学实践，第二中学形成了"精准目标、精准干预、精准评价的培优、培良教学模式"；实验小学形成了基于"沁教云"网络学习空间的"课前测评 + 精准授课 + 课后测评"的智慧课堂精准教学模式；第一小学的论文《新形势下大数据测评融入小学教研的有效策略研究》在《文化研究》上发表。

（二）区域推进，均衡发展

沁阳市智慧教育依托"沁教云"客户端，把集团化管理系统装入移动终端，运用机构空间 + 平台 + 微信公众号的管理模式，实现管理扁平化，解决了单个学校信息孤岛、应用孤岛问题，实现了教学数据共享，管理数据共享。教育局积极推进一体化智能管理，课堂教学、校园安全、校车运行实现了全方位监控，工作安排与反馈受到实时、全程监管；教学研究、课题实施实现了网络化运行；各学校积极推进办公自动化，教学设施、校舍维护、设备报修实现了网上申报与反馈；校务管理、德育教育实现了网络化；家校联系、教师与家长沟通可通过人人通空间、手机客户端等多种渠道进行。智能高效的管理使教学更加个性化、管理更加精细化、决策更加科学化。这些经验做法为县域推进信息化，也为教育的优质均衡发展积累了丰富的材料。仅 2021 年，就有 56 位教师在全国和省、市级优质课上获奖。农村教师教学水平得到有效提升，16 位教师在省、市级教师信息化应用比赛中获奖。更可喜的是，由于优质教育资源的专递，农村学生回流的良好态势出现，西高小学的学生数由原来的 12 人增加到现在的 43 人，王召中心小学的学生数由原来的 241 人增加到 303 人。同时，成功创建了 2 所"河南省中小学人工智能教育示范校"、3 所"河南省数字校园标杆校"和 3 所"全国网络学习空间应用普及活动优秀学校"，其中农村小学 2 所。这些举措促进了沁阳教育质量的整体提升和均衡优质发展。

四、发展成效

2018 年 5 月，沁阳市被确定为全国首批基础教育信息化应用典型案例示范单位，作为河南省唯一区域推进教育信息化先进典型，参加第三届全国基础教育信息化应用展示交流活动，并做经验分享。2017 年 9 月，沁阳市被确立为"国家数字教育资源公共服务体系建设与应用试点市"。2019 年 3 月，沁阳市被教育部办公厅评为"2018 年度网络学习空间应用普及活动优秀区域"。2019 年 6 月，沁阳市被河南省教育厅评为 2019 年度"教育信息化 2.0 示范区"创建区域。2020 年以来，全市师生共荣获国家奖 30 项、省级奖 111 项、市级奖 128 项。

未来，沁阳市将积极迎接挑战，再接再厉，以全省教育信息化 2.0 示范区创建工作为目标，进一步加大智慧课堂应用力度，立足现有基础，围绕"三个课堂"深度推进，扩大优质数字资源覆盖面，综合利用人工智能、云计算、大数据、虚拟现实等技术，不断增强"智慧课堂"的智能化、共享性、互动性，完成创建智慧教学新生态、教育服务新样态、智能治理新形态三个任务，打造具有沁阳特色的智慧教育示范区。

河南沁阳学校：网络学习空间赋能，助力学校高质量内涵式发展

沁阳市商隐小学　靳利霞

【摘要】党的十九大报告作出中国特色社会主义进入新时代的重大判断，开启了加快教育现代化、建设教育强国的新征程。中共中央、国务院印发的《中国教育现代化 2035》将"加快信息化时代教育变革"作为教育现代化的十大战略任务之一。教育部印发的《教育信息化 2.0 行动计划》中，"网络学习空间覆盖行动"正是八项实施行动之一。本文从构建基于网络空间的学校管理新体系、打造智慧教学新模式、引领泛在学习新常态等方面，对沁阳市商隐小学的具体做法进行总结。

【关键词】网络空间覆盖行动；新体系；新模式；新常态

一、背景与思路

习近平总书记强调，教育是国之大计、党之大计。教育是全党全社会的共同事业，加快教育现代化、建设教育强国是一个长期的过程，必须一张蓝图绘到底，持之以恒，久久为功。《中国教育现代化 2035》是我国第一个以教育现代化为主题的中长期战略规划，是新时代推进教育现代化、建设教育强国的纲领性文件。文件提出，要"加快信息化时代教育变革"，推动教育组织形式和管理模式的变革创新，以信息化推进教育现代化。教育部印发的《教育信息化 2.0 行动计划》是对《中国教育现代化 2035》的回应和落实，"网络学习空间覆盖行动"正是八项实施行动之一。

沁阳市商隐小学成立于 2014 年 1 月，是一所城区公办学校。建校之初，仅有 2 个年级，在校生 796 人。近年来，学校办学规模逐年扩大，现有 71 个教学班，在校生 4032 人。

随着学生人数的增加和教师队伍的壮大，如何扎实开展校本培训，促进青年教师专业成长？如何利用互联网平台，实现优质教育资源共建、共享？一系列问题成为摆在商隐小学面前的重要课题。

经过深入调研，商隐小学将教育信息化作为学校高质量发展的助推器，充分依托"沁阳教育云平台"，组织广大师生开通实名制网络学习空间，积极探索信息技术与教育教学融合发展，推进网络学习空间在网络教学、资源共享、教育管理、综合素质评价等方面的应用，实现网络学习空间的全面普及，做到"一人一空间、人人用空间"，初步形成具有特色的学习空间应用模式，使网络学习空间真正成为广大师生利用信息技术开展教与学活动的主阵地。

二、主要举措

（一）聚焦管理数字化，构建基于网络空间的学校管理新体系

1. 建章立制促规范。成立以校长为组长、主管副校长为副组长的"网络学习空间应用"领导小组，全面建成先进的、全覆盖的校园网。制定《沁阳市商隐小学"沁教云"网络学习空间建设方案》《沁阳市商隐小学网络学习空间管理办法》《沁阳市商隐小学网络学习空间考核制度》，构建由教导处、信息处、学科教师组成的"人人通"工作小组。制定学校教育信息化中长期发展规划和保障制度，将网络学习空间应用与教师量化积分挂钩，每周对师生应用资源平台、备课系统、互动记录、网络教研、在线学习等进行检查通报。定期评选优秀教师空间、学生空间和班级空间，开展优秀空间展示推荐和表彰活动，以点带面、典型引领，全面推进网络学习空间的建设与应用。

2. 应用评比促常态。建立网络学习空间应用的激励、考核、评价等各项制度，每学期开展教师、学生"说空间"大赛，向全校师生和家长展示空间建设情况。定期召开会议，检查工

作进度，每学期对空间建设进行考评，结果纳入教师信息化考评、学生多元化表彰，实现了"课堂用、经常用、普遍用"，网络学习空间全覆盖。

3. 强化管理促实效。学校空间开辟"菁菁校园、学校资讯、学校公告、教学教研、教师园地、学生天地、党建之窗、家长学校"等栏目，及时发布校园动态、上传优秀资源。学校利用网络学习空间开展教学检查、班级文化氛围评比、阅读考级、学生多元化评价等活动，全面推进学校管理数字化。自"双减"政策实施以来，学校全面推进"X+1"课后服务模式，教师建立 80 余个特色空间，在"我的主页""我的教学""我的班级""我的社团"等栏目适时呈现多彩的校园生活，面向社会展示"双减"成效。

（二）聚焦教学数字化，打造基于网络空间的智慧教学新模式

1. 网络空间备课。利用"沁教云"解决纸质教案不便的问题，使平台成为教师的备课中心。教师可将教案上传至网络空间"教学设计"板块，开展互动交流、同步备课，还可以在"日志"栏目发表教学体会、感言、反思、随笔等。"沁教云"的资源根目录下有教学设计、教学课件、作业习题、试卷、资料等栏目，教师根据学科教学需要，自制、收集教学资源，并上传到个人空间，按学科、年级、学期进行整理，形成与当前课程相适应的个人课程资源。学校利用网络学习空间检查教案、作业，既减轻了教师负担，又提高了工作效率。

2. 网络空间教研。组建学科协作组，教师利用"沁教云"自主选择学习内容、进度、时间、地点，开展"大小教研"（周三大教研、天天小教研）活动。学科协作组定期发布教研主题，成员教师在线研讨、协同备课，实现资源共享、共同提高。尤其是线上学习期间，网络学习空间作为支持在线教学的重要环境和数字教育资源共建共享的主渠道，为"停课不停教、停课不停学"提供了强有力的保障。

3. 网络空间教学。学校教师运用网络空间中的学科工具进行互动教学，并与家长和学生互动交流。学生自主选择网络学习空间中的数字资源、网络作业、拓展阅读等开展自主学习，教师提供学习指导服务和支持，帮助学生养成自我管理、自主学习的良好习惯，真正做到关注个体发展，实现因材施教。

4. 建设专递课堂。成立以校长为组长、主管副校长为副组长，教导处、相关学科组长和教师组成的"专递课堂"教研团队，精准组建"专递课堂"教师队伍，帮助沁阳市逸夫中心小学、沁阳市龙泉解住小学开齐、开足国家规定课程，实现校际间同步上课，共享优质教育资源。构建专递课堂教研共同体，借助网络学习空间开展教学互动，以强校带弱校，推进主讲端学校和分课堂之间的常态教研、常态备课、常态辅导，切实保证让薄弱学校教师、学生通过教育信息化吃到更多的教育教学"精品"和"细粮"，促进城乡教育均衡

发展。

（三）聚焦学习数字化，引领基于网络空间的泛在学习新常态

1. 建立网络"成长档案"。学生在空间里建立"成长档案"，分享身边故事，记录成长轨迹，教师定期浏览学生空间，并进行批注、留言、评论，师生互动，真正将学生空间建设成学生的成长中心。学校建立以大数据为基础的学生多元化评价体系，通过"成长档案"全面监测学生成长节点，形成个体网络学习空间与学校综合素质评价的有机衔接。

2. 开展网络自主学习。学生登录"沁教云"网络学习空间，教师把节假日作业或练习上传到教师空间里，学生可以自主选择学习时间、地点及内容，并在空间中和教师交流学习困惑。学生还可以点播教师空间的微课、课堂实录，查看课件、资料等，进行课堂知识的巩固和拓展。学生可以组建兴趣小组，生生互动，协作探究。教师随时在线答疑，实现差异化和个性化教学与指导。

3. 创设个性化特色空间。学校鼓励学生根据个人兴趣、特长、爱好等设置个性子栏目，学生上传照片、音乐、课件、绘图等个人资料，使空间成为个性化展示中心。教师和家长通过空间适时关注学生的发展情况，形成家校共育的良好氛围。（如图 4-24 所示）

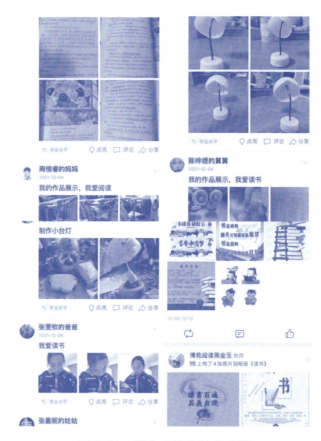

图 4-24　学生个性化特色空间

三、成效与特色

商隐小学坚持以应用驱动和机制创新为动力，推进"网络学习空间覆盖行动"。目前，商隐小学已实现网络学习空间的全覆盖、全应用。深入推进信息技术与教育教学深度融合，基于空间的教育教学、自主学习、教研教改、家校互动等，已实现制度化、规范化、常态化应用。

1. 师生信息素养得到提升。2020 年 3 月，商隐小学在全国网络学习空间应用活动中成绩喜人，六（5）班、六（7）班入围"习惯养成"全国 100 强班级，四（5）班、六（3）班入围"每日一题"最具年味班级全国 100 强；六（5）班、一（3）班、六（3）班、四（6）班、六

（6）班等入围沁阳市网络学习空间 50 强班级；张鑫怡等 80 余名学生获得沁阳市学生网络空间优秀奖；本校被评为沁阳市"小空间大应用"优秀单位。2020 年 6 月，学校被评为"钉钉未来校园"示范校。2021 年 1 月，被评为焦作市 2020 年度"一师一优课，一课一名师"活动先进集体。2021 年 5 月，被评为河南省"第二批数字校园标杆校"。2021 年 11 月，在河南省首届"基础教育精品课"评比中，李彦润老师荣获小学语文一等奖，朱玉溪、史慧、刘亚利三位老师荣获二等奖。教师积极参与课题研究，探索网络学习空间与课堂教学的融合点，2016 年 7 月，河南省教育科学规划课题"网络学习空间对教师专业成长的作用研究"荣获省级一等奖。

2. 教育教学质量得到提升。教育信息化助推学校高质量发展。几年来，学校教育质量监测均为全市优秀，多次被评为沁阳市课堂改革先进校、教育教学先进单位；办学水平全面提升，先后荣获"全国新教育实验优秀实验学校""河南省第七批依法治校示范校""河南省儿童青少年近视防控示范校""河南省书法教育实验学校""焦作市文明学校"等 30 余项荣誉称号。

3. 教师综合素质得到提升。学校教师在省市各类教学竞赛活动中屡获佳绩，先后获得河南省文明教师等省级荣誉 3 项，焦作市优秀班主任等市级荣誉 8 项，沁阳市优秀教师等县级荣誉 161 项。

虽然学校网络学习空间的建设与应用已取得一定成效，但在实践中仍存在诸多问题，例如，空间建设缺少顶层设计、空间应用宣传推广不足、空间应用能力有待提高等。学校将按照《中国教育现代化 2035》《教育信息化 2.0 行动计划》的发展目标和要求，不断加强"网络学习空间人人通"的建设与应用，推动教育信息化与教育教学的深度融合，贯彻落实国家"双减"政策，提升师生空间应用能力和信息素养，提高课堂效率和教育质量，为实现学校高质量内涵式发展而不懈努力。

第四节　河南省郑州市

河南郑州市级：构建区域教育信息化新体系

郑州市金水区教育局　李正　胡培林　马至猛　陈姜明

【摘要】 金水区以"1+3"教育信息化发展模式，即一个平台（互联网＋教育大平台）、三大主体工程（教育教学基础环境提升工程、教育教学与信息技术融合创新工程、师生信息素养提升工程），着力探索智慧教育新路径，加快构建开放、包容、灵活的区域教育信息化新体系，以教育信息化支撑和引领教育现代化，努力促进区域教育优质均衡发展，全面提升全区教育信息化水平，强化区校两级应用一体化，汇聚和分析学业类过程性、结果性数据，初步形成金水区教育大数据体系，通过技术赋能加速"双减"，全面助力教、学、管，提高区域教育教学质量，提升区域教育服务水平。

【关键词】 智慧教育；教与学变革；信息素养提升

一、背景与思路

金水区紧跟国家教育信息化发展步伐，主动融入区域高水平打造"创新智城·品质金水"，建设国家一流现代化国际化中心城区的发展目标，构建有保障的软硬件环境，推动网络学习空间在教学、教研、评价中的应用，全面提升师生信息素养，形成政府规范引导、社会力量积极参与的持续有效的教育信息化服务供给模式，营造良好的教育信息化生态环境，加快构建开放、包容、灵活的新型区域教育信息化体系，以教育信息化支撑和引领教育现代化，实现智慧教育驱动下的高位引领发展和区域整体跨越式发展。金水区在 2019 年被河南省教育厅评为教育信息化 2.0 示范区首批创建区域，2020 年被评为"国家级信息化教学实验区"、首批河南省中小学人工智能教育实验区，2021 年被郑州市教育局评为郑州市智慧教育示范区创建区域。

二、主要举措

（一）统筹规划，强化体系建设，保障教育信息化开展

为整体规划金水区的教育信息化，促进信息技术与教育管理、教育教学深度融合，2016年，金水区与国家数字化学习工程技术研究中心共同签署了战略合作协议，依托华中师范大学的技术及人才，充分发挥其在教育信息化领域的研究优势，共同编制完成了《金水区教育信息化发展规划（2017—2020 年）》。2021 年，金水区委托西北师范大学郭绍青专家团队，为我区

编制《金水区教育信息化十四五规划（2021—2025年）》，全面、系统、科学地持续推进教育信息化工作。

（二）完善机制，聚焦智慧教育，促进教育模式新变革

一是建立区域统筹机制。区教育局协同财政局、发改委、审计局、科技局、工信局等多部门，积极推进项目资金投入、项目评价、项目监督等工作。同时，将教育信息化重点建设工程、日常运行维护与服务的费用列入政府投资计划，保障教育信息化工作的有序推进。二是建立三级协同机制。由区委教育工作领导小组规划发展方向，成立区教育局教育信息化领导小组，由科学技术与信息化科统筹协调教育信息化工作，组建学校教育信息化领导小组，由学校负责人和首席信息官（CIO）牵头，全体教师共同参与，确保教育信息化的推进与实施。三是建立服务保障机制。与高校签署战略合作协议，成立区域专家咨询委员会，建立以校为本的信息技术智能团队，积极探索、实践新型教育理念和模式，实现新突破。正是通过近几年的着力推进与实施，金水区逐步形成了"1+3"教育信息化发展模式，即一个平台（互联网＋教育大平台），三大主体工程（教育教学基础环境提升工程、教育教学与信息技术融合创新工程、师生信息素养提升工程）。（如图4-25所示）

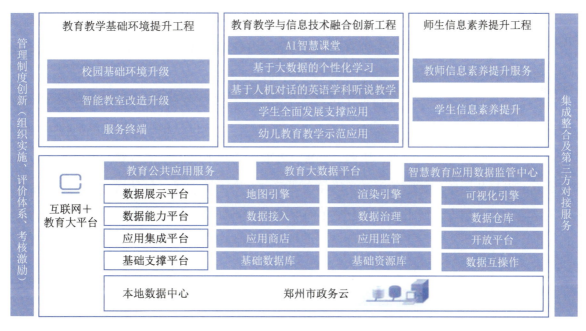

图4-25　金水区智慧教育部署示意图

（三）多方合作，汇聚、沉淀资源，优化教育资源供给服务

引入国家及省市教育资源公共服务平台中的优质资源，采购多类型第三方企业资源，沉淀区本资源，汇聚校本资源。以我区现行教材版本、章节目录为基准，建设交互式电子课本和配

套的体系化教学资源；以学习为中心，提供基于学科知识图谱的主动型资源服务，以此促进精准教、智慧学。教师可利用资源平台推送微课，指导学生课前预习，通过后台检测预习情况，进行学情分析，设计教学活动，有效提高课堂效率。

（四）持续优化，推进教育新基建，升级改造智慧教育基础环境

优化校园网络环境，升级改造城域网，以全光网 GPON 技术升级学校基础网络，光纤直接入班，实现校园无线网络全覆盖及无线设备统一认证上网，实现区域无线漫游。严格落实网络安全等级保护制度，加强关键信息基础设施防护，构建与教育信息化发展相适应的网络安全保障体系。优化智慧校园建设，完成"班班通"设备的升级换代，推进新型多媒体设备、电子白板（触控一体机）、多功能计算机语音教室、智慧互动教室的建设，创建基于人工智能、虚拟实验等新型技术的教室、实验室。

（五）项目培训，立足核心场景，提升师生信息素养

全面实施中小学教师信息技术应用能力提升工程 2.0，建立教师信息技术应用能力网络培训联盟，积极探索人工智能支持教师治理、教师教育、教育教学的新路径，构建以校为本、基于课堂、应用驱动、注重创新、精准测评的教师信息素养发展新机制。围绕"教、学、评、管、研"五个核心场景，实现提升有分层、管理有目标、评测有标准、模式有创新、成果有沉淀。强化人工智能教育等教学内容，开展多样化信息技术应用展示活动，强化"互联网＋"社会实践活动，为学生提供形式多样的学习机会和学习内容，全面提升学生网络素养。

（六）模式创新，总结教育范式，保障疫情期间线上课程

印发关于做好延期开学期间停课不停教、不停学工作的指导意见，指导学校"一校一案"组建线上授课平台，实现直播、联播、单播多场景应用；建立区、校、企业互动的技术保障体系，遇到问题，统一谋划、推进、协调、处理，及时发布提醒及解决的方案，确保在线教学效果；建立"网格化"管理与服务模式，确保在线教学有序运转；建立教学指导、数据监测、技术部门结合的监管制度，精心设计适合学生的课程表，全面了解和指导线上教学。

三、区域发展特征

（一）智慧教育课堂模式日益凸显

1. 重构课堂教学模式

在云端平台的支撑下，教师采取微课、翻转课堂、基于网络和教学终端设备的在线互动教学方式，形成"三段十环智能课堂教学模式"。师生通过平板电脑互联互通，深入教学全场景，课前精准掌握学情、课中学情动态反馈、课后智能批改减压，引导学生开展项目式学习、探究式学习、研究性学习和综合性学习，借助信息技术获取信息、筛选信息、处理信息，培养终身

学习能力。举行课堂教学展评活动，建立融合信息技术的课堂教学评价标准，引导教师开展基于信息技术的教学。（如图 4-26 所示）

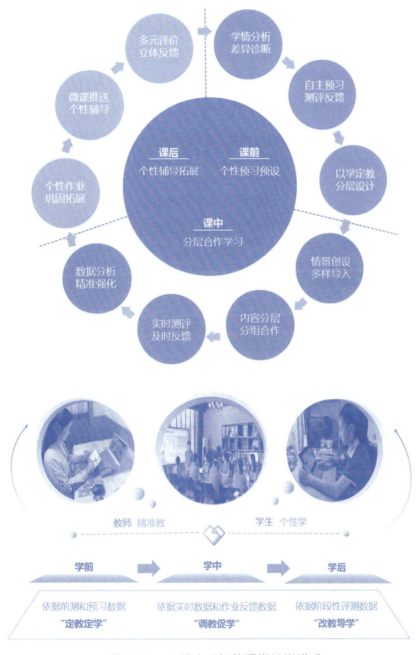

图 4-26　三段十环智能课堂教学模式

2. 形成个性化学习指导

依托金水区大数据平台，定制教学应用软件，记录学生的学习过程和学业发展轨迹，为学生推送针对性的学习资源，实现精准化的学习指导；通过多终端、全过程、伴随性数据采集，为学生的学习情况建模，构建科学评价模型，赋能评价方法创新；为学生建立个性化学习手册，对学习行为进行归因分析，通过智能化推送错误知识点变式练习题，对高频易错点强化训练，形成精准教与学的完整闭环，实现因材施教。

（二）信息化综合素质评价持续探索

构建德智体美劳评价指标体系，记录学生发展的形成性评价大数据，为学校的课程改革与教学改进提供数据支撑，形成金水少年评价体系。与公司合作，引进信息化学生综合评价平台，教师通过手机移动端对学生成长历程进行过程性记录和实时评价，家长通过手机移动端了解学生在校日常表现，通过评价数据形成基于大数据的学生和班集体的行为排行榜、教师参与积极度排行榜，助力学校学生发展、教育教学、课程建设、队伍发展等各方面工作。

（三）教师信息化水平大幅提升

以信息素养提升为导向，加强与知名高校、优势企业的战略合作，采用项目驱动、行动研究等方式，先后赴华中师范大学、东北师范大学开展信息化领导力和微课制作培训，深入推进全区教师信息技术应用能力提升工程，全面提升教师信息技术素养。以教学成果提升为导向，在各级课堂教学展评中强化信息技术与学科融合，210 节信息技术融合课获得省市级奖励，在教育部连续六届"一师一优课、一课一名师"活动中，金水区荣获部级优课总数占全省总数近 1/10。疫情期间，参与录制河南省名校同步课堂 206 节，供全省师生使用。

（四）学生信息技术素养全面发展

出台金水区《关于开展中小学编程教育的实施方案》，将人工智能、编程等纳入学校课程规划和体系，开发实施编程教育课程，开展编程教育课题研究，组建编程教育精品社团，推进"课程＋社团"的课程实施模式和"普及＋提升"的应用模式，提升学生信息技术素养。近三年，在全国中小学信息技术创新与实践活动创新编程大赛中，金水区学生获奖总数占全国的 12%；在郑州市创意编程大赛中，金水区学生获奖总数超过全市总数的 1/5。

（五）智慧校园建设整区域推进

开展创建智慧教育示范校评比，全面推进智慧校园、智慧教室、智慧课堂建设，提升其应用效果，推动教学应用、学习应用的全覆盖。出台《关于评选金水区智慧教育示范校及创建学校的指导意见》，着力打造一批教育信息化软硬件标准高、使用效果好、信息化推动教育现代化场景特色鲜明的学校。截至目前，郑州市第八中学等 10 所学校被评为"河南省数字校园标杆校"，郑州市第三十四中学被教育部评为"网络学习空间应用优秀学校"。

（六）以信息技术促进"双减"有效落实

高度重视作业建设与改革。前置作业中，基于丰富的学科资源、学习工具、学习渠道，引导学生进行自主探究活动，有效支撑课中深度学习；后置作业中，基于学情精准诊断分析和优质资源推荐，定位学生的薄弱知识点和最优学习区，为不同层次学生匹配不同难度作业，减少学生重复无效的作业，控制书面作业总时长。同时，基于智能批改技术，学生完成作业后可实现大多数题型的自动批改、反馈，尤其是语文、英语作文题，不仅评分准确，还可以标注出字、词、语法错误等；基于智能语音评测技术，学生可在课后自主完成字、词、句，以及课文的朗读、背诵，并及时得到多维度评价，提高了作业反馈效率，提升了学生的自主学习能力。

四、发展展望

（一）聚焦汇聚数据应用的空间使用

基于区域"互联网+"教育大平台的统一数据标准和统一身份认证体系，推动各类数据和应用根据用户级别归并，实现智能推送用户需要的各类数字化学习资源、学科教学、个性化诊断、综合评价、精细化管理等一体化的空间服务，全面提升教学、教研、管理、评价的服务支撑能力。

（二）聚焦人机协同共生的教学模式

加强主题式、项目式、跨学科整合课程等的建设，全面推进"互联网+"条件下的大单元教学、精准教学、差异化教学等教学新模式；建立突破时空边界的虚拟学校、虚拟班级等动态学习组织，开放备课、教学、答疑、作业、测评、课后活动等应用场景；开展基于大数据的分层作业、个性化练习设计和自适应学习辅导等，帮助学生减负增效。分学段开展 AI 智慧课堂，优化人机协同教学模式，实现教学决策数据化、评价反馈即时化、交流互动立体化、资源推送智能化，优化智能助教在教学中的应用，提高学生自主学习能力，提升个性化服务水平。

（三）聚焦数据驱动的综合素质评价

构建指向学生德智体美劳"五育并举"的评估模型和评价指标体系，制定数据采集标准和规范，创新信息化评价工具，推进数据驱动的综合素质评价，探索将评价结果纳入考试评价范畴的机制，转变简单以考试成绩为唯一标准的学生评价模式，以教育评价方式改革推动创新人才培养。

五、大事记

2020 年 12 月 16 日，河南省委政研室二级调研员孔令利、省委政研室主任科员左明一行实地调研金水区教育信息化工作。

2021 年 1 月 18 日，金水区智慧教育项目中标并开始实施。

2021 年 3 月 5 日，举行教育信息化领导力培训，区教育局班子成员，局属各单位校长（园长、主任）、书记及分管副校级干部，机关各科室负责人和部分教研员等共 200 余人参加培训活动。

2021 年 3 月 6 日，东北师范大学软件学院院长、教育部数字化学习支撑技术工程研究中心主任、博士生导师钟绍春，东北师范大学教授、东北师范大学信息化教育研究中心主任、硕士生导师刘新中，与金水区教育局就教育信息化推进实施路径和下一步推进方向进行研讨交流。

2021 年 3 月，以全光网 GPON 技术实施的网络、监控、广播等智慧校园基础环境建设项目投入使用。

2021 年 5 月，第五届创意编程大赛举行，全区将近 1.2 万名学生参加区级初赛，促进了编程及人工智能教育在金水区的蓬勃发展。

2021 年 7 月 28 日，西北师范大学教育技术学院院长郭绍青团队到金水区指导教育信息化工作。

2021 年 11 月 27 日，2021 年作业设计网络研修第一阶段活动举行。

六、专家点评

金水区将智慧教育发展主动融入城区发展之中，聚焦区域教育教学质量和教育服务水平提升，积极探索智慧教育驱动下的高位引领发展和区域整体跨越式发展。金水区智慧教育发展注重统筹规划，强化体系建设，提出了"1+3"教育信息化发展模式，坚持应用驱动和机制创新，以推进智慧教育为抓手，围绕信息网络基础条件、教育资源建设与供给服务、师生信息素养提升、教学模式变革与创新等方面不断探索，在智慧教育课堂模式凝练、教师信息化水平提升、学生信息素养提升、智慧校园建设、"双减"政策有效落实等方面取得了一定成效，取得的经验具有鲜明的区域特色。下一步，金水区还须继续围绕信息技术与教育教学深度融合、数据支持的教育服务质量提升等方面进行探索与实施。

——教育部教育信息化战略研究基地（西北）主任、互联网教育数据学习分析技术国家地方联合工程实验室主任、教育部教育信息化专家组成员、教育部科技委委员、西北师范大学教育技术学院院长　郭绍青教授

第五节　湖北省武汉市汉阳区

武汉市汉阳区：虚拟实验新模式，智慧教育新变革

武汉市汉阳区教学研究培训中心　谭婷　汉阳区楚才小学　张宝军　汉阳区夏明翰小学　盛菁

【摘要】智能时代的发展和教育教学的深度变革必将带来整个教育生态的重构，武汉市汉

阳区在"十四五"教育发展规划的驱动下,以"重构智慧教育生态,建设品质教育强区"为奋斗目标,多方举措,齐头并进。2021 年,在"中央电教馆中小学虚拟实验教学实验区"的建设和国家"教育信息化教学应用实践共同体"项目中,汉阳区域智慧教育实现了高速跨进式发展,虚拟实验教学应用实践共同体成员带着共同的愿景,力求提高中小学实验教学效率,提升师生科学探究能力、实践创新能力与信息化素养能力,为打造"品质教育"提供"汉阳模式"。

【关键词】虚拟实验;共同体;智慧;融合

一、背景与战略

武汉市汉阳区"十四五"教育发展规划实施以来,"重构智慧教育生态,建设品质教育强区"的奋斗目标推动着汉阳区域智慧教育高速发展。按照国家"三全两高一大"的整体目标,汉阳区与市教育局携手打造基于市教育云的区校一体化平台,将教育管理功能和教育教学功能融合,打造多个"示范"和"标杆",创造数个"率先"和"首创",相关案例被评选为"2021年湖北省基础教育信息化应用典型案例",多篇案例被收录到《中国智慧教育区域发展研究报告(2021)》《教育新基建:高质量教育体系的支撑力量》等书中,为打造"汉阳模式"奠定基础。

智能时代的发展和教育教学的深度变革必将带来整个教育生态的重构,汉阳区将虚拟实验作为《汉阳区教育信息化 2.0 行动计划》中五大行动、十大工程中的重要内容之一,逐步探索出"学、研、用、政、产"五位一体的虚拟实验教学应用机制,按照"整体规划、协同实施;软硬保障、先行先试;借智借力、融合创新"的策略推进实施。2020 年 7 月,汉阳区被中央电教馆确定为"中央电教馆中小学虚拟实验教学实验区"后陆续开展相关活动。2021 年 2 月,"汉阳区虚拟实验教学应用实践共同体"获批国家"2020 年度教育信息化教学应用实践共同体"项目。共同体成员带着共同的愿景,在探究、合作、实践、创新、共享、共赢的核心价值的引领下,探索出一条让虚拟实验教学真正契合师生实验教学需要,真正提高中小学实验教学效率,真正提升师生科学探究能力、实践创新能力与信息化素养能力的重要途径。

二、主要举措

(一)"多方"齐进,探索机制

教育的智慧在于发挥各方优势,合力创造品质教育。汉阳区虚拟实验教学应用实践共同体自建立以来,一直在探索学(成员学校)、研(华中师范大学、湖北省第二师范学院)、用(成员单位)、政(教育行政部门)、产(湖北联通、网龙公司等企业)五位一体的虚拟实验教学应用机制;探索基于学校课堂教学环境和区级研训基地建设的应用环境搭建机制;探索降低准入门槛,吸引大批对虚拟实验教学感兴趣的学校、教研机构加入的共享共赢的组织管理运行机制；探索协助完善虚拟实验教学平台资源，增加资源内容、增强 AI 互动功能、拓宽应用场景，建设满足学科实验教学需求、提高课堂实验教学效果的虚拟仿真教学实验课程的资源平台搭建机制；探索在应用实践的基础上，建立培训、教研、评价、反馈、开发的应用实践研发机制。

（二）"内外"兼修，提升效能

我们充分学习、研究了全国首个虚拟实验教学实验区培训会上全国专家的指导建议，在此基础上制定了"汉阳区虚拟实验教学应用实践共同体"项目实施方案，并于 2021 年 5 月邀请中央电教馆基础教育教学资源部主任黄旭光，华中师范大学刘清堂教授、钟正教授和省市电教馆专家对共同体实施方案进行了专家论证，为"虚拟实验教学应用实践共同体"项目的顺利实施指明了方向。2021 年 9 月，邀请华中师范大学吴砥教授团队和省市电教馆专家对虚拟实验教学应用实践共同体工作进行培训，专家们结合机制创新、模式建立、评价体系、技术支撑等方面为共同体项目在新学期的工作明确了实施路径。2021 年 10 月，为深入了解"虚拟实验教学应用实践共同体"项目在汉阳区的落实及应用情况，中央电教馆基础教育教学资源部主任黄旭光、副主任冯吉兵带着北京平台技术专家和省、市领导专家，专程赶赴汉阳进行指导调研，通过听课、参观校园、听取汇报了解项目的落实情况，并对汉阳区目前做出的成绩给予了高度肯定，对后期的工作也提出了更高的要求。

（三）"上下"同步，交流互通

一年以来，我们鼓励教师借助中央电教馆虚拟实验教学服务平台提供的实验资源，进行以学为中心的大规模个性化学习探索。各学科区域牵头人组织全区教坛新秀大赛、骨干教师大赛，将教师虚拟实验操作纳入比赛项目，拟定评价标准，以赛促培，以赛促研。各共同体学校以学科教研组为阵地，每周通过学科教研活动，加强虚拟实验教研组建设，建立常态教研机制，开展听课、评课、磨课活动，确保教研有目的、有计划地开展，最终取得实效，并实现可持续发展，让教师在虚拟实验教学实践中相互促进，取长补短，共同发展。

我们在国家教育资源公共服务平台上创建了"汉阳区虚拟实验教学应用实践共同体社区"，在国家课程社区存在一系列问题的情况下，主动联系平台技术负责人，建立群反馈机制，及时培训和解决问题。目前，全区创建了 17 个社区小组，吸纳社区成员 232 人。组织社区线上活动 35 次，上传社区资源 553 个，发表文章 916 篇，访问量达到 4822 次。大家通过共同体社区学习、研讨、交流，共同推进虚拟实验教学的研究与实践，并帮助国家教育资源公共服务平台完善功能。

（四）"分层"研训，不断提升

为了持续推进虚拟实验教学常态化、规模化应用，我们开展了系列分层培训。（如图 4-27 所示）

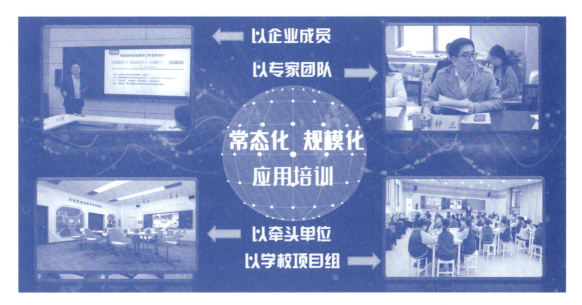

图 4-27　关于虚拟实验教学应用的分层培训

以企业成员——联通技术平台公司牵头开展虚拟实验教学设备、资源应用操作方法培训，同时及时收集学校反馈意见，升级迭代资源平台。

以专家团队——华中师范大学、省市电教馆专家牵头开展虚拟实验教学理论、教学方法的培训。

以牵头单位——汉阳区教育局电教馆、教科中心教研员牵头开展学科虚拟实验教学应用培训、模式研究，并建设汉阳区虚拟实验研训基地，成立智慧教育研究室，开展培训和教研交流活动。

以学校——专题项目组牵头开展每周定期的虚拟实验集体备课、校内公开课活动，研究学校学科实验教学模式。

这些培训使各成员学校学科教师都能掌握虚拟实验教学资源的使用方法，能够在常态实验教学中选用合适的虚拟实验教学资源。

（五）"点面"结合，锻造模式

教学模式是在一定教学思想或教学理论的指导下建立起来的较为稳定的教学活动结构框架和活动程序。汉阳区作为"虚拟实验教学应用示范区"，只有进一步推动我区共同体学校及学科在虚拟实验教学中的应用，建立虚拟实验教学模式，才能提升课堂效能。在区域层面，汉阳区教育局教科中心多次邀请华中师范大学吴砥教授团队与四大学科教研员、骨干教师代表开展虚拟实验教学模式沙龙。教研员根据学科特点提出初步设想，骨干教师根据实际操作谈感受，领导专家从时下政策和理论学术角度谈建议，强强联手，形成合力，为汉阳区打造虚拟实验教学模式打下基础。在学校层面，聘请华中师范大学钟正教授团队走进武汉二桥中学芳草校区，与教师一起，深入理、化、生教师虚拟实验课堂，进行课程打造，规范模式和评价体系。经过一段时间的探究，学校结合虚拟实验的必要性、知识性、仿真性和启发性特点，基于翻转课堂、探究式、游戏式等教学理念，提升了课堂效能，为构建行之有效的区域教学模式和学科教学模式起到很好的辅助作用。

三、区域发展特征

（一）统筹规划，部门协同，缔造共同愿景

基于共同聚焦的问题，为进一步提升虚拟实验教学应用实践的效果，汉阳区教育局电教馆牵头，联合汉阳区教育局教科中心和 12 所实验学校向教育部申报"汉阳区虚拟实验教学应用实践共同体"项目，并于 2021 年 2 月获批。随着虚拟实验教学应用影响的扩大，另有区内 4 所非实验学校主动要求参与共同体项目，并按照标准自建 5G+VR 虚拟实验室，被吸纳为成员单位。目前，汉阳区内共同体成员单位已发展到了 18 个，共同体还吸引了省内仙桃市电教馆、荆门市电教馆、湖北第二师范学院和武汉市其他区部分学校，省外哈尔滨市电教馆等加入。2021 年 9 月 23 日，"中央电化教育馆中小学虚拟实验"教学应用区域启动研讨会在浙江省绍兴市上虞区召开。汉阳区受邀参加会议，并与全国的同行分享了汉阳区虚拟实验区域教学与研究的推进策略和工作成效。同时，在与会领导、嘉宾、教师的共同见证下，绍兴市上虞区电化教育馆与武汉市汉阳区教育局电化教育馆结成工作推进结对单位，签署了结对协议，开展跨区域协作，共同推进虚拟实验教学的深入应用。不断扩大的共同体规模将为推广汉阳区虚拟实验教学应用范式，提升其影响力，打造"汉阳虚拟实验示范区"奠定基础。

（二）学科牵头，智慧研究，促进资源共享

实验教学是小学科学，初高中物理、生物、化学学科的重要组成部分，是培养学生观察能力、思维能力、分析能力、解决问题能力和实验设计操作能力的有力途径。虚拟实验的介入在弥补传统实验教学在时间、环境、设备、师资等方面不足的同时，能为进一步优化实验教学步骤、扩展实验类型提供支撑。汉阳区以共同体学校为主阵地，以学科为载体，各教研员牵头引领学科骨干教师成立智慧教学研究室，以"1+1+N"（主持人＋信息化应用骨干教师人＋学科教师）的模式，带动和组织四大学科教师开展虚拟实验教学研究。2021 年 10 月，汉阳区组织了虚拟实验教学实践研究应用沙龙，4 名教研员和 17 所共同体学校 CIO 携手华中师范大学钟正教授和虚拟实验平台应用公司技术人员一起，谈做法、谈应用、谈改进措施，在交流与碰撞中，擦出火花，为后期不断完善和应用虚拟实验教学提供方法。区教育局教科中心和电教馆尝试联合开展跨学段、跨学科融合的虚拟实验教学智慧教研活动，如利用 3D 资源开展小学科学与中学物理围绕同一主题声音开展教学研究。在同一主题下如何利用中央电教馆资源达成不同学段的认知目标，如何做好学段的衔接成了我们教研的内容。在智慧教学研究室的作用下，小

学科学，初高中物理、生物、化学四大学科骨干教师制作和收集学科资源，形成区本资源、精品微课资源，全面登上"区校一体化"平台，各研究室和共同体学校利用国家教育资源公共服务平台建立"课程社区"，随时随地开展线上教研活动，为共建共享学科资源、提升课程质量提供了有力支撑。

（三）学术引领，多重融合，推动模式研究

自《教育信息化 2.0 行动计划》实施以来，汉阳区一直在研究"如何推进中小学课堂教与学方式的变革"问题。而教学改革的真谛就在于对旧教学模式的改造和对新教学模式的寻求。汉阳区被确定为"中央电教馆中小学虚拟实验教学实验区"以来，我们不断对教学模式的性质、特点和功能进行研究，围绕"能实不虚、以虚代实、化虚为实"的原则，汉阳区拿出"基于云平台的沉浸式翻转课堂虚拟实验教学模式"，为稳步推进虚拟实验教学的常态化应用，开展实验教学提质增效。（如图 4-28 所示）

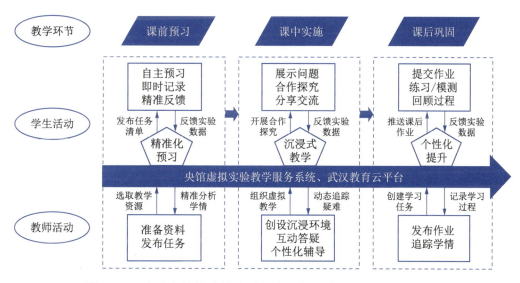

图 4-28　中央电教馆虚拟实验教学服务系统、武汉教育云平台

各学科在此模式上多重融合，推动模式研究。如小学科学提出"基于云平台的 1123 新模式"。即梳理一套课程体系，建设一套区本资源，实施两大模型（小学低段模型为"两段三步七环节"，小学高段模型为"三段四步七环节"），运用三大策略（融合、创新、增效）。（如图 4-29 所示）

初中化学提出"SOLVE 教学模式"。SOLVE 教学模式的命名，来自化学和虚拟实验要素的融合，S 代表 science（科学），O 代表 operate（操作）或 on（基于），L 代表 life（生活），V 代表 virtual（虚拟），E 代表 experiment（实验）。这一模式将科学、生活和虚拟实验有机结合，有助于化学学科的学习。（如图 4-30 所示）

初中生物形成"基于云平台的课前、课中、课后的翻转课堂实验教学模式"。即课前分为

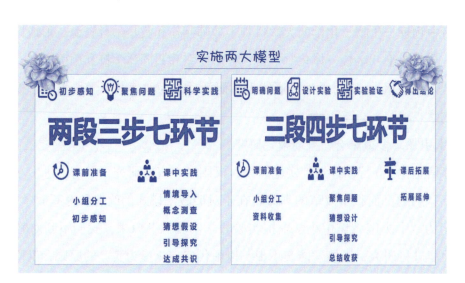

图 4-29　小学科学教学模式中的两大模型

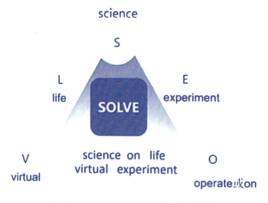

图 4-30　SOLVE 教学模式

自主学习、提前演练；课中分为情境引入、合作探究、表达交流、课堂检测；课后分为复习巩固、拓展延伸。（如图 4-31 所示）

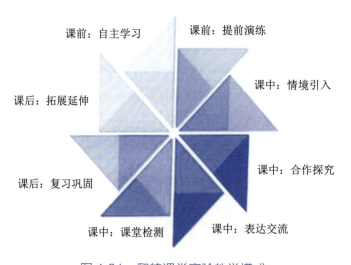

图 4-31　翻转课堂实验教学模式

此外，汉阳区还拓展研究出基于"区校一体化平台"与"中央电化教育馆中小学虚拟实验资源"，形成的多学科、多场景、多地域的"互动模式"；以校区或学区为单位，进行远程授课，增强课堂的辐射作用，形成"1+N 的课堂研修模式"。根据虚拟实验场景切换快的特点，在复习课中运用"提升学科核心素养的系统化教学模式"；基于虚拟实验实操性和实验性强的特点，运用"创新的作业设计模式"；结合不同实验资源，运用"多样态资源结合的创新教学模式"。多模式融合推动了汉阳区虚拟实验教学应用能力的发展。

（四）搭建平台，推优创优，成果捷报连连

我们扎实推进虚拟实验教学应用与研究，打造了一批应用典型案例和一批虚拟实验教学典型课例。其中三节课例在中央电教馆培训会上展示，四节课例在中央电教馆的"一师一优课"平台上进行了分享。两所学校因实践效果显著，其相关推进策略被中央电教馆进行专题访谈，并在"一师一优课"平台上进行了推荐。我们区域和两所学校关于虚拟实验的课题获批 2021 年湖北省重点专项课题。特别值得一提的是，我们有多节虚拟实验课受邀到宁夏回族自治区分享教学，并获得银川市教师的一致好评。在"2021—2022 学年全国中小学信息技术创新与实践大赛"中，我们的物理、化学两节虚拟实验课获得"恩欧希教育信息化发明创新奖"。2021 年"中小学虚拟实验教学应用课例征集活动"中，我们的 7 节课例被评为创新案例、8 节课例被评为典型案例、9 节课例被评为特色课例，汉阳区教育局电教馆荣获"突出贡献单位"。

四、发展展望

创新改革的道路不可能一帆风顺，汉阳区虚拟实验教学的探索也经历不少挫折，甚至走过弯路，好在有中央电教馆强大的专业化支撑，我们正在按照实施方案中制定的目标稳步推进汉阳区虚拟实验教学应用实践共同体项目，相信在后续的工作中能不断取得新的成效。大鹏之动，非一羽之轻也；骐骥之速，非一足之力也。虚拟实验教学，国家有要求，学校有需求，技术有条件，汉阳有信心。我们坚信，只要我们审时度势、抓住机遇，迎难而上、坚持不懈，我们就能从现在开始创造未来，把今天的梦想变成明天的现实。

武汉市汉阳区教科中心：初中化学央馆虚拟实验教学应用与模式探索

武汉市汉阳区教科中心　张进

【摘要】 为响应教育部《关于加强和改进中小学实验教学的意见》提出的"创新实验教学方式""促进传统实验教学与现代新兴科技有机融合"的号召，武汉市汉阳区进一步更新教学观念，充分利用技术赋能教学，做好教学中虚实优势互补，探索"政、产、学、研、用"五

位一体的虚拟实验教学应用推进新机制，创新虚拟实验教学应用新模式，提升师生科学探究能力、实践创新能力与信息素养，进一步打造智慧教学研究室，探索并完善 SOLVE 教学模式，开展常态化虚拟实验教学研究，持续、深入推进虚拟实验教学的规模化应用，为虚拟实验教学应用实践共同体发展提供可借鉴的经验和范式。

【关键词】虚拟实验；教学模式；教学策略

一、背景与思路

汉阳区充分发挥教育信息化应用优势，积极推进武汉市智慧教育示范区的建设。2020 年 7 月，汉阳区入选"中央电教馆中小学虚拟实验教学实验区"。2021 年 2 月，"汉阳区虚拟实验教学应用实践共同体"项目获批国家"2020 年度教育信息化教学应用实践共同体项目"。在区教育局电教馆的指导下，依托中央电教馆中小学虚拟实验教学服务系统，探索"政、产、学、研、用"五位一体的虚拟实验教学应用推进新机制，创新虚拟实验教学应用新模式，提升师生的科学探究能力、实践创新能力与信息素养，实现中小学实验教学的提质增效。

作为核心成员单位，汉阳区教科中心秉承"研究、指导、实践、创新"的服务宗旨，坚持"聚焦问题、优化策略、提升素养、提高实效"的基本原则，开展虚拟实验专项教研，以"建、研、教、培"一体化创新教研机制，打造教师队伍，推动学校探索虚拟实验常态化教学策略。

二、举措与实施

（一）建立一支队伍，分享教学智慧

集各校优势成立智慧教学研究室，建立虚拟实验学科中心组，明确学科资源试用牵头人，打通校际之间的壁垒。面对困难，大家集思广益，共同探讨教学思路，解决技术障碍，丰富虚拟实验教学的形式。

（二）制订教研计划，完善工作方案

在校际虚拟实验工作方案的基础上，与学科中心组骨干一起拟定虚拟实验教研工作方案初稿。通过区级研讨日渐完善，形成虚拟实验资源试用分配方案、技能培训计划、案例展示计划、经验交流与反思方案等。

（三）开展技能培训，破解教师痛点

聘请中央电教馆技术团队进行通识培训，学习中央电教馆中小学虚拟实验教学服务系统平台操作、资源应用，掌握 3D 和 VR 虚拟实验的基本操作技能；组织学科技术骨干先行先试，摸索虚拟实验操作难点，定期讲解，破解教师痛点，为深入开展虚拟实验教学应用提供强有力的保障；充分运用资源创编系统，开展课程资源开发，创新实验教学。

（四）实施校区联动，开展常态化教学研究

秉持学科技术骨干先行先试做示范，教研培训与课堂观摩相结合，掀起虚拟实验与学科融合研讨热；秉持教研员单独下校服务基层，助推虚拟实验教学走进每一所学校，调动教师积极参与，丰富学校化学社团活动形式。将实验资源试用、教研展示自主分配到校，区级学科中心组教学骨干主动承担培训任务，学科资源试用牵头人定期进行经验交流与反思，形成初中化学虚拟实验资源实施方案指导意见（如表 4-1 所示），为学校开展常态化虚拟实验教学提供思路。

表 4-1　初中化学虚拟实验常态化教学实施方案

实验类型	使用情况	实施课型
高清	课前自主学习或课中集中观看	校级常规课
3D	师生边讨论教师边演示或学生实验探究后分组验证	校级常规课
VR	学生实验探究后分组验证	区级研讨课或校级社团课
3D 创编	教师创编，学生自主设计并验证	区级研讨课或校级复习课
操作较困难的3D 和 VR	骨干教师摸索并示范	区级优质课或区级示范课

（五）开展课例研究，探索虚拟实验教学模式

结合教学实际，拟定虚拟实验教学四项基本原则：虚实结合、虚实互补、虚拟有度、虚为实用。针对四项基本原则和化学学科特点，拟定教、学、评、实验、技术五位一体的虚拟实验教学评价标准，制订年度虚拟实验专题教研实施方案（如表 4-2 所示）。通过听课、磨课、研讨、反思等活动，深入开展虚拟实验教学的有效性和必要性研究。通过课例研讨相互启发，将化学知识、科学史实、传统文化、生活实际、科技前沿等与虚拟实验进行有效融合，探索并完善 SOLVE 教学模式。

表 4-2　2021 年区级虚拟实验专题教研实施方案

日期	活动内容	地点	参加对象
3 月 17 日	虚拟实验融合课"燃烧与灭火"	第三寄宿中学	九年级化学教师
4 月 28 日	虚拟实验融合课"空气的污染与治理"	翠微中学	九年级化学教师
6 月 23 日	收集九年级虚拟实验使用反馈	晴川初中	九年级化学教师
9 月 8 日	虚拟实验融合课"周围的空气"同课异构	翠微中学三初中	九年级化学教师
9 月 22 日	虚拟实验融合课"氧气的制取"	楚才中学	九年级化学教师
10 月 6 日	虚拟实验融合课"水的净化"	晴川初中	九年级化学教师
10 月 13 日	虚拟实验融合课"水的组成"	第三寄宿中学	九年级化学教师
11 月 20 日	虚拟实验融合课"碳单质的古今之旅"	二桥中学知音校区	九年级化学教师

三、成效与特色

（一）构建 SOLVE 教学模式

SOLVE 教学模式中，S 代表 science（科学），O 代表 operate（操作）或 on（基于），L 代表 life（生活），V 代表 virtual（虚拟），E 代表 experiment（实验）。SOLVE 是解决的意思，秉持做中学的教学理念，将科学、生活和虚拟实验有机融合，强调问题来源于生活实际，基于问题研讨形成不同实验方案，通过虚拟实验探究方案的科学性和可行性，培养学生的实验操作能力和解决问题的思辨能力。

（二）探索 SOLVE 新授课教学策略

1. 创设情境，提出问题

为了引导学生快乐学习，课前创设生动有趣的教学情境很有必要，化学情境可以是一个小实验、一个化学小故事、一个生活问题、一段化学史实或一个新闻事件，从情境凝练问题，激发学生思考，引导学生积极探究化学变化的奥秘，增强学生学习化学的兴趣和学好化学的信心。在"二氧化碳的制取"教学中，闵乔老师创设二氧化碳超市值日的情境，让学生担任值日生，为超市的三位"顾客"——消防员、农业专家、科学家设计完整、优质的实验方案，激发学生成为课堂"主人翁"的意识，增强课堂的趣味性，提升学生探究的动力。

2. 虚拟建构，沉浸体验

虚拟建构既可以在各小组讨论出不同实验方案后，学生借助虚拟实验探究方案的科学性和可行性，沉浸其中，体验实验的成功与失败，培养手脑并用的能力，也可以在教师的启发下设计虚拟实验，并完成，例如，在"二氧化碳的制取"教学中，教师通过动画演示启普发生器的原理，情境启发后，学生使用虚拟实验器材自主构建实验室制取二氧化碳的装置，并在装置探究成功后，继续探究制取二氧化碳的实验步骤。

3. 由虚向实，解决问题

这里的由虚向实的"实"，主要包含以下两方面含义：

一方面是指进行真实实验。虚拟实验呈现给学生的是理想状态下的实验现象和实验结果，而真实实验中往往会有一些"异常现象"的发生，这些"异常现象"更能激发学生的思辨能力。例如，在"碳单质还原氧化铜"的实验教学中，学生可通过 3D 实验或 VR 实验快速熟悉实验所需的仪器和操作步骤及安全注意事项，然后进行实操实验。观察到一开始导管口冒出了气泡，但澄清的石灰水并没有变浑浊的现象，学生进行了一番思辨，悟到导管口开始冒出来的气泡是空气受热膨胀所致；在观察到加热过程中黑色粉末迅速烧红，试管炸裂后，学生可真真切切体验到反应放出大量的热。

另一方面是指真实的问题。虚拟实验和真实实验是学生获得知识、提升能力的方式和途径，最终需要学生去解决实际的问题。例如，"分子的特征"教学中，学生知道氧气可以使带火星的木条复燃，对于"液氧能否使带火星的木条复燃"存在疑问，通过对虚拟实验液氧进行实验验证，就可以顺利解决这个问题。

4. 回归生活，学以致用

在课堂上学生多思多做，在做中学，在知识的形成、相互联系和应用的过程中也就逐步养成了科学、严谨、求实的态度，会在面临和处理与化学有关的社会问题时做出更理智、更科学的思考和判断。

SOLVE 新授课教学策略如图 4-32 所示。

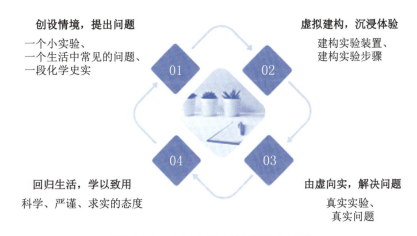

创设情境，提出问题
一个小实验、
一个生活中常见的问题、
一段化学史实

虚拟建构，沉浸体验
建构实验装置、
建构实验步骤

回归生活，学以致用
科学、严谨、求实的态度

由虚向实，解决问题
真实实验、
真实问题

图 4-32　SOLVE 新授课教学策略

（三）探索 SOLVE 复习课教学策略

SOLVE 复习课教学策略基于翻转课堂、抛锚式、做中学的教学理念，对某一单元或主题内容进行完善、整合，将知识结构化，通过类比、应用、迁移发展思维能力。

1. 梳理问题，以学定教

教师在设计教学活动时，应结合自主学习任务单反馈的情况，确定重、难点，并进行针对性的突破解决。例如，在"第六单元复习"教学中，教师通过批阅自主学习任务单，发现学生在碳单质和一氧化碳的还原性方面错误率较高，从而设计该考点为教学重点展开教学。

2. 交流讨论，虚拟验证

结合自主学习任务单的常见错误，学生先进行小组讨论，然后教师引导学生深度挖掘、提出想法，并通过虚拟实验检验真伪。例如，教师提问：碳和一氧化碳还原氧化铜实验有哪些异同点？除了教材实验装置你还有哪些改进意见？学生进行讨论后，进行 3D 或 VR 实验验证。当然，教师课前须进行适当创编，提供尽可能多的实验装置和仪器，以提升学生实验的开放性。

3. 深度学习，内化提升

虚拟验证后，教师应引导学生交流实验的成与败、得与失。当学生对相关知识点和典型问题基本掌握后，教师可趁机将实验过程中暴露的问题作为复习的切入点，实时解决学生的知识漏洞，再以经典例题讲解完成知识结构化，形成解题策略。这一过程还应设置一定量的习题或抢答题，帮助学生进行内化提升。

4. 巩固训练，拓展迁移

在既有知识已有解题方法的前提下，可以考虑一题多变、一题多解，巩固学生的解题能力，培养学生的迁移能力，发展学生的思辨能力和创新能力。建议这一环节采用当堂训练，以学生讲题、师生互辩的形式完善思维结构。

（四）探索虚拟实验有序性、有效性策略

选择代表性课题"二氧化碳的制取"开展四节同课异构大研讨，教师相互贡献才智、长善救失、取长补短，探索虚拟实验有序性、有效性策略，探寻 3D、VR、实操实验的衔接点，探讨 3D、VR 实验的最佳价值点。

1. 3D、VR 实验开展的有序性策略

尽管课前培训了虚拟实验基本技能，但每位学生的空间感不一样，因此领悟的程度也不一样，在面对课堂具体的陌生的虚拟实验时，难免会出现这样或那样的问题。因此，开展此类活动应与传统的实验探究一样，建立小组合作机制，由动手能力强的学生先担任核心操作员，其他学生或提醒或帮扶或记录实验方案的可行性，当该学生会操作了，在小组内交流心得，然后让其他学生进行操作，共同体验成功的快乐。其间，教师应该耐心地巡视、辅导、等待。

2. 虚拟实验融合的有效性策略

一堂课既有实操实验，也有虚拟实验，虚实融合探索的经验是：实操实验简单易行，则实操实验先行，虚拟实验拓展；实操实验难以实现，则虚拟实验先行模拟，实操实验改进拓展。虚拟实验中，每类实验的功能定位在哪里？3D、VR 实验功能定位的经验是：3D 实验分段解剖实验，分析实验原理、选择实验装置、熟悉实验步骤、理解实验目的，再以 VR 实验或分组实操实验建立整体思维观念。

（五）打造一批精品课例，锻造一批教学骨干

带领骨干团队积极参与中央电教馆虚拟实验课堂教学探索，初中化学教师张进、阮芬芬、周桦、闵乔被遴选为中央电化教育馆中小学虚拟实验教学第一批培训师。打造一批精品课例，楚才中学阮芬芬老师"微微一笑很倾城"、第三寄宿中学李斯钰老师"燃烧与灭火"分别被评为 2021 年全国新媒体新技术教学应用典型案例和研讨课例，翠微中学任新林老师"分子和原子"、二桥中学闵乔老师"金刚石、石墨和 C60"、晴川初中陈娟老师"水的组成"、第三寄宿

中学王纯老师"水的净化"在 2021 年度全国"中小学虚拟实验教学应用课例征集活动"中获创新案例奖，翠微中学周桦老师"空气"、楚才中学阮芬芬老师"分子和原子"获典型案例奖，翠微中学张郡文老师"水的净化"获特色案例奖。

四、展望与反思

汉阳区借鉴翻转课堂、HPS 等教学理念，深入实施和推进虚拟实验教学应用项目，探索"政、产、学、研、用"五位一体的虚拟实验教学应用推进新机制，创新虚拟实验教学应用新模式，提升师生的科学探究能力、实践创新能力与信息素养。进一步打造智慧教学研究室，探索并完善 SOLVE 教学模式，展开常态化虚拟实验教学研究，持续、深入推进虚拟实验教学的规模化应用，为虚拟实验教学应用实践共同体发展提供可借鉴的经验和范式。在践行的过程中我们还是会遇到很多问题，如虚拟实验课前培训学生到什么程度？培训过浅，面临上课卡壳的问题；培训过猛，面临"按部就班"的问题，课堂缺乏生机。目前采用问卷调查法解决此类问题，即从实验知识、学科素养和学习体验三大维度评价、分析学生的学习成效，从学习满意度、动机、自我效能感、感知有用性、感知易用性、沉浸感、认知负荷七个维度测量学生的学习体验。虚拟实验实证教研过程中，我们的评价主要还是以问卷的形式呈现，但问卷本身还是带有一定的主观性，因此实现实证环节的评价设计的有效性和科学性任重道远。加强优秀教师的虚拟实验创编能力，培养学生的高阶思维等，也是当前急需解决的问题。

第六节　湖北省荆门市

湖北荆门市级：智慧教育助力区域均衡，城乡学校携手智慧发展

湖北省京山市电化教育馆　王亚波

湖北省京山市教学研究室　夏艳红

【摘要】湖北省京山市已启动建设智慧教育大平台，实现从学校到国家的五级融会贯通；建立在线智慧课堂，开展"联校网教"办学，推动教育均衡发展，缩小城乡数字鸿沟，依托技术保障全市各校开齐、开足、开好国家课程；建立开放式共享学科社区，形成独有资源优势；融合创新，建立多所智慧校园，以数据驱动为学生成长提供个性指导，推动学校优质发展，形成一校一特色。

【关键词】智慧教育均衡；共享汇聚；优质均衡发展；区域智慧互联；在线智慧课堂；"社

区"共建

一、战略背景

近年来，湖北省京山市教育信息化的发展逐步驶入"快车道"，教育局根据《中国教育现代化 2035》《加快推进教育现代化实施方案（2018—2022 年）》和《教育信息化 2.0 行动计划》，先后制定了《京山市教育事业发展"十四五"规划》和《京山市智慧教育项目三年行动计划》，在基本完成"三通两平台"建设的基础上，重点开展教育信息化和智慧校园建设，按"云网端"模式推进建设工作，在满足全体师生基本数字化要求的前提下，大力发展智慧校园试点工作，以提升智慧教育应用能力为目标，以深化精准教学为抓手，以教学成果为导向，以资源共享为手段，努力打造"城乡携手智慧教育、一校一特色"的教育生态，整体提升区域教育信息化水平。

二、主要举措

（一）整体规划，均衡供给优质智慧数字资源

1. 建设一个智慧中枢，整合应用汇聚显优势

以市为单位建设京山市智慧教育大平台，开发教育资源、教学管理、教务管理、校园管理、家校沟通、空中课堂等功能，实现了校—区—市—省—国家五级平台数据汇总、共享、联通，方便教育管理部门及学校对校园管理、教师教学、学生学习等数据的分类、分析、汇总、利用。京山智慧教育平台采取全体师生唯一 ID 登录的方式，实现全市学校管理员、学科教师、班主任、学生、家长及其他等六类用户的身份认证，接入应用都可基于统一账号体系进行认证，通过整合其他众多应用平台，逐步实现智能分析、智慧教学、智慧管理。目前，全市注册用户数 31647 人，注册教师 3659 人，教师资源 20956 件，教学文章 36123 篇。

2. 实现三个基础覆盖，区域智慧互联无障碍

在市教育局的大力推动下，全市所有学校实现了光纤入班全覆盖、教学（学习）应用全覆盖、数字化管理应用全覆盖，为智慧应用完善了基础环境。教学端应用软件教学助手、移动讲台、101PPT、新教学云、阳光课堂等十余种教学资源供全体学校免费选择。各校根据自身需求开展应用，发挥自身能力，做到应用有特色，辅助实际教学有成果。全市农村地区多媒体教学环境、网络硬件环境、空中课堂、教育资源供给均已建成。全市已实现区校、校校互联互通，数据传输共享无障碍。

3. 用好在线智慧课堂，均衡数字资源缩差距

以优质校为中心，建成辐射农村学校的在线智慧课堂。一是完成覆盖全部 29 所农村小学

的在线课堂建设，有主授课教室 24 间和双师模式接收教室 58 间，为城区 5 所小学与农村小学"联校网教"办学模式提供硬件及技术保障。二是制订了详细的应用方案，英语、音乐、美术等学科按照全市统一课表开展网络同步教学，城区校和镇直校采用"一拖二"或"一拖三"全程互动的模式授课，实现师资效益最大化。三是线上线下相结合，网络授课教师按需、按计划下沉到农村学校开展面对面答疑解惑活动，探讨解决线上教学和实地教学的差异问题。四是向全市义务教育学段提供三套全学科优质教学资源，实现课例、微课、课件、习题、试卷等优质资源的共享。全市各校（含农村小学）通过协作教研、网络授课、定期交流等多种手段实现国家课程全部开齐、开足，有效推动了学校优质均衡发展。

（二）数据支撑，优化提升智慧教育教学管理

在加大信息化设备投入的同时，整合区域内所有教育管理系统，将教育管理科学化、规范化。简化教育教学的管理流程，提升管理效率和水平。通过长时间的系统应用，逐步形成区域大数据。在学校海量数据的基础上，建立适合本地的信息分析、展望和预测，使学校管理变得智能、智慧。全市正在加大示范校的硬件投入，开展智慧数据采集应用，利用物联网硬件进行师生教育教学行为的伴随，获取伴随式数据采集，实现科学的教学诊断和评价，实施个性化有效推送和智能化管理。通过数据分析，学生的个性差异和学能优势得到量化，为教育决策提供科学依据，为学生成长提供指导根据，为精准教学提供信息依据，为教师专业成长提供方向依据。

（三）研训并举，多方助力学科资源智慧升级

1. 整校推进智慧应用能力提升研训

为全面提升全体教师信息素养，全市采取了整校推进的混合式研修模式。截至 2022 年 12 月 5 日，教育局已对全市幼儿园、中小学教师开展了人均不少于 60 学时（其中实践应用学时不少于 50%）的智慧教育应用能力提升 2.0 全员培训。构建起以"一校一案，以校为本，立足岗位，边学边用"微能力课程学习为载体的教师信息技术应用能力提升新规划，积极探索"骨干引领，学科联动，教师选学，能力促进，整体提升"的教师信息技术应用能力提升新模式。此项举措遵循"市级负责，整校推进，校长领衔，全员参与，学区先行，示范引领"的流程，鼓励创新，积累经验，分年度、分层次组织实施推进工作，开发形成本地培训资源，引领学校向信息化教学发展。市绀弩小学通过搭建智慧平台，依托大数据，对教师的基本功、信息素养提升等环节进行智能化管理，助力了教师的专业成长与发展，取得了良好的效果，有效地提高了教师的教育教学能力。

2. 实行试点先行共享智慧经验

市教育局鼓励城区学校先试先行，各试点校根据自身特点开展项目式智慧教研，以一点带

多点的模式逐步实现智慧教研全覆盖。教育主管部门以评促研，以奖代补，加快智慧教育推进工作。除了在常规考试科目发挥智慧教育平台的收集、处理、分析、推送的功能外，教育主管部门还积极探索智慧教育平台在其他领域的作用。如在生态德育上，全市连续4年在京山小学等学校开展基于大数据分析下的"观鸟爱鸟"成果展示，在平台上吸引了来自全国的40多个团体，线下线上数千人参与，不但吸引了国内外爱鸟、护鸟人士的关注，还建立了大量的优质"生态"鸟类数字资源。

3. 脚踏实地共建"社区"解难题

针对所购买的教育资源存在"水土不服"的痛点，京山智慧教育云平台建立开放社区，给对应的学科教师和工作人员共享资源。京山智慧教育云平台截至目前已经开放共享了10个学科社区，每个社区均设立2至3名管理员，全市优秀学科教师全部参与资源建设，采取专业知识老带新、学科理念新带老、资源制作集体合作的方式来完成，形成了深受本地教师喜爱且接地气的专业资源。其中，"京山心育社区""京山市小学道德与法治学科社区""'科学精神'课题研究社区"最具成效。这三个社区均由教研员或课题负责人主导，由学科教师或课题组成员原创共建，具有地方特色，形成了三个高质量的学科资源库，提供了上千条专业资源，吸引了数万人访问，填补了全市部分学科无数字资源的空白，形成了独有的资源优势。

（四）融合创新，推动智慧学校个性发展

1. 校企联合育人

京山市教育局鼓励学校根据自身实际选择优势项目，走出去、引进来，积极与相关企业采用多种方式开展智慧示范校的合作建设，努力实现学生、学校、企业"三赢"效果。由企业为学校提供门禁、安防、考勤、图书借阅、学生行为分析等系统，给予硬件和技术支持，学校作为执行者挖掘、整合、应用各种资源，形成实效。此举措在坚持优势互补、资源共享、互惠互赢的原则上实施，充分利用企业的技术和人才优势，在教育主管部门的监管下开展校企合作，杜绝违规行为。学校摒弃大而全的建设模式，发挥优势力量，把智慧校园应用做到有特色、有看点、有成果。

2. 区域协作交流

一是建立应用推进机制，将创建智慧校园纳入绩效评估工作中，以评促建，积极引导学校开展实践应用。二是启动智慧教学项目研究交流活动，组织10所实验学校围绕教学组织形式、教师授课方式、学生学习方式、课堂评价方式、教学互动方式、效果评估方式等项目开展评比，聚焦信息化条件下教育教学方式的转变。如京山小学在生态德育课程的建立、评价、分析、传播方面开展了实践应用，取得了良好的社会效益；绀弩小学在利用智慧平台促进教师专业发展、学习中发挥了巨大作用。三是建立专项扶持资金发展机制，形成长效的资金保障，出

台奖惩制度，促进学校实现智慧教育高质量应用、融合。

三、发展规划

目前，本市智慧教育已取得了一些特色成果。如建立了智慧在线课堂，通过技术手段缩小了区域内学校的数字鸿沟，整合了教育管理系统，通过智慧硬件获取了有效数据，整体上提升了教育资源供给服务能力。但在智慧教育的建设上，本市还存在整体应用水平低、难实现因材施教、难满足个性化需求等方面的不足。在今后的建设工作中要进一步按照《教育信息化 2.0 行动计划》指定的方向开展以下工作：

一是优化资源配置结构，为农村地区提供高质量的教学资源，进一步均衡全市区域内的智慧教育资源供给。

二是探索智慧教育环境下的教学模式改进，鼓励试点校结合实际情况探索课堂教学改革，尝试翻转课堂、项目式学习、创客教育、STEAM 教育等新型教学模式。

三是实施数据驱动评估实践活动，从区域层面、主体层面、安全层面、效果层面推进数据驱动下的学校现代化治理实践工作。

四是设计学校治理绩效评估体系，引入第三方专业评估机构对学校治理绩效进行考核评价，保证评估的客观性、公正性。

湖北荆门学校：智慧教育理念支撑下的项目式学习实践路径

湖北省荆门市实验小学　熊满琳

【摘要】学校从校本课程研发角度出发，以智慧教育理念为支撑，让师生借助现代网络技术，利用云平台开展教研活动和项目式学习活动，让学生主动乐学，健康成长。本文以学校近两年开展的"自然与生命""荆楚文化""银杏主题文化周"三个项目式学习校本课程为例，从课程实施的过程、教育信息化环境等方面进行阐述，展现智慧教育理念在我校教育教学工作中的应用，"双减"背景下我校进行的学生课后实践活动的探索，以及我校对线上线下教学融合的思考。

【关键词】智慧教育；项目式学习；协作；开放；共享

一、背景与思路

智慧教育理念的不断发展和完善，以及教育信息化的推进带来了传统教育形式和学习方式的重大变革，对传统的教育思想观念、模式、内容和方法产生了巨大冲击。深入推进教育信息化，对于转变教育思想观念、深化教育改革、提高教育质量和效益、培养创新人才具有深远意义，是实现教育跨越式发展的必然选择。

2020 年，网络教学迅速普及，印证了教育信息化的必要性和必然趋势。2021 年，"双减"政策的出台让众多线下学科教培机构和线上教辅平台纷纷进行调整和转型，同时也对学校教育提出了更高的要求，实践性、探究性课程成为推动学生个性化发展的重要渠道。智慧教育的普及是大势所趋，但过度的信息化却是对教育规律的背弃，在"普及"与"泛滥"之间需要有一个区间加以协调与平衡。加之，线上学习已成为一种常态化的学习方式，因此，线上线下的教学需要用一种形式进行转换与融合。

为此，学校不应再为学生呈现传统单一的学习模式，而应该营造一种新的学习体验环境。在信息大爆炸时代，学校和教师要做的，不仅仅是将知识传授给学生，而是把世界呈现在学生面前，让学生自己去认知、去探索、去研究，在做中学习，在合作中学习，在体验中成长。基于这一理念，我们选择用项目式学习的途径发展学生的核心素养。项目式学习（Problem based learning 或者 Project based learning，简称 PBL）注重帮助学习者解决真实世界中复杂的、非常规的且具有挑战性的问题，培养学习者沟通合作、批判创新的高阶认知能力和工作方式，对课程改革产生了极大的影响，已成为传统课堂教学的重要补充。

二、主要举措

（一）线上协作，汇聚团队智慧

本校项目式课程的开发源于 2020 年，学校决定依托环境，结合真实情境开展"自然与生命"主题项目式学习，让学生自己去研究大自然的秘密、衣食住行与生存环境、人类抗击灾难的历史等子课题，让学生"知其未知"，重新认识我们赖以生存的地球，学会筛选、辨别信息，消除对疫情的恐惧。

学校课程开发团队的教师采取线上协作的方式进行项目式学习的研讨工作，通过腾讯会议讨论选题，借助 WPS 共享文档完善细节设计。后几期项目式学习的主题和设计也是用这种方式完成的，一是因为各科教师教学时间不一致，很难找到大家都有空当的时间开会；二是因为即使面对面坐着讨论，也不一定能立刻产生最完美的细节设计，所以教师的讨论是随时通过线上进行的。课间十分钟，一场小型视频会议足以突破一个设计难点；下班后的一个灵感，可以及时填补到共享文档中。

不囿于时间和空间的限制，团队的智慧得以最大限度地汇聚。

（二）灵活交互，满足探究需求

项目式学习的课程核心是问题驱动，有问题就需要有解决问题的渠道，这个过程就产生了交互，不同阶段的学生对交互的需求不同。以"银杏主题文化周"项目式学习为例，该主题项目式学习聚焦的核心问题为：如何发掘银杏的"生活之趣""艺术之美"和"科学之道"？

低年级学生学习的交互主要发生在师生之间，以即时互动的形式进行。低年级的"银杏之趣"主题对学生来说，就是比赛"玩银杏"，学生思考着：可不可以让银杏变成绘画材料呢？还有没有更有趣的玩法呢？能不能在室外玩银杏呢？面对这一连串的问题，教师通过学习平台推送精彩视频，通过课堂教学现场示范，启发学生自主探究，在探究过程中不断完善解决问题的方案。于是学生在银杏叶上涂鸦，用银杏叶拼图，将银杏叶变成手镯、项链，挂在手腕上、脖子上，开启了一场场时尚秀。在教师的引导和示范下，学生脑洞大开，甚至自己设计道具、制定游戏规则，比如把银杏叶放在胸前跑步，谁胸前的银杏叶不掉下来，就证明谁跑得快……在不知不觉中，学生综合运用了多门学科知识和能力。

中年级学生的交互对象以学习伙伴为主。中年级学生探寻银杏之美，是经历追寻银杏前世今生的过程：古诗文里有没有银杏的痕迹？美术作品中能找到银杏的图案吗？这些问题难以在课堂上立即解决，学生以班级学习小组为载体，制订研究方案和计划，或实地走访采集标本，或网上查找整理资料，或用 Word 文档、修图软件、视频剪辑软件等记录学习收获，或利用互动课件工具、PPT 展示、交流学习成果。银杏的名字、外形、姿态以及品格上的典雅高贵，是学生运用信息技术手段探究获得的真切感受。

高年级学生的交互需求更为多样化。对高年级学生来说，关于银杏的衍生问题更多、更复杂：作为最古老的树种，银杏有什么奥秘吗？银杏的长寿与它的成分有关吗？银杏有哪些药用价值？想把银杏果保存下来，该怎么做？没有银杏的地方可以怎样种植银杏？这些问题很难靠学生自主解决，甚至很难靠某一位、某一科教师来解决，学习导师群因此而产生。这里的"导师"不仅仅是学校的教师、学生，还包括家长和校外资源。学生将探究过程中需要解决的问题发布在公开的学习平台和学习群中，导师浏览问题，选取自己擅长的领域进行指导：各学科教师为学生提供学科知识支撑、研究方法指导和研究路径引领；同伴互助开展合作探究、深度学习；家委会为学生提供指导、帮助、支持和鼓励；学校邀请的相关专业人士对学生进行深入指导……导师群采用发送资源包、视频连线交流、线下一对一指导等方式，关注学生技能的养成、科学态度的培养及创新精神的塑造，引导学生经历创造性解决问题的完整过程，通过过程性评价、形成性评价，便于学习者在探究的过程中进行反思，并修正学习方向或改进作品，最终让学生成为有获得感的人。

信息化、网络化是智慧教育的表象，有效的交互是智慧教育最终要实现的目标。

（三）开放共享，丰富课程资源

在智慧教育理念下，学校的项目式学习将学习过程公开，实现资源共享。

在"荆楚文化"主题项目式学习中，一名学生用文字介绍了湖北各地市的面积、人口等基本信息，并发布到学习平台；另一名学生在此基础上画出表格形式的基本情况介绍，更多学生受到启发，纷纷用 PPT 等软件设计出条形统计图、扇形统计图等，并增加了矿产资源、特色美食、车牌代号等内容，还采用了"主播说荆楚"等视频方式来呈现各地市基本情况。学习过程的对外开放，让学生可以实时调整，让学习过程本身成为课程资源。

在"银杏主题文化周"项目式学习过程中，四年级学生探究"一亿有多重"这个问题，学生将课前以小组合作方式进行的探究活动录制成视频，记录采集银杏树叶、称出 10 片和 100 片树叶的重量、估算一亿片树叶重量的过程，并在课堂上进行展示，讲解探究思路。这实际上是"翻转课堂"模式的灵活运用，也为后续的学习者提供了学习资源。

以智慧教育理念促进智慧学习，让学生获得最大限度的成长。

三、成效与特色

学校智慧教育理念支撑下的项目式学习注重把握自然学习与信息技术融合的"度"。我们依托学生生活的真实情境或所处的自然环境，创设真实的学习情境，结合"双减"背景，让学生的课外时间更自由、实践活动更丰富。学生在研究自然和社会生活的过程中，需要借助一些信息技术手段来探究自然、表现生活、拓宽学习途径，反过来，这些手段又能提升学生对生活的感悟。整个学习过程自然、自主地发生，不刻意引入技术，也不人为脱离自然和生活环境，遵循学生学习的规律，注重探究过程的价值。

项目式学习依据选题内容，可以灵活切换多种学习方式和场景：个人独立思考、同伴互助合作，线下实地考察、线上交流研讨，家庭指导整理、校外资源补充、学校展示汇报……学生的学习阶段和过程可以调控，学习方式依据需要可及时调整。学生在实践与探索中获得知识，习得技能，形成积极的人生态度。

在智慧教育理念的支撑下，学校采用项目式学习培养学生的计划、合作、探究、交流等关键能力，积极构建"超越知识，唤醒兴趣，走向智慧，激发创造，健全人格"的理想育人模式。学校综合运用多种信息技术手段，培养学生实事求是的科学态度，使学生拥有审美、学会相处、积极求知、懂得应用，成为一个幸福的公民。在智慧教育的建设中，学校通过坚持"四本"策略（回归本真、回到本位、遵循本质、形成本色），形成有人性、有温度、有故事、有美感的"四有"特色。

第七节　上海市闵行区

上海市闵行区：闵行区智慧教育发展报告

上海市闵行区教育局　何美龙　张中涛　康永平

【摘要】 在教育部和市教委的指导下，上海市闵行区政府制定并实施了《闵行区创建"全国智慧教育示范区"实施方案》，整体部署区域推进大规模因材施教的"1258工程"，全面启动"智慧教育示范区"创建工作。"1258工程"中的"1"指打造1个垂直服务的教育云平台；"2"指依托智能教学和智能学伴2种应用助手开展个性化教学；"5"指面向学生、家长、教师、管理者和市民5类用户提供精准服务；"8"指聚焦课堂教学、适应性学习、课程选择、校园活动、社团参与、社会实践、家校互动、学科实验8项业务场景。

【关键词】 智慧教育；云平台；数据驱动；大规模；因材施教

一、背景与思路

自智慧教育示范区创建工作会议召开以来，闵行区围绕"数据驱动的大规模因材施教"的目标，坚持"五育"并举，建立适应区域整体推进的教育云服务平台，构建支持个性化教与学的智慧学习环境，探索个性化和差异化教与学，摸索产、学、研、用协同创新的区域教育信息化公共服务体系，为促进师生全面而有个性地发展，促进闵行教育更加公平、更高质量稳步发展进行了有效探索。区域顺利通过了教育部专家组对闵行智慧教育示范区创建工作的年度评估，根据专家的指导意见，结合上海市城市数字化转型发展的实际需求，完善并制定了本年度的建设工作目标，全面开展区级创建工作。

二、主要举措

（一）持续推进区域教育云平台建设，为智慧教育区提供数据基础

依据闵行区智慧教育云平台"统一接入、统一认证、统一平台、统一数据、统一防护、一网通办"的建设目标，通过构建"数据中台＋业务中台＋AI能力中台＋开放协同平台"的"三中台一平台"模式，完成了闵行区教育专属混合云的建设，形成闵行区教育公共服务统一入口，通过上云改造，推动区域教育应用系统的云网融合，初步构建教育公共服务平台。截至目前，云平台已基本完成了主体功能的建设和全区基础数据的治理与汇聚，有序遴选和推进了全区主要教育信息化应用上云管理，理顺了数据应用和管理的机制流程，提高了数据应用和服务能力。（如图4-33所示）

图 4-33　闵行智慧教育云平台

1. 完善统一身份认证

目前，云平台已实现了和学校网站群、随申办市民云、上海市教委等多个应用及平台的统一身份认证对接工作，实现了学校数据、区级数据、市级数据不同身份在全区教育系统内认证的统一，提升了各应用的集约化管理能力。

2. 推进数据治理和汇聚

目前，云平台已对接了共 43 个业务系统（业务库），累计接入数据 8.35 亿条，结构化数据总量达 301G，非结构化数据达 5T。（如图 4-34 所示）

3. 更新数据交换服务

目前，云平台已对外提供了 42 个业务数据接口服务，为闵行区图书馆管理系统、闵行区

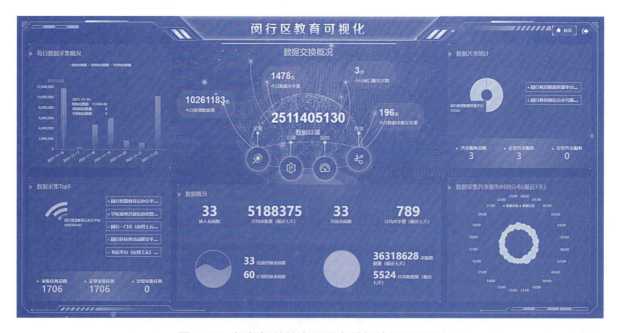

图 4-34　闵行智慧教育云平台数据治理和汇聚

学生个人成长空间、闵行区学生校外教育一门式服务平台等全区教育业务提供数据支撑。

4. 探索应用上云

2021年，闵行区启动了教育业务应用上云工作。目前，已完成了第一批6个教育管理及应用类的应用上云工作，这些应用包括信息发布系统、图书馆管理系统、校园网站集群管理系统、工会闵教之家、活动中心一门式系统、教育公共服务平台，形成应用上云的技术和业务规范与标准。（如图4-35所示）

图4-35　教育业务应用上云

（二）积极推进数据驱动的因材施教，促进教与学变革

闵行区教育学院按照教育局"1258工程"的整体规划，依托个性化学习、差异化教学、智能化服务、精细化管理四大项目，在上海市强力推进教育数字化转型的背景下，牢牢抓住"机制、人、平台、数据、模式"五大要素，初步探索了数据驱动的教学变革之路。

1. 顶层架构，区校协同——智慧教育项目化推进

创建区域项目推进图谱。区域科研中心协同技术中心，创建区域项目推进研究图谱，发挥区域统筹引领及辐射作用，规范学校研究方向，保证区域项目推进的科学性和有效性。第一年，闵行区共有103所中小幼申报了143个区级研究项目；43所中小幼申报了43个校级研究项目。在2021年第二届"数据驱动大规模因材施教"项目申报中，共有68所中小幼申报了191项研究项目，其中141项区级项目立项，47项校级项目立项。（如图4-36所示）

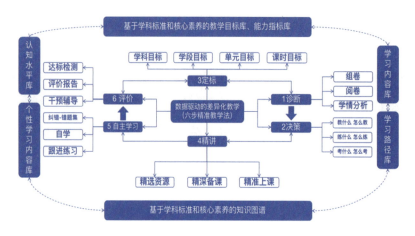

图 4-36 数据驱动的差异化教学模型

构建区域项目推进联络网。设立校际群组 CIO，在区域层面设置区校项目联络员，协调督促学校开展项目研究、项目推进，并协调区域教研、科研、德研、教师发展等业务专员开展项目专项研究和推进，形成专人联络、协同推进的项目研究、实施共同体。

实施区域项目规范化管理。闵行区经历多轮项目实施方案的迭代，最终形成了项目例会制度、项目简报制度、项目调研机制、项目培训制度、项目骨干引领机制、专家指导制度、项目第三方验收制度、项目评优机制、智慧教育项目专项管理制度等，实现了项目的长效发展。

2. 以人为本，智能服务——智慧教育生态化创建

智慧教育创建虽然注重"全方位赋能""整体性转变""革命性重塑"，但核心与关键在人。闵行区在创建活动的各要素推进过程中，始终坚持以人为本：在教师方面，借助教师大数据为教师专业发展提供诊断服务；在学生方面，借助智能作业平台为学生提供适性成长服务。

构建教师专业发展支持、数字化业务支持系统。借助大数据帮助教师了解自己，为教师专业发展提供诊断服务；借助大数据帮助教师了解学生，为教师教学改进提供数字化业务支持。已搭建六大教育教学应用与管理系统，具体包括：云录播课堂评价系统（56923 节课）、研修及科研管理系统（教科研）、闵智学堂在线课程系统（3883 节课）、学业质量评价系统（评价）、个性化学习智能服务系统（数字化教学五环节）、教师专业成长电子档案（专业发展19685 名教师）。

构建学生学习支持环境。借助数智教学系统、智能作业系统，为学生提供适性成长服务。建立学生个性化评估模型，精准评估学生知识状态空间，对学生的个性成长精准诊断，确定学生的知识薄弱点和学习路径，并推荐与学生学习能力相匹配的学习资源，保障学生的个性化成长。

3. 数据驱动，因材施教——基于人工智能教与学数据分析

探索出以作业为焦点，驱动教学各环节的教学改进路径。闵行区借助一起作业平台，基于人工智能教与学多渠道的作业数据采集，助力差异化教学，实施数据驱动的精准教研。

构建智能作业系统。主要包括基础作业库、作业平台、数据分析报告、教研支撑，以及基于这些服务的人员支撑服务。在作业管理平台中融入智能技术，实现作业自动批阅，支持口语智能测评等，减轻教师负担。（如图 4-37 所示）

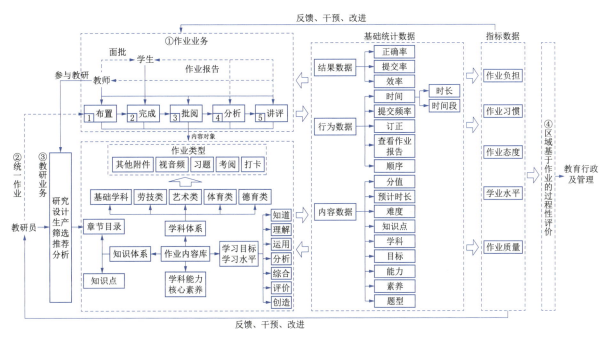

图 4-37　智能作业系统

实现多路径智能作业数据采集。在智能作业平台中，基于系统布置的作业可以采集作业系统中的学生作业时间、作业行为、作业质量等详细数据。在"五项管理""作业十条""双减"等政策背景下，闵行区充分挖掘技术潜力，在移动终端作业数据采集的基础上，开发了纸质作业扫描仪数据采集、点阵数码笔作业数据采集等方式，丰富了作业数据采集形式，满足了作业数据采集需求。

助力基于高阶思维挖掘的差异化教学。基于平台数据采集、挖掘在智能作业中体现的学生学习品质数据，如参与度、坚持度、专注度、学术挑战度、反思度、作业时间等数据，形成学生画像。对学生的学业水平和增值评价结果进行分析，利用聚类分析模型，实现学生的分类，并利用其指导课堂分层教学。在数据探索成熟的基础上，实现对智能作业平台功能的升级与改进。

实施数据驱动的精准教研。基于智能作业数据，在小学开展基于作业数据的主题综合教研活动，在高中开展数据驱动的联合教研活动。在小学首先开展区域节点式作业，通过对节点式作业数据的分析，发现教研和教学中的问题，然后开展针对性的教研活动，改进相关问题后，再次开展节点式作业，检验问题解决的成效，不断循环往复，实现数据驱动的精准教研和数据驱动的教研改进。在高中六所薄弱学校，由全体教研员深度参与，基于作业数据，开展六所薄弱高中的联合教研活动，基于数据分析，精准诊断学校教学存在的问题，提高六所学校的教研水平，实现数据驱动的精准教研。（如图 4-38 所示）

图 4-38 精准教研

三、成效与展望

（一）借助一网通办推动教育治理现代化

一是承担市政府、市教委试点工作。已建立区域基础教育公共企事业单位信息公开制度，制订标准化目录，构建集约化平台，积累了大量信息数据资源。二是率先推出全市首个区级教育公共服务场景应用。已有 10 个公共服务项目在"随申办"闵行区旗舰店上线，上线两个月，浏览量突破 35 万人次。三是"新教师入职"一件事推进方案已制订并上报区"一网通办"推进办。以"不见面"形式办理各类审批件，行政审批网办率及全程网办率均位列全区前列，"好办"事项基本得到区审改办、行政服务中心的认可与批准。四是作为全市唯一一家承担市政府市民个人主页政策精准推送试点任务的区级单位，区教育局于 2021 年 6 月在"一网通办""随申办"应用两端向指定人群进行了首次教育政策精准推送的尝试，验证了基于大数据算法的双向匹配、政策消息精准推送的可行性。（如图 4-39 所示）

图 4-39 一网通办

（二）推进以八大应用场景为基点的信息化标杆校建设

蔷薇小学、华东理工大学附属闵行科技高级中学、民办华二初级中学、西南工程学校 4 所上海市第一、二批教育信息化应用标杆培育校立足各校特色，通过工作研讨、交流学习、外出观摩等方式稳步开展各项应用场景探索。（如图 4-40 所示）

蔷薇小学通过健康感知、智能照明、安全识别、教学行为识别等打造开放学习空间，改善课程环境，丰富师生的个性化感知体验，使校园处处可感知，提供了更便捷的个性化服务。（如图 4-41 所示）

华理科高坚持技术赋能，调整和优化全媒体、全场景、全学科、全流程的智能教学，在课程建设与实施、课堂学习环境、教与学方式转变、虚拟分层教学等方面丰富教学形态，为学生提供智能的学习与探索服务。

华二初中立足数据驱动的集团化办学，尝试一校多区多学段的数据互融互通，打造学校智慧管理平台，同时承担市学生画像项目研究，构建"五育"并举的学生画像系统。

西南工程重点建设"虚实融合的学习场"支撑体系和核心应用，创建云学堂、资源超市、虚拟仿真实训室，探索虚实结合的实训教学新路径。

图 4-40　联合八大场景探索学校治理现代化

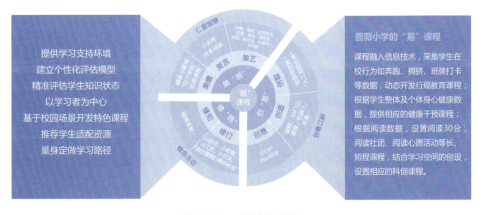

图 4-41　个性化学习

同时，莘城学校、田园外语实验小学、爱博果果幼儿园 3 所学校入选第三批上海市教育信息化应用标杆培育校建设，这批学校正同步进行学校的三年工作方案优化和改进设计。

（三）深化数据应用，完善三级四类办学绩效评估工作

闵行区办学绩效涵盖全区公办民办中小学、公办幼儿园共 218 所学校。闵行区以"指标导引、数据实证、系统整合、机制优化"为核心，不断完善"四维一体"的教育数字化评价系统。不断深入学校，通过细致解读绩效评价方案与指标，促进学校进一步理解评价原则、评价流程和指标内涵；通过解读数据和互动交流，帮助学校精准把握学校办学情况；通过反馈学校数据薄弱点、困惑点，指导学校改进后续工作，进一步激发学校的办学活力。

下一步，闵行区一是做好智慧教育云平台项目的后期建设。充分调研并制订下一年度的工作方案，力争通过更多的应用上云，拉动教育数据的互融互通，充分发挥云平台数据的枢纽作用，持续推进数据服务在教育系统的"内循环"和与其他单位的"外循环"，完善资源共建共享机制，为智慧教育提供坚实的基础服务。

二是进一步促进信息技术与教育教学深度融合。持续加强数字校园建设，持续推进上海市教育信息化应用标杆培育校和教育部网络学习空间应用普及活动优秀校的创建。推进学校信息化应用实践，在数据驱动大规模因材施教方面发挥特色学校的典型引领和示范带头作用，培养更多的典型案例。

三是深化教育治理现代化工作。以基础教育信息公开试点工作为契机，从优化公开清单、建立跟踪机制、制订量化考核方案三个方面进一步完善。政务服务持续上线，在"随申办"闵行旗舰店上架教师政务服务包，涵盖教职工法律援助、心理援助、主题活动报名、教工福利、困难帮扶等政务服务。深化"不见面"审批和服务，让"全程网办"走在全市教育系统前列，推进和优化"好办""快办"事项。扩大基础数据范围，优化算法模型，提升教育政策和政务服务精准推送、精准匹配能力。

上海市闵行区：技术赋能，大规模实施智慧精准教学的闵行实践

上海市闵行区教育学院　朱靖　龚耀昌　朱林辉

【摘要】 为推进"数据驱动的大规模因材施教"，区域以智慧精准教学为切入点，整体架构"三层五环"精准教学业务平台，基于 RTI 模型建立精准教学服务系统。以数据驱动和可视化为创新动力，全面开展大规模精准教学实践。产、学、研、训协同，形成区域智慧精准教学运行机制。创新智慧教学模式，以"精准诊断—精准教学—精准决策—精准干预"的全场景教学链促使大规模因材施教在课堂教学中落地生根。

【关键词】技术赋能；精准教学；服务系统

2019年，上海市闵行区成功申报为"全国智慧教育示范区"首批创建区，全面实施"数据驱动的大规模因材施教"，促进信息技术与教育教学深度融合。2023年，闵行区虽然成功通过教育部"全国智慧教育示范区"创建项目年度评估，但持续、深入推进大规模因材施教仍面临如下挑战：第一，在前期实践中，虽然已经明确建立起"学情诊断—数据挖掘—教学决策—干预改进"的个性化教学链，这是实施因材施教的关键，但是没有建立适合区域整体教学推进的技术、方法和路径；第二，在教育信息化推进过程中，已有的教学应用和管理平台积累了海量数据，但各平台数据间存在壁垒，数据建模、深入挖掘、数据可视化及精准推送的服务机制并没有建立，将数据转化为有效教学决策信息的技术欠缺，导致个性化教学点状分布，无法达到智能化与规模化程度；第三，全区400多所学校的教育信息化发展程度不均衡，在信息化环境建设、平台资源运用、教育信息素养等方面差异显著，与对全区学生实施大规模因材施教的目标有较大差距。为解决以上问题，区域整体架构精准教学的技术资源平台，建立教学评估分析系统，以教、研、训一体化协同，建构智能精准教学的公共服务系统，促使大规模因材施教在课堂教学中落地生根。

一、技术赋能，建构支持精准教学的平台系统

（一）搭建"三层五环"精准教学业务平台

为持续推进大规模因材施教，区域以"个性化学习、差异化教学、精准化教研、智能化服务"为实施路径，从"平台—技术—应用"三个层级，贯穿"备课—上课—作业—辅导—评价"五个教学环节，整体设计并建构"三层五环"精准教学支持系统。在技术层，以闵智作业、数智教学、教学资源平台、教师专业发展平台等为支撑，运用数据分析、挖掘技术，为精准教学提供平台技术支持和数据分析服务支持。在方法层，围绕数据分析出来的学习者特征及潜能，建构精准教学的反馈、决策和改进策略与机制，并指向实践应用。在应用层，立足教学五个环节，将教与学的全过程评估数据应用于精准备课、精准授课、精益辅导及精细评价中。（如图4-42所示）

（二）建立基于RTI模型的精准教学服务系统

RTI模型（Response to Intervention）是通过连续评估学生学业及行为表现指导教学的一种系统化的三级模型，包括针对全体教学一级干预，针对特定群体学生的二级干预，针对还有困难学生的三级干预，其具有风险预防、循证实践和系统改变三大核心理念。[①] 在人工智能和大

---

① 刘宇洁，韦小满. 干预—反应（RTI）模型：美国教育政策理念架构的新趋势［J］. 比较教育研究，2012，34（11）：86-90.

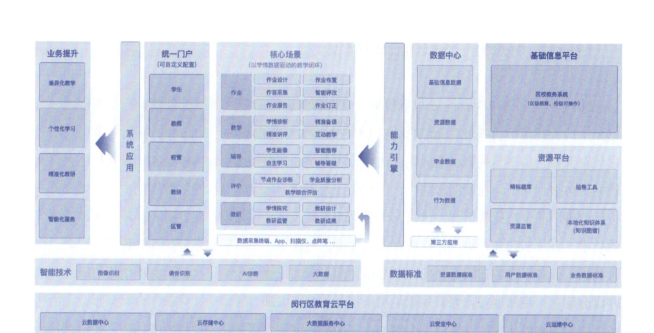

图 4-42　区域精准教学业务平台系统

数据时代，要实施 RTI 模型精准教学，其核心要做到：第一，建议平台不断收集数据并评价学生学业表现，便于为教学改进提供决策信息；第二，探索和建构问题解决的资源、系统、程序和方法，在多层服务系统中辨别问题、提供改进意见、评估改进效果；第三，基于证据不断促进教学改进。

基于 RTI 模型，区域建立了支持大规模因材施教的精准教学服务系统，主要包括：

1. 多模态资源生成系统

不断转入国家、市级、区域、校级等优质的教育平台资源，形成多模态的精准教学资源生成、流转、应用机制。以教研组为中心，分工合作，迭代升级，形成校本化的分类分层、因材施教的教学资源体系。（如图 4-43 所示）

2. 精准课堂系统

以"目标精准、问题精准和反馈精准"为切入口，从导学案和课前作业反馈中定位学生预习中遇到的问题，设计教学目标。以课堂记录数据反映学生的真实问题，通过有效的教学决策和即时反馈，在课堂中与学生进行有效互动。

3. 闵智作业系统

以作业场景数字化作为学习评估的切入口，整体架构闵智作业平台。目前，平台已经包括作业设计、作业布置、作业改评等功能。通过伴随式采集教育教学数据，建构教学分析、个性化辅导、教学评估的实践模型，实现数据赋能的教学评一体化系统变革。

4. 测试评估系统

通过学业测试评价，掌握学生阶段性的学业情况。其功能涵盖出题组卷、日常测验、测评

图 4-43　基于 RTI 模型的精准教学服务系统

阅卷及测评报告，便于及时了解不同学生的学情。

5. 反馈指导系统

以课堂、作业和测试数据为依据，生成学生学情洞察报告，呈现不同群组学生学业报告，包括课堂共性问题和个性问题，为分层指导及个别化指导提供决策依据。

6. 教师研修系统

围绕精准教学的要求，实施系列举措，提升教师实施精准教学的能力，包括开展教师精准教学教研活动、教学评比设计活动及优秀案例评选活动等。其优秀成果又将生成精准教学的教育资源。

二、深度融合，运用闵智平台开展精准教学实践

（一）学情数据采集分析助力精准定位问题

闵智平台支持导学案和作业设计、布置、批改和讲评，通过收集学生课前预习情况数据、课后作业数据、阶段性测试数据，深入分析挖掘学生学情数据，提供学生学科素养导向的三维学情画像（如图 4-44 所示），例如，通过某班级学生的练习数据，了解到班级学生在数学"应用意识"方面有所欠缺，教师可以针对性加强"应用意识"的教学。通过学生做题过程的轨迹采集，包括作业用时和笔画数分析，分析学生在学习中是否存在审题不清、态度不端、无法可循、错题偏题等问题（如图 4-45 所示），教师可以有针对性地从学习态度、学习方法、学习认

图 4-44　学生学科素养导向的三维学情画像

共性问题的典型错因汇总

· 依据学生作答行为（思考时间、笔画数等），分析本阶段每道共性问题上的错误原因，发现最常见的典型错因是：思考良久，最终还是走错路。

		思考审题时间	
	低	中	高
低	无从下手，很快放弃 (61.9%)	小试牛刀 (47.6%)	心有余力不足 (19.0%)
中	急下笔，欠掌握 (47.6%)	非典型人群	使劲想，欠掌握 (71.4%)
高	急下笔，走错路 (23.8%)	有思考，但还是走错路 (71.4%)	思考良久，最终还是走错路 (85.7%)

（思维输出（笔画数）：低、中、高）

图 4-45　学生学习问题的原因分析

知等方面采取措施。通过基于数据挖掘技术形成的班级数据看板，教师能够精准定位学生学情，设计教学目标，决定教学策略，实现以学定教。

（二）以智慧纸笔支持精准教学互动与反馈

区域引进智慧纸笔，系统适配手机、电脑、扫描仪等多种终端，不改变学生纸笔作答习惯，以高精度摄像头捕捉、采集学生的书写轨迹，实现学生思维过程可视化及数据采集无痕化。在课堂上，智慧纸笔快速收集到学生针对知识点的练习、作答情况，系统自动统计全班学生的参与率、正确率、错误率及详细的选项情况，及时展示在电子屏上。同时回放笔迹还原作答过程，针对性分析优秀作答和典型错误，让学生充分讨论、深入探究，提升解题思路，改进解题方法。智慧纸笔帮助教师迅速了解全班学生的知识掌握程度和薄弱点，发现知识点理解不足的学生，便于教师精准决策、互动反馈并及时调整教学。（如图 4-46、4-47 所示）

（三）以闵智平台支持区域精准教学改进

根据 RTI 教学改进模型，闵智平台已经围绕精准教学改进需求建立了问题解决系统，包括：第一，教师根据课程标准实施整体教学，平台伴随性收集评价学情，提供学情洞察看板，找出共性问题（如图 4-48 所示）和风险学生；第二，将教学问题按照主题建立资源数据库，

图 4-46　智慧纸笔运行与数据采集方式

图 4-47　学生课堂作答情况数据分析

图 4-48　学生共性问题数据分析挖掘

应用闵智教育平台和教研系统，开发作业资源、授课资源、随堂练习、互动答题工具四大模块，形成跨校的资源分享和交流，为区域整体精准教学提供资源，如分层作业资源；第三，助力教师围绕精准教学开展协作，通过建立区域和学校教研机制，教师可共同研究精准教学，协同分析学生情况，给予个别化指导和差异化教学干预。（如图 4-49 所示）

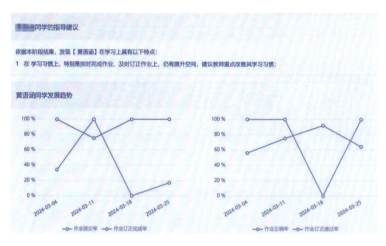

图 4-49　学生个性问题差异化指导建议

（四）数据可视化助力精准教学决策管理

通过对精准教学数据的分析、挖掘，目前，区域已经针对不同人群开发了精准教学三类数据报告，包括教师学情洞察报告、学校教研组长报告及学校校长报告。其中教师学情洞察报告主要包括班级学情洞察（如图 4-50 所示），学生每日、每周、每月的学业问题及教学干预后的

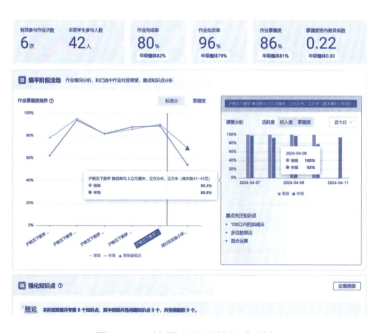

图 4-50　教师班级学情洞察看板

问题解决，为教师提供分层教学、分层作业的教学工具。学校教研组长报告包含了学生学科素养导向的三维学情画像、群体分类画像、班级对比分析、共性问题分析、作业设计质量五个维度，分别针对核心素养教学、基于共性问题的分层教学、班级均衡度比较等，便于学校教研组精准辅助、干预班级教学，提升教师的作业设计能力，加强校本题库建设。学校校长报告（如图 4-51 所示）包括年级学情总体分析、学生学习状态总体分析、学生成长追踪、共性问题原因分析等，为校长教学决策提供数据支撑，为教学管理找到改进方向。

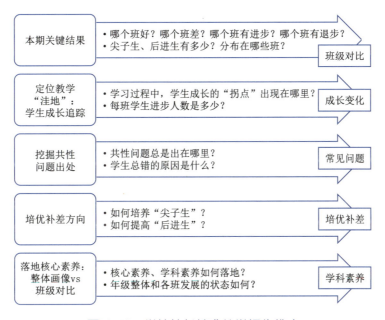

图 4-51　学校校长精准教学报告维度

三、制度保障，建构区域智慧精准教学运行机制

为持续推进大规模因材施教，深化全国智慧教育示范区建设，以精准教学推进教学方式变革和教育数字化转型，区域已经为全区 110 所学校 143 个校区配套了智慧纸笔，实施智慧精准教学，覆盖 1315 个班级、2648 名教师和 48663 名学生。已经制定了《闵行区推进中小学精准教学行动方案（2023—2025 学年）》。从优化学校精准教学计划及实施、构建精准教学区域支持体系、实施教师精准教学能力提升工程、开展精准教学方式变革行动、深化精准教学实践研究与成果推广五个方面全面推进精准教学，形成行政主导、企业服务、业务推进、学校实践、研究攻关的产、学、研、训协同创新机制。（如图 4-52 所示）

四、成效与展望

区域整体实施大规模精准教学，主要成效如下：第一，重塑智慧教学理念，创建智能精准

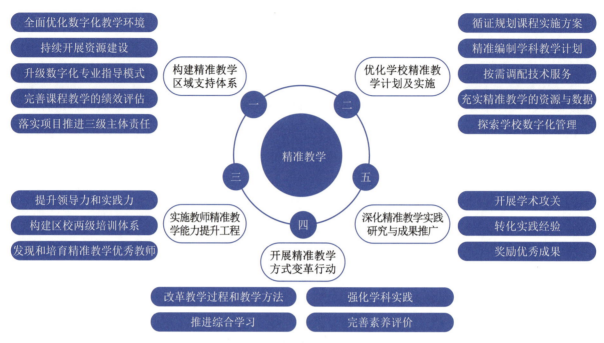

图 4-52 区域精准教学行动推进路径

教育环境。通过建构业务平台、创建支持资源及应用技术工具，区域已经建立了闵智教育平台，为精准教学提供资源、技术、平台、系统等支持。第二，通过大规模实践精准教学，整体建构了"精准诊断—精准教学—精准决策—精准干预"的全场景教学链，使大规模因材施教能够在课堂教学真正实施。第三，以数据应用驱动为新动力，各校开展精准教学实践，不断创新精准教学模式。如田园外国语小学的"技术赋能，探索学校'三四五'数字化学习新样态"，华东理工大学附属闵行科技高中的"智慧纸笔助力精准教学，概要写作落实核心素养"等，均获评教育部智慧教育优秀案例。

未来，随着平台、技术、工具的不断迭代与开放，学校精准教学的理念、教学实践将不断创新，更多优秀的教学案例和研究成果将不断涌现，推动技术赋能课堂教学转型。

上海市闵行区学校：面向未来的智慧学习空间的构建与应用

上海中医药大学附属闵行蔷薇小学　陈晓苗　彭盼

【摘要】如何利用信息技术更好地为教育教学赋能，解决信息技术与教育融合深度与广度不足的问题？学校立足未来学校的建设需求，依托区域智慧教育示范区建设，从智慧学习空间的构建着手，撬动课程、学习方式、评价等要素的变革，探索形成智慧学习空间构建的四路径，并在智慧学习空间的支持下，形成了课程新形态、学习新方式、评价新模式，有效支持差异化教学与个性化学习，形成了智慧学习空间 20 余个，课程 40 余类，提升了师生综合素养、学校办学品质，取得了显著的社会效益。

【关键词】学习空间；智慧教育；未来学校

一、背景与思路

（一）基于未来学校建设需求

《中国未来学校白皮书》认为未来学校以 21 世纪技能培养为目标，以现代教育信息技术手段为支撑，通过开展个性化的学习与教学活动，培养能够适应未来社会发展的人才，它的建设是一项复杂的系统工程，是学习空间、学习方式、课程体系、教育技术和组织管理的协同创新。面对未来社会的新时代学校教育需求，学习空间的重组再造势在必行。

（二）依托区域智慧教育示范区建设

2019 年，上海市闵行区入选教育部"全国智慧教育示范区"创建试点区，以"数据驱动的大规模因材施教"为目标，建立一个垂直服务的教育云平台，聚焦"课堂教学、适性学习、课程选择"等八大应用场景，探索个性化和差异化教与学。这为学校未来的发展指明了方向，细分了场景，更好地指导学校进行智慧校园建设。

如何利用信息技术为教育教学赋能，解决以往信息技术与学校教育教学融合深度与广度不足的问题？学校以未来学校建设为目标，依托区域智慧教育示范区的创建，结合学情和校情，从智慧学习空间的构建着手，撬动课程、学习方式、评价等要素的变革，使"差异化教学、个性化学习、智能化服务、精准化管理"走向现实。

二、主要举措

智慧学习空间在设计上要满足学生的多样化、个性化需求，须体现泛在性、融通性、体验性等原则。如何构建智慧学习空间？在智慧学习空间的支持下如何创新课程、学习方式、评价等要素？如何保障智慧学习空间构建的具体实施？为解决此类问题，学校实施了以下举措。

（一）探索构建智慧学习空间的路径

智慧学习空间的构建既包含原有空间的优化与重构，也包含新空间的建设与创新。基于此，学校开发了智慧学习空间构建的四种路径。（如图 4-53 所示）

一是硬件的"智慧优化"：如在原有班级安装智能调控的灯光、温度系统等，为学生创设一个温暖、安全的学习空间。

二是功能的"智慧复合"：如食堂原本是就餐场所，通过空间重构，成为学生开展社团活动、志愿者体验课程的场所，体现出综合育人价值。

三是载体的"智慧叠加"：如走廊作为开放空间，通过技术加载，成为安全教育空间；操

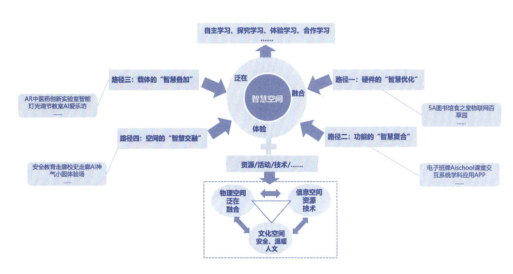

图 4-53　智慧空间构建四路径

场、花园经过二维码、AR 技术加载后成为"可阅读"大课堂。

四是空间的"智慧交融"：如探索研究在线学习空间，开发智能学伴，引入多学科应用平台与 App，支持课堂教学交互与学生自学。

（二）变革智慧学习空间支持下的要素

基于智慧学习空间，不断丰富学校"易"课程体系，转变学习方式，开发新型评价系统，聚焦个性化学习。

1. 建构智慧学习空间支持下的课程新形态

智慧空间催生了课程新形态，学校形成了以下几类极具特色的课程形态。

（1）基于 AR 的真实性课程：通过 AR 技术应用，校园的每一处角落都成为学生学习的资源与场所，教师根据流程设计课程内容，通过后台录入相应的课程资源，学生使用平板电脑扫描真实的物品以习得知识、获得感知。（如图 4-54 所示）

图 4-54　基于 AR 技术的校园易百科课程

（2）基于智能采集的生成性课程：学生设计好微课内容，在操作台上动手操作，智能设备将学生的实践过程自动录制成微课，并形成 RFID 标签贴于学生的成品上，其他学习者可通过扫描 RFID 标签查询微课程。如此，学生既是课程消费者，又是课程生成者。（如图 4-55 所示）

智能终端自动录制学生微课程 ➡ **智能追溯作品，观看微课程**

图 4-55　基于智能采集的生成性课程

（3）基于身心健康数据的定制化课程：运用物联感知系统获得学生的身心健康日常数据，通过后台分析、识别、判断学生的健康情况，学校据此提供定制化课程内容。（如图 4-56 所示）

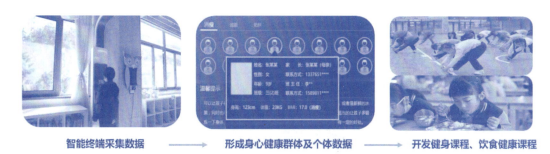

智能终端采集数据 ➡ **形成身心健康群体及个体数据** ➡ **开发健身课程、饮食健康课程**

图 4-56　基于身心健康数据的定制化课程

2. 创新智慧学习空间支持下的学习新方式

在智慧学习空间、课程的有效支持下，学习方式也呈现了新模式，具体有：

（1）情境感知体验式：如学校将走廊进行了空间重构，设计为安全体验学习场。一楼走廊聚焦交通安全，走廊设计为交通道路，由实物、信息化体验设备、全息投影等组成，学生在情境中通过虚拟场景、模拟交互等方式习得交通安全知识。（如图 4-57 所示）

图 4-57　安全交通走廊情境感知体验学习

（2）泛在支持探究式：在主题式综合活动——"我和小草做朋友"中，学生用平板电脑在校园中搜寻并拍摄"植物朋友"，利用形色软件对校园里的植物进行识别，通过二维码、AR 功

图 4-58　"我和小草做朋友"泛在支持探究式学习

能习得知识，并自主完成校园植物调查报告。（如图 4-58 所示）

（3）智能学伴自主式：语文学科开发了导学、辅学、延学 AR 智能学伴，引导学生更好地理解文本，解决重难点，为学生提供复习与拓展支架，巩固提升学习成果。（如图 4-59 所示）

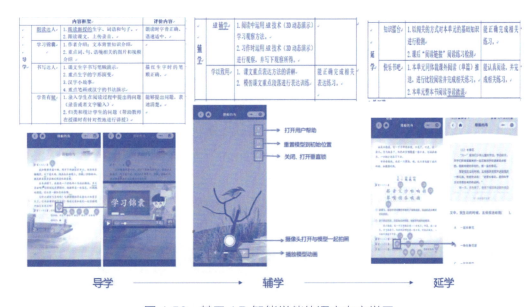

图 4-59　基于 AR 智能学伴的语文自主学习

（4）互联协作混合式：线上线下混合式学习。如学生通过一起作业等在线学习平台开展线上学习，教师根据学习数据反馈为学生提供针对性答疑、辅导。（如图 4-60 所示）

3. 开发智慧学习空间支持下的评价新模式

为深化评价的激励、改进功能，学校运用人工智能技术，深化课堂的评价与改进，在"智慧教室"课堂评价系统的支持下，实现课堂数据的采集与分析，教师能自动获得相关数据报表，为教师审视自己的教学、听评课教师的评课提供了细致的数据支持，使课堂教学改进由经验判断走向了数据实证。（如图 4-61 所示）

图 4-60　互联协作混合式学习

图 4-61　智慧教室评价系统

（三）实施智慧学习空间构建的策略

第一，创设环境，保障实践。学校实现了网络无线全覆盖，方便智慧学习空间设备、学生各终端设备的接入；一人一卡满足卡片的多处使用需求，支持学生个性化服务；建成了能统一身份认证的多平台系统，确保教育数据的有序流通，支持业务开展。

第二，技术支撑，深化实践。运用新技术，用创新的思维指导技术与教育工作的整合，如将物联技术、人工智能技术运用于课堂教学评价，运用 AR 技术转变学习方式，基于微信开发校内外业务平台等。

第三，多元合作，优化实践。学校内外充分联动。对内，通过项目化实践，全体教师积极参与智慧学习空间的建设过程；对外，争取政府部门的有力支持，获得高校的优质资源和鼎力相助，得到家长的认同、助力等。

三、成效与特色

以智慧学习空间建设撬动整体变革，是学校的创新与特色之举。目前，学校共建成 20 余个智慧学习空间，形成 40 余类校本课程，有效支持了师生的成长与学校的发展。一批致力于未来教育的教师涌现，参与上海市中小学教师信息技术能力提升工程"信息技术点亮'五育智慧'"课程的开发与编制工作；一群有着创新意识与实践能力的学生出现，学生自主管理的红领巾电视台被评为全国百佳之一，学生综合素养显著提升。学校先后被评为上海市首批教育信息化应用标杆培育校、首批人工智能试点应用场景，多项案例获国家、市、区一等奖。学校办学品质得到优化，社会效益日益显著。

第八节 上海市徐汇区

上海市徐汇区：2021 年徐汇区教育数字化转型新探索下智慧教育发展研究报告

上海市徐汇区教育局信息中心 陈晓冬 冯吉红

【摘要】为深入实施国家关于教育强国、数字中国战略的部署，落实《上海市教育数字化转型实施方案（2021—2023）》，对标整体性转变、全方位赋能、革命性重塑的要求，加快推进徐汇区教育数字化转型，建设"卓越徐汇、典范城区"，徐汇区教育局着力打造教育数字化发展新环境，以信息化赋能教育管理与教育教学各环节，创建数字教育新治理模式，重构教育评价机制，聚焦面向社会和家庭的教育公共事务，积极探索教育数字化转型的示范路径，努力构筑"徐汇特色、上海特点、全国一流"的区域教育数字化转型模式。

【关键词】教育数字化转型；数字教育基座；教育公共事务；教育教学变革

一、背景与思路

为践行"人民城市人民建、人民城市为人民"的重要理念，根据上海市教育数字化转型实施整体部署，以徐汇区智慧城市建设为基础，秉承徐汇教育特色，徐汇区教育局将教育数字化转型作为徐汇智慧教育系统性变革的内生变量，支撑与引领徐汇教育现代化发展，推动教育理念更新、模式变革、体系重构。徐汇区在推进教育数字化转型的过程中主要遵循以下思路。

一是以人为本、需求导向。坚持立德树人，以数字化转型支撑"五育"并举，强化学校主阵地作用，推动每一所学校丰富教育资源供给，促进每一位学习者提升综合素养。

二是全面赋能、共同发展。立足徐汇教育特点，加强顶层设计，由点及面，聚焦可复制、可推广、高质量的教育场景建设经验，缩小校际差距，整体稳步推进。

三是多元协作、融合创新。遵循教育规律，坚持政府引导、市场主导、多方合作的发展模式，充分调动各方力量，通过融合创新提升教育数字化转型效能，推动教育服务供给方式变革。

四是优化布局、保障安全。在基础设施、应用服务、运营管理、数字赋能等领域创设智慧绿色、友好开放的使用生态，强化安全防护能力，构筑安全环境。

二、发展目标

2021 年 11 月，《徐汇区教育数字化转型实施方案》正式发布，方案指出：至 2023 年，徐汇教育立足整体性转变数字化转型、全方位赋能教育综合改革、革命性重塑高质量教育体系，找准发力点和突破口，积极探索教育数字化转型的示范路径，构筑"徐汇特色、上海特点、全国一流"的区域教育数字化转型模式。着力推动"三全"建设：全方位赋能教育综合改革、全链条推进教育数字转型、全过程重塑教育教学模式；主攻实现"四新"落地：构建教育融合新生态、打造智慧教育新课堂、形成服务民生新格局、助力教育治理新常态；重点开展"五创"工程：创建更强数字教育基座、创建更全数字公共服务、创建更新数字教育资源、创建更细数字教育治理、创建更优数字教育评价。努力使徐汇区成为教育融合发展示范区、教育数字化转型生态建设引领区和教育民心工程实施典范区。

三、主要举措

（一）加强数字教育基座建设，打造教育发展新环境

对标上海市教育新基建的布局要求，徐汇区在智慧校园建设过程中，率先推进"5G+ 云

网"融合，深化 IPv6 应用，布设物联设施，部署 5G 新型网络，加强存算设施建设；在试点学校实现实验实训、场馆使用、基建安防、环境监测、智能晨检、科学运动、营养膳食、家校共育、学生行为分析、身心健康监测等方面的数字化应用建设；打造智能化、数字化的专用教室，推进教育终端和数字教材、新型教育资源的融合应用；搭建开放共享、数据互通、技术集成、应用协同、交互可用的教育数字底座，加快实现"物联、数联、智联"；打造集约统一的教育数据中心，汇集全区各级各类学校数据；打造"政府定标准、搭平台，企业做产品、保运维，学校买服务、建资源"的新型信息化建设模式。

（二）创建数字公共服务体系，满足群众教育需求

聚焦社会和家庭关注的难点和热点问题，打造智能、便捷的基础教育数字化公共服务体系，加强各类信息系统的业务协同、数据联动和资源共享，提升教育资源的有效供给和使用效率，以数据驱动破解教育民生中"急难愁烦"的问题。打造徐汇教育"汇入学""汇健康""汇活动""汇运动"品牌，推广"校外培训信报"查询服务。创建数字公共服务体系，推进教育类公共服务数字化转型的同时，积极响应"民有所呼、我有所应"的普惠于民的号召，让老百姓真正享受到信息化红利，提高生活获得感。

（三）更新数字教育资源建设，深化教育教学变革

遵循"课堂教学 1 加 1"（线上资源赋能线下教学）和"课外辅导 1 对 1"（基于智能技术的个性化辅导）要求，在试点学校率先探索基于人工智能的探究式学习、个性化学习，基于增强现实和虚拟现实等技术的沉浸式、体验式教育，基于 5G 的远端多点协作式教学，深化线上线下相互融合的学习组织模式。打造 10 个可复制、可推广、高质量的数字化转型教育应用场景，推动新型教与学模式实验区的建设与发展；打磨 100 节优质融合课，实现优质资源的辐射推广和共享；培训 1000 名具备高水平信息素养的教师，提升师生利用信息技术解决问题的能力。推进人工智能、编程技术等课程进中小学课堂。

（四）创新数字教育治理改革，推进教育管理"数治"化

全面梳理各项教育工作业务流程，推进数据标准化、平台体系化、数据融合统一管理，打造集约化的数字教育治理全景流程。率先推进教育政务服务、学校事务"网上办""移动办""全程网办"。围绕智慧政务、资产管理、基建规划、校园安全管理等内容，发挥行政主体的协作联动作用，实现管理精细化、服务精准化，完善学校办事和教师业务的规范流程。通过系统整合、流程优化及数据对接，实现学生成长、办学监督、教师发展和行政事项管理的贯通与融合，构建全方位、全覆盖服务体系，打造智能化教育服务"数治"新范式，着力提升教育政务服务水平和管理效能。

（五）创建数字教育评价机制，推动教育评估数字化

积极争取数据驱动的教育综合评价试点，加快改进结果评价，强化过程评价，探索增值评价，探索基于全过程、全要素的学生学习成长数据与综合素质智能评价。充分发挥徐汇基础教育强区和优质资源集中的独特优势，强化教育数据采集、分析和运用，通过学生和教师数字画像的构建，打造覆盖师生终身的数字档案，为学生成长与教师发展提供更加精准的指引和指导。在教育经费管理、重大项目投入、教师专业发展、学生成长和办学发展等领域建立数据应用场景，提供数据分析、决策、预警服务，率先建设基于大数据的智能教育质量监测评估平台。

四、成效与展望

（一）数字基座建设普及学校

在上海市教委数字基座建设总体架构蓝图下，徐汇教育携手腾讯共同打造具有徐汇特色的数字教育基座。2021 年建设重点分四个阶段，第一阶段：区级平台＋应用。完成数字基座平台搭建（统一入口、数据中心、组织中心、应用中心、消息中心）；完成 22 个应用注册和数字基座平台配置初始化。第二阶段：数据治理和打通。一期完成 30 所学校的学生、家长数据采集；完成 30 所学校与教育局数据和 22 个应用业务数据打通。第三阶段：区校级系统融合，实现局校互联、家校互联。第四阶段：平台运营多级协同，实现校级自建应用和区级应用互联互通，并进一步完善应用评价体系。截至 2021 年底，四个阶段的建设目标基本完成。2022 年的建设目标是将数字基座范围扩展至全区所有学校。

（二）数字公共服务惠及民众

为了让老百姓享受更有温度的数字公共服务，徐汇已建成全市首个"教育直通车"。目前，"教育直通车"已正式入驻微信徐汇区汇治理小程序，该板块集合了招生入学、青少年活动中心选课、学校场馆开放、学生体质报告、健康登记及校外培训机构信报查询等内容。其中"汇入学"为家长提供查政策、搜匹配服务，一键查询学校信息，开展窗口预约、在线办理，一口受理缓学、转学等业务；"汇健康"可对学生的视力、体重等关键指标的变化进行有效预警，对区域内的发热学生实施精准防控；"汇活动"整合科创、体育、艺术等众多公益课程，提供在线选课报名服务；"汇运动"可查看学校运动场地开放情况，一键预约进场等；"培训信报查询"主要提供校外民办教育培训机构的信用公示信息查询服务，包括办学许可证信息、上年度年检情况、综合信用动态评价、市民关注信用纬度状况及校外培训机构学科类培训备案公示表等，在"双减"背景下为家长在培训机构的选择上提供有力依据，为学生提高课外培训质量保驾护航。

（三）教育教学改革持续深化

持续推进国家级实验区项目，深化教育教学变革。把 4 所标杆校建设作为徐汇智慧校园建设的先导工程，按照"试点引领，示范推广，普及巩固"的建设思路，聚焦课堂突破，强化教学应用，突破一个，带动一片，形成辐射作用，带动学校群共同发展。目前，4 所标杆校积极探索，构建智能化的智慧课堂，实现教师精准教学，创建各种特色课程资源，满足学生的个性化学习需求，建设多元化的教师研修平台，满足教师专业发展需求。

在"双减"背景下，徐汇教育遵循"课堂教学 1 加 1"（线上资源赋能线下教学）和"课外辅导 1 对 1"（基于智能技术的个性化辅导）要求，联合中国电信，以八年级学生为服务对象，打造每周二、三、四晚线上课后复习辅导课，与学校的线下教学形成呼应，满足学生课后辅导的需求。

（四）教育治理改革实现"数治"

全面启动各项教育工作业务需求调研，重新梳理和规划，打造集约化的教育治理全景流程。通过打造数字决策分析场景大屏，为区、校决策者提供科学依据。比如，"区域整体画像大屏"能精准反映徐汇区的整体办学情况，包括教育经费、学校数、教师数、学生数、高考升学情况、督导情况、办学成果、社会荣誉等信息。"区域整体办学质量检测分析大屏"能从办学基础、办学举措、学校发展、学生发展等维度对全区各中小幼学校进行办学质量检测分析。"数治"化的教育治理极大地提升了教育政务服务效能和管理水平。

（五）教育评价机制日趋完善

徐汇区积极争取成为全市教育综合评价改革试点，在学校发展性综合督导评估、教师专业能力考核、学生综合评价等方面建立科学的评价机制，强化教育数据采集、分析和运用，通过数字画像的构建，打造学校、教师、学生的数字档案，为学校、教师、学生的发展提供更加精准的指引和指导。比如，"学校发展性综合督导评估"通过学校与办学相关的佐证材料、学校自评、督学评价，最终生成学校总评分数和报告；"教师专业能力考核"通过教师个人数据采集，教、研、训成果汇集，能力发展指数评定，最终完成教师专业能力考核；"学生综合评价"则从学业成绩、德育评价、体质健康、艺术审美等不同维度的数据生成学生成长画像。

徐汇区作为上海市教育数字化转型的三个实验区之一，在智慧教育方面做了许多有益的尝试。未来，徐汇教育将继续围绕立德树人的根本任务，更新教育理念，变革教育模式，高质量、深层次、全方位地推进教育数字化转型，力求为上海乃至全国的教育数字化转型提供更多可复制、可推广的经验和案例。

第九节　陕西省西安市碑林区

西安市碑林区学校：推进智慧教育，提升办学品质

西安建筑科技大学附属中学　高博　文义玲　伊志林

【摘要】智慧校园建设是一项系统、复杂的工程，其重点是全面整合校内外信息技术和智慧应用资源，以实现资源的良好配置与合理运用。西安建筑科技大学附属中学紧跟新时代步伐，以"内提品质、外塑品牌"为总体目标，旨在加强智能管理，提供智慧服务；提高智慧教学，培养智慧人才；进行智慧实验，培养学生的学科素养，逐步实现教情学情可视化、校园管理智能化、课堂教学高效化、家校沟通便捷化、学生学习自主化。本案例分享了智慧校园建设的部分成果，希望能为其他学校的智慧校园建设提供一定参考。

【关键词】智慧校园；数字化；智慧应用

一、加强智能管理，提供智慧服务

西安建筑科技大学附属中学（下文简称"建大附中"）积极探索网络环境下的管理改革，建立了基于考试及诊断分析的面向教师、家长、学生的个性化学习平台——好分数（如图4-62

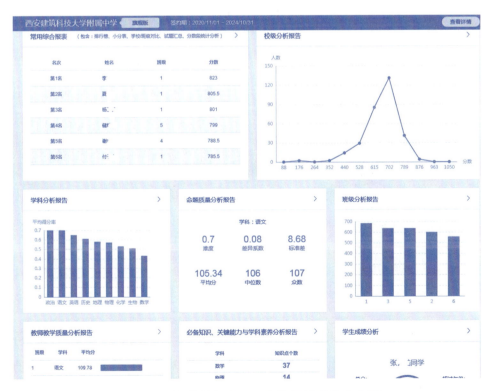

图 4-62　好分数平台——大数据精准学业分析

所示）。借助该平台可以实现智能组卷、排课、考试管理、"名校+"教育联合体联考、可视化成绩分析、大数据精准教学等；还可通过收集学生的考试成绩、试题等信息建立学生成长档案，自动归纳和整理学生考试和作业中的错题，利用专业分析精确定位知识漏洞，辅助教师为学生定制个性化辅导测评，有效提升学生成绩。

建大附中利用钉钉搭建智慧校园平台，实现文件流转、信息发布、OA审批、电教和总务报修、电子工资条等行政事务信息化；利用西安建筑科技大学的网上办公公文处理系统、网上报账系统、固定资产网上申报系统等实现附中的办学条件和教学设备的信息化管理；利用西安建筑科技大学的能源管理平台，实现了水、电、暖的动态监控和数据化管理，为加强能源管理、提高能源利用效率、挖掘节能潜力、开展节能评估提供基础数据和支持，进一步助推智慧校园建设。

二、提高智慧教学，培养智慧人才

（一）建设智慧学习资源

建大附中通过校本资源、引进资源、公共教育资源等多种形式汇聚、整合优质教育教学资源，有效支撑师生开展信息化教与学应用，提升了学校智慧校园支持服务能力。

1. 校本资源。教师利用录播教室，将录制的精品优课上传至录播平台，师生可点播和下载观看，精品优课已经达到240多节。两间现代化的录播教室，一套移动直播设备，可实现课堂、会议现场的直播及录播。（如图4-63、图4-64所示）

图 4-63　录播教室及控制台　　　　图 4-64　移动直播现场与分会场

2. 引进资源。建大附中长期购买了学科网、组卷网、菁优网、好分数资源库等各种教学资源，覆盖所有学科。教师和学生依托西安建筑科技大学图书馆电子资源库，可以查阅、下载大量的电子文献资源和电子图书。

3. 国家、省、市公共教育资源。建大附中实现了与国家教育资源公共服务平台、陕西教育大平台、西安市优质教育资源共享平台的互联互通，形成了一体化的以师生为中心的资源服务环境。

4. 名校＋课题资源。建大附中"名校＋"教育联合体积极组织三校教师开展信息化课题研究，促进了课题研究资源的共享。三校共同申请的教育部教师工作司专项委托课题"中小学数学教师信息化教学能力显著提升的研究与实践"的子课题"整校推进数学教师信息技术应用能力提升研究"已提交结题报告，该研究课题有助于推动三校数学教师信息技术能力的提升。

图 4-65　建大附中"名校＋"校本课题

2020 年以来，学校开展了建大附中"名校＋"教育联合体校本课题研究，打破了三校教师以往"自己的课题自己做"的研究模式。三校教师积极申报，累计立项校本课题达 78 项，优秀课题 15 项。（如图 4-65 所示）

（二）开展智慧学习服务

在 2020 年，建大附中充分利用信息技术，全面架设教育、教学、管理的网络通道。学校通过钉钉、腾讯课堂极速版等在线教育平台，进行线上教育教学。教师通过直播、录播、网上答疑等形式开展教育教学活动，班主任进行线上家访和线上家长会。这些信息化手段的教育教学活动促进了教师信息化应用能力的提升。此外，"名校＋"教育联合体通过微信公众号推出了六辑"最美教师"系列，展示了 24 位教师在线上教育教学过程中的精彩一天。（如图 4-66 所示）

（三）提高智慧教学水平

建大附中立足信息技术融入教育教学全过程，推动实现教师与学生的个性化"教"与"学"变革，探索创新的教学方式、教学模式、评价方式和资源建设途径。

建大附中注重对师生进行多媒体使用技能的培训，不断提高多媒体设备使用率，丰富教学手段，提高教学效果。每年举行青年教师汇报课、教学全过程评优、高级教师展示课、毕业年级教师试卷讲评课、教育教学成果交流、主题班会课等多种形式的信息化教学公开课的点评和交流共享活动，确保基于信息技术的触控式一体机、多媒体辅助教学、网络辅助教学等各种应用形式覆

图 4-66 "云端"最美教师的一天

盖所有课程教学。（如图 4-67 所示）这些活动既促进了师生提升信息化应用能力，又促进了信息技术与新课程融合。

（四）培育智慧创新人才

建大附中重视学生信息素养的提升，全校各班均开设信息技术课，学生上机率达 100%。在做好信息技术教学的同时，学校还组建了 3D 打印、编程、信息素养提升实践活动、机器人等多个信息技术类社团，把知识技能的学习与创新精神和实践能力的培养有机结合起来，促进学生学科素养的特色发展。学校组织师生积极参加各级各类信息技术竞赛活动，近几年，参赛师生获奖三百余项（如图 4-68 所示）。

三、智慧实验，深度融合，培养学生学科素养

建大附中智慧生物显微数码互动实验室于 2020 年投入使用。实验室数码显微互动系统由 1 台教师用显微镜和 28 台学生端显微镜组成，2 名学生组成一个实验小组。显微数码互动系统将显微镜与数码摄像系统融合，把现代信息技术融入实验教学，一方面使师生交流更加直观，

图 4-67　教育教学成果交流

图 4-68　师生荣誉证书

另一方面可使教师及时给学生进行指导和帮助。通过互动的 Motic 软件，可将学生端的显微图像呈现在教室前端的"希沃"电脑端，教师通过大屏幕就可以看到每个实验小组的实验图像，有选择性地进行指导。典型图片、视频都可以进行保存及备用，同时教师可以给学生下发文件、作业等，向学生发送远程命令，学生也可以向教师提交实验结果。这种在实验室中实现师生对话、生生合作学习的教学实践，改变了教师的授课方式，改变了学生的学习方式，激发了学生的学习热情和对实验课的喜爱。

建大附中 1 号物理综合实验室为电学实验室，设实验电源型实验桌。2 号物理综合实验室为光学和力学实验室，学生桌设电源，配有多媒体设备和信息网络接口。2020 年，学校在原有实验器材的基础上招标购买了 23 万元新设备和器材，以及 20 万元数字化探究实验器材，涵盖力学、热学、电学和光学等研究范围，为实验教学提供了充分的条件，也为提高教学效率打好了基础。

建大附中智慧顶装系统化学实验室建于 2018 年，于 2019 年正式投入使用。实验室的基础设施包括模块化的水、电、气、网络、通风管道等舱体设施和集成式电动摇臂系统所组成的吊顶单元，师生实验桌椅、独立的上给排水水槽等组成的地面单元。借助中央智能控制系统，可实现对系统的智能集中控制，满足师生安全、高效管控各类试验设备，并充分拓展实验室的功能应用。

总之，建大附中将不断进行创新探索，从而实现辐射推广，充分发挥示范引领作用。在今后，建大附中将充分利用智慧设备，硬件与软件相结合，管理与服务相结合，努力将智慧校园应用发挥得更好、更智能，完善智慧校园建设，共享优质教育资源，师生智慧健康成长，引领建大附中"名校 +"教育联合体共同智慧前行。

西安市碑林区学校：智慧教育助力乡村教育振兴

西安交通大学附属小学　邸娟

【摘要】本文主要以西安交通大学附属小学依托智慧教育开展帮扶示例活动为主要内容，对其进行重点介绍。西安交通大学附属小学自 2020 年 6 月对老县镇中心小学教育帮扶以来，通过陕西教育扶智平台，充分采用线上、线下相结合的方式开展了一系列帮扶活动。乡村教育帮扶对于乡村振兴具有重要意义，要坚持乡村教育振兴，加快推进城乡义务教育均衡发展，补齐教育短板，持续促进乡村教育高质量发展。要坚定以习近平新时代中国特色社会主义思想为指导，全面落实教育优先发展战略。要充分认识到教育是脱贫致富的重要途径，振兴乡村教育在乡村振兴中具有基础性和先导性作用。

【关键词】智慧教育；乡村教育；振兴；帮扶

一、背景与思路

（一）科学规划，制订措施

老县镇中心小学位于安康平利老县镇，这里依山傍水，有着良好的自然生态环境。2020 年 6 月，交大附小在陕西省教育厅的引领下，与安康平利县老县镇中心小学建立了结对帮扶，后者是习近平总书记在 2020 年 4 月来陕考察时所到的小学。在调研结束后，交大附小及时规划出以下帮扶措施：管理提升帮扶、名师引领帮扶、跟岗学习帮扶、线上教研帮扶、研学体验帮扶、师徒结对帮扶、学生跟学帮扶、思政教育帮扶、特色育人帮扶、资源共享帮扶和国际视野帮扶等。交大附小也在陕西省教育厅的指导下全力有序跟进对老县镇中心小学的教育帮扶工作。

（二）课题带动，助力帮扶

基于"陕西基础教育网络扶智应用研究"课题开展教育帮扶。帮扶团队由交大附小的陕西省三级三类骨干体系的多学科优秀教师、科研室主任、大队辅导员等组成，在平利老县镇中心小学分别承担语文、数学教学任务的两位副校长也加入课题组。该团队充分利用陕西教育扶智平台的双师课堂、共享资源、校长工作室、名师工作室等栏目实施精准帮扶工作。

（三）建立机制，保障实施

建立了网络教育帮扶环境下教育帮扶的相关制度，如管理提升帮扶制度包括线上专题讲座、问题导向问诊视导等；教师团队帮扶制度包括教师承担线上直播课、线上资源推送、线上学科大教研等；技术引领帮扶制度包括线上平台建设、线上平台资源建设等；学生跟学帮扶制度包括学生线上跟学、学生线上研学等。在帮扶的同时还加强了教育创新，注重强化思政教育、特色育人活动和学生国际理解教育的制度建设等。通过一系列帮扶制度的建立，有效保障了教育帮扶措施的实施。

建立网络教育帮扶环境下的教师帮扶评优机制。每学年做好相关的教育帮扶评选，评选教师优秀网络直播课、教师上传的优秀资源，评选乡村教育振兴帮扶先进个人、线上活动帮扶先进团队等。通过评优机制，更好地保障教育帮扶措施的高质量实施。

二、主要举措

（一）联动研修，提升能力

在教育帮扶过程中注重教师的研修，更新教师观念，提升教师的综合素养和专业能力，持续促进教师专业成长。交大附小为帮扶学校提供了形式多样、内容丰富的线上研修活动，如老县镇中心小学教师参加的由交大附小承办的国培计划（2020 年）浸润教师培训项目，笔者在培训中也为学员做了主题为"新技术下的教育融合与创新发展"的讲座；交大附小"名校 +"教育联合体第七届学生工作研讨会，研讨会采用线上直播、多校区联通共聚云端的方式研讨学生管理工作；"名校 +"雷玲校长研修共同体小学数学教学研讨会暨珠海市研究中心跨区域数学教学研讨会，老县镇中心小学的教师通过线上直播全程参与了该研讨会，笔者也在研讨会上聚焦小学数学学科做了"以研促教，携手成长"的讲座；西安市中小学人工智能教育教师培训会，学习学校如何有效开设 3D 打印课程、开展人工智能教育，体验学校教育中技术与学科怎样融合等，了解前沿技术融合教育创新发展的新动态。上述活动使教师紧跟新时代教育发展的步伐，快速提升乡村教育的师资观念和专业能力。

（二）线上帮扶，丰富活动

开展了丰富多彩的线上帮扶活动，如"交大附小思政大讲堂特别篇——平利附小手拉手，共话端午佳节"线上活动，通过交大附小与老县镇中心小学学生的云端对话，使学生感受传统文化的魅力，活动新颖有趣，寓教于乐；在暑期开展的两校师生观微课、共阅读活动，两校师生都写了高质量观微课的观课感和读书的读后感。这些活动充分为平利老县镇中心小学的师生架起了学习、互动、共享、开放、发展的结对帮扶平台。（如图 4-69 所示）

图 4-69　丰富多彩的线上帮扶活动

（三）整合资源，共建共享

多平台共进助力教育帮扶活动的开展，逐步推出交大附小教育帮扶网络精品课程网站、人工智能学习空间、慕课平台，这三个平台都在线上帮扶活动中发挥了积极的作用。特别是交大附小新开发的教育帮扶网络精品课程网站，该网站对参与完成网络学习的教师自动生成结业证书，系统也会为参与授课的教师自动生成聘为主讲教师的证书。目前，平台上已形成了一些网上精品课程、教学设计、课件、微课等优质教育资源，为教师提供了丰富的共享教育教学资源。

三、成效与特色

交大附小自开展乡村教育帮扶以来，老县镇中心小学参与线上活动的教师达到学校教师总人数的 80% 以上，参与线上活动的学生达到学校学生总人数的 77% 以上，教育帮扶活动成效明显。被帮扶学校的教师在教育教学理念上得到了进一步的提升，逐步尝试将技术、人工智能、3D 打印等新技术融入教育教学活动中。学生也在参与帮扶活动的过程中体验和共享了交大附小丰富的教育教学资源，开阔了视野。交大附小也在 2020 年获评"陕西教育扶智平台应用先进单位"。下一步，交大附小将持续根据被帮扶学校的实际，在丰富云帮扶活动的基础上，丰富师生的线下互动，创新帮扶举措，进一步提升被帮扶学校的内涵式可持续发展，谱写乡村教育振兴新篇章。（如图 4-70 所示）

图 4-70　乡村教育帮扶活动

第十节　陕西省西安市雁塔区

西安市雁塔区：雁塔区 "5G+ 智慧教育" 典型案例

西安市雁塔区现教中心　王强

雁塔区 5G+ 智慧教育的建设包括 "5G+ 区域教育管理""5G+ 互动教学""5G+ 综合评价"，依托 5G 网络超高速、低延时、大连接、高可靠等特性，综合运用人工智能、大数据、云计算、物联网等信息技术，围绕区域教育管理，建设区域教育大脑和综合管理平台，基于 5G 网络实现区域与学校之间、学校与学校之间的实时联动、信息同步，实现区域内所辖学校运行状态数据的及时传送，动态监测、分析各个学校的学情数据、应急事件等。

雁塔区 "5G+ 区域教育管理" 平台可以实现对全区管理者、学校、教师、学生、家长的覆盖，服务教育全流程。试点学校形成的信息技术与教育教学相融合的模式也将在其他学校进行复制和推广。

雁塔区 "5G+ 综合评价" 平台，基于多种数据采集来源，利用 5G 网络、大数据分析等技术，以智能化手段记录学生德智体美劳等全方位的评价数据；基于数据分析学生成长画像，实时、动态感知学生的状态变化，为学生的健康发展提供科学依据；同时还支持对教师进行综合评价，采集教师课前、课中、课后等行为数据，并进行分析，促进教师素养全面提升。

雁塔区 "5G+ 互动教学" 平台，基于 5G 网络的大带宽、低时延特性实现高清直播互动教学、"5G+VR" 沉浸式教学，支持多校区课程共享协同，偏远乡村学校也能享受优质教学资源，推动教育的均衡发展，促进教育公平。

一、项目背景和意义

智慧教育建设是智慧雁塔的重要工程之一，以新时代教育现代化发展总要求为依据，认真落实国家 "十四五" 规划和省市教育信息化发展战略规划，遵循 "体系构建、整体推进、应用导向、融合创新" 的基本原则，主动适应 "5G""互联网+" 和人工智能时代对区域教育发展的新要求，全面贯彻 "互联网+教育" 理念，打造 "人人皆用、处处能用、时时可用" 的智慧教育环境，构建 "网络化、数字化、个性化、智能化、终身化" 的教育体系。雁塔区促进学习方式变革和教育教学模式创新，全面、快速、扎实地推进雁塔智慧教育建设各项工作，形成面向未来的教育生态，并以智慧教育建设推动智慧城市的可持续发展。

雁塔区智慧教育利用 "5G""互联网+教育" 的思维方式和云计算、大数据、人工智能等新一代信息技术构建智慧教育环境，推动雁塔区智慧教育云服务平台、智慧校园、智慧教与学、教育管理的建设与应用，逐步建成区域智慧教育信息生态体系，充分发挥智慧教育在推进区域教育综合改革、教育治理体制和治理能力现代化进程中的积极作用，打通项目建设的各类教育应用服务系统，形成教学、学习、管理等各业务领域应用数据汇聚共享，全面实现垂直建设的各单点系统相互协同，通过教学和学习大数据分析来驱动真正的个性化教与学，构建环境主动适应、信息无缝流通、业务智能协同、资源按需供给的智慧化教育应用服务平台，不断满足教育信息化应用工作的可持续发展。

二、项目已有基础

业务平台的建设正在稳步推进。雁塔区依托雁塔区智慧城市建设，结合5G网络建设雁塔区教育大脑和管理平台，实现区域内所辖学校运行状态数据的及时传送，动态监测、分析各学校学位资源、学情数据、应急事件等信息，利用技术支撑教育主管部门进行管理决策和响应。

应用模块各学校按需选用建设。雁塔区各个学校在办学过程中已自主按需建设了部分信息化应用，如智慧考试、综合评价、校园安防等，保障学校日常工作在线稳步开展。

三、项目实施内容

（一）项目主要任务和目标

本项目旨在依托5G网络赋能雁塔区智慧教育，建设雁塔区教育大脑和管理平台，实现区域和学校的统一联动、统一管理。基于统一管理平台赋能各个学校，学校结合本校办学特色和育人理念，按需选择建设方向，通过配套的教师专业发展机制建设新时代的教师队伍，同时从文化、管理机制和基础设施建设上搭建校内外的学习环境，共同促进新时代人才培养目标的落实，培养具有核心素养、全球竞争力的人才。

重点任务1：依托5G网络构建区域教育管理平台

基于5G网络高传输、低时延的特点构建区域教育管理平台，实现区校两级架构下数据的及时传输，建立区域和学校之间线上实时沟通机制。升级区域教育大脑和管理平台，提供教育资源的云端存储和共享，使得各个学校之间可以实现教学经验、教育项目和专业人才的跨校共享与交流。不仅可以提高教学质量和教育公平性，还利于全面发展教育资源，促进教育事业的整体进步。

重点任务2：依托5G网络建设新型互动教学模式

建设智慧课堂，支持5G沉浸式教学、5G直播互动教学等教学模式创新，鼓励跨校区课程共享协同，探索学校与博物馆、科技馆等教学教育场景互联的方式。助力实验教学，支持5G技术教培实验、5G虚拟仿真实验教学、5G虚拟实习培训等应用，助力解决高成本、高危险、难操作等实验和培训项目的实施痛点。探索集中学科实验教学中心建设，支持学生利用虚拟终端进行在线实验操作，解决偏远乡村学校实验教学困难问题。开展在线教学，利用各类 5G 智能终端接入线上教育教学资源，帮助学生便捷获得线上学习服务，改善网络延时、卡顿等问题，提升师生、家校在线交流互动体验。

重点任务 3：依托 5G 网络探索综合评价体系模型

学生评价方面，利用多样化数据采集终端、5G 网络、大数据云平台等构建学生智能分析评价系统，以智能化手段记录学生学习情况、体质健康、艺术素养等德智体美劳全要素过程性评价数据，支持无感式、伴随式数据采集，建立学生综合素质档案，绘制学生成长画像，进行大数据分析，智能感知学生学习状态变化等情况，加强个人信息保护，为个性化精准教学和心理健康干预辅导等提供依据。教师评价方面，利用 5G 等技术采集教师课前、课中、课后等各环节行为数据并开展关联分析，对教师的教学实绩和师德师风进行动态评价，促进教师素养全面提升。

（二）项目预期成果及价值

雁塔区"5G+ 智慧教育"项目预期成果及价值如表 4-3 所示。

表 4-3　项目预期成果及价值

序号	预期成果	预期成果价值
1	实现四个场景的应用，用户规模覆盖整个雁塔区域中小学	搭建全区统一的区域教育管理平台，实现对全区智慧教育应用的管理；各个学校从"5G+ 区域教育管理""5G+ 互动教学""5G+ 综合评价"按需进行建设，构建新型智慧校园
2	建设升级 5G 网络，建成 490 个 5G 基站，5G 下载速率均值达到 810M，上传速率均值达到 70M	辖区内 5G 基站 490 个，经过测试，这些区域覆盖良好，4G 下载速率均值达到 74M，上传速率均值达到 41M，5G 下载速率均值达到 810M，上传速率均值达到 70M
3	搭建 1 套平台，实现 20 个功能	全区统一的区域教育管理平台覆盖下属所有中小学、幼儿园，助力教育均衡和公平
4	形成 4 种应用推广模式和实施路径	根据不同学校对于"5G+ 智慧教育"应用的需求和理解，开展微课教学、精准教学、人工智能实验室、校园安防四个方向的探索，并沉淀使用模式
5	制定多个企业、团体、行业标准	——

（三）项目技术方案

1. 总体设计思路

（1）开展区域教育顶层设计，全面推进教育发展

通过开展 5G 技术下的"大数据 + 教育顶层设计"，对大数据获取、收集、整理、利用等工作进行全面规划。从应用需求出发，明确建设目的和路径，明确什么要做、什么不要做、什么应该先做、什么应该后做、用什么模式做、做到什么程度、达到什么效果，以指导未来区域

教育建设。

（2）实现系统对接与融合，完成数据的"聚、通、用"

通过 5G 教育管理平台，实现全区教育数据的采集。横向打通教育、民政、交通业务系统；纵向实现区、学校教育业务数据的上传下达。实现现有业务系统的融会贯通，消除信息孤岛，为进一步进行教育决策提供支撑。

（3）实时采集教育大数据，建设教育大数据决策中心

制定数据采集标准，全方位、全过程、常态化、伴随性实时采集管理、安全、教学、学习、考试等数据，通过大数据的综合应用，对教学过程、学习行为、学习成绩、教学满意度、教师需求量、专业师资质量、专业成熟度、行动轨迹等进行综合分析，建立教师画像、学生画像、学校画像，直观了解优势和不足，预测发展状况。

2. 产品技术架构

基于 5G+ 人工智能，构建雁塔区教育管理平台，打造区域教育大脑和管理平台，依托 5G 网络实现区域内所辖学校运行状态数据的及时传送，动态监测分析各学校学位资源、学情数据、应急事件等信息，利用技术能力支撑教育主管部门进行管理决策和响应。（如图 4-71 所示）

图 4-71 5G 赋能雁塔教育高质量发展

3. 产品技术方案

（1）5G+ 区域教育管理

① 教育服务地图

教育服务地图作为教育局对外服务的窗口，可以集中展现雁塔区各学校的布局情况、学校

基本信息、学区划分情况、学区内学位信息、新建校详细信息及进度等信息，旨在为公众提供教育公共信息服务。

② 区域驾驶舱

区域驾驶舱的建设可以有效帮助教育管理者整体呈现区域教育各方面的数据，构建区域教育一体化数据整合中心，为教育决策提供数据支撑。区域驾驶舱可分为质量评价、督导分析、区域资源、学生分析、应用分析、教师分析、资金管理、组织架构、安全专题9个模块。

③ 学校驾驶舱

学校驾驶舱是依据国家、省、市教育评估标准，结合数据采集技术、大数据处理与计算技术、数据可视化技术，为校长实现学校管理、学校发展以及学生管理评估的标准化、科学化、数据化、自动化、全面化而打造的新型校长决策中心平台。

④ 区校一体化管理平台

以区域共有的通用应用为基础，构建区校一体化的智慧教育应用云平台。云平台作为区校之间协同的桥梁，区域智慧教育建设的底座，需要具备标准、开放、融合、稳定的特点。对所有用户的身份进行统一认证，无须多个账号、多套密码进行登录，对各个场景的应用、应用产生的数据进行统一汇聚处理，对新型物联网设备进行智能集成。此外，该平台还需要具备网络安全监管机制，保障用户信息和数据的安全稳定。

⑤ 区域智慧管理应用

基于基础支撑平台建设不同场景下的应用，全区建设智能管理内容涵盖基于小程序的入校报名系统、局校对接模式下的公文流转、督导管理系统、日常校内办公模块及家校互动模块。办公系统以工作流为基础，结合雁塔区教育单位的办事、公文及相关管理规范，对需要多个单位、部门、相关领导共同来审批办理的文件及申请进行处理，可以处理教育系统内日常的文件收发，也可以完成其他事项的申请或审批工作，支撑全区业务正常、顺利、高效运转。

⑥ 学校创新试点应用

在区域内选择四所学校开展5G赋能下的创新试点应用，包含微课教学、精准教学、人工智能实验室、校园安防等。

微课教学以5G为底层传输技术，以课程录制和课程编辑为核心，结合音频、视频输入设备，触摸显示屏，即可搭建出微课制作环境。与校内资源平台结合，可实现视频资源的点播，达到知识共享的目的。5G赋能下音视频的录制和传输清晰度将达到高清1080P。

精准教学基于5G对学生学情大数据进行实时采集和分析，在经过系统自动整理后可用于教学实践。教师批改完成以后，系统会自动统计成绩并分析学情。系统支持教师查看单份作业分析、小组成绩统计、学生成绩分析等情况，支持查看学生个人每次作业的得分与班级平均分的对比折线图和班级排名，可完整记录整个教学过程的学习数据，对每个学生进行多维度、全方位的学情分析，方便教师开展针对性教学。

人工智能教育是新时代下智慧教育建设的重要组成部分。深度学习、机器学习算法模型及神经网络的构建、训练和测试方法，让学生在理论和实践紧密结合的过程中逐步建立对人工智能正确的认知，进一步提升学生的人工智能素养。人工智能实验室着眼于人工智能未来教育，探索形成人工智能核心素养创新发展的新模式，助推师生信息素养全面提升。

校园安防综合管理平台结合 5G 技术和校园空间信息，将安防相关要素显示在空间信息电子地图中，并使用图形化的方式，建立空间要素与安防要素之间的地理位置关系。在"5G+边缘计算"的支撑下，以独立的安防系统为核心，通过对不同类型安防产品的深度融合，构建智能化的安防系统集成平台。

（2）5G+ 互动教学

5G+ 高清直录播系统，主要由录播图像采集子系统、图像跟踪子系统、数字音频处理子系统、导播子系统及控制子系统组成。（如图 4-72 所示）

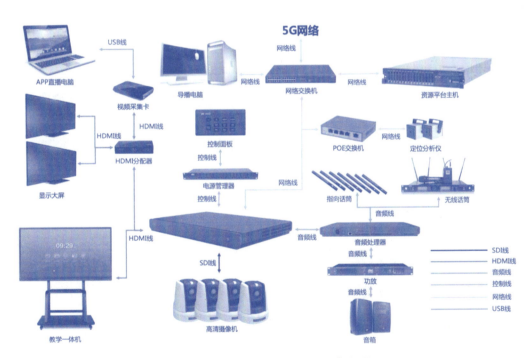

图 4-72 "5G+ 高清直录播系统"拓扑图

① 视频采集系统

视频编码采用目前国际上领先的 H.265/H.264 High Profile 高清编码方式，系统采用若干台 1080P 高清云台摄像机，拍摄教师画面与学生画面，同时接入教师电脑信号，经导播控制平台进行自动或手动录制。录制画质可达到高清 1080P。

采用 PoC 高清云台摄像机，录播主机支持 PoC 供电协议。PoC 高清云台摄像机只需一条标准 SDI 线连接录播主机，即可完成视频信号、控制信号的传输及设备供电，大大减轻了安装工程量，同时无须部署专门的供电线路，减少了安全隐患。

② 音频采集处理系统

音频采用 AAC 编码方式，教师和学生的语音信号通过专业指向性话筒和无线话筒拾音，并经过专业音频处理器进行去噪、混音、回声消除等处理，最终所有的视频、音频均传送到录播主机中进行编码处理，生成标准 MP4 文件，保存在录播主机中，供后期再次编辑或上传到平台进行点播。

③ 全自动跟踪系统

采用录播跟踪一体化嵌入式设计，录播主机内置图像定位、跟踪分析功能，辅助教师和学生定位分析仪所拍摄的画面作为图像定位信号传输到录播主机，通过录播主机图像识别分析功能对教师和学生行为进行分析、识别，根据预置的跟踪切换逻辑控制摄像机的拍摄及多镜头的切换，最终实现课堂教学的全自动画面跟踪拍摄录制，真实完整还原教师讲解、学生听课、提问等各个环节的授课情况。

④ 导播系统

为方便导播人员进行导播管理控制，录播主机内嵌导播管理系统，提供满足课程录制功能的导播操作平台。录播系统支持两种导播模式：本地导播模式和 PC 远程网页导播模式。

导播平台具有完善的录课导播功能，包括教师/学生画面、教师电脑信号等的场景切换，添加 LOGO 和字幕，切换特效，调节音量，调节云台摄像机焦距，多画面显示布局等功能。同时支持在手动导播过程中通过 PC 远程设置添加字幕。

（3）5G+ 综合评价

① 5G+ 学生综合评价技术路线

a. 学生综合评价指标体系构建

学生综合评价的主要内容建议以国家及各省市发布的各学段学生综合素质评价的框架及国家 2013 年颁布的《中小学教育质量综合评价指标框架（试行）》（后简称"框架"）中的"五大维度、二十项指标"和 2019 年印发的《关于新时代推进普通高中育人方式改革的指导意见》等政策文件来梳理学生综合评价指标的框架。从大的方向来说，学生综合评价指标主要包括德智体美劳五个方面，另外再结合各地教育实际对指标框架进行细化和调整，构建符合各地特色的教育质量综合评价指标体系。

学业发展水平中的学科表现主要是通过学科测试来进行。学科测试根据各学段的国家核心课程设置，内容可具体为：

小学：语文、数学、英语

初中：语文、数学、英语、物理、化学、道德与法治、历史

高中：语文、数学、英语、物理、化学、政治、历史

学业评价内容参照各学段的学科课程标准制订，以学科知识和认知能力两个维度的发展要求作为依据确定评价的基本内容框架。其中，学科知识指课程标准中规定的学生应掌握的基本内容，认知能力维度参考"布鲁姆教育目标分类"确定。

学科测试以外的评价内容采用多元方式采集各相关过程性的数据，主要包括学生自评、教师评价、佐证材料上传、学生课堂表现的无感式采集等方式。

b. 各指标数据规划

通过对指标可操作性定义的详细分析，整理出各指标评价的支撑数据，以及各数据应通过何种方式采集。

c. 数据采集应用规划

通过上述数据的采集规划和对应的采集方式，可梳理出所需的采集工具。

d. 评价结果展示设计

② 学生综合素质档案

《关于新时代推进普通高中育人方式改革的指导意见》中指出了要把学生综合素质评价作为招生录取的重要参考。因而，构建以学生表现性任务为主的学生成长档案很有必要。学生的成长档案袋就是通过对学生作品的收集和对学生学习过程的记录，促使学生进行反思并反映出学生的学习效果和是否达到预期目标的档案袋资料。档案袋能够全面描述学生的发展情况，如实践能力、问题解决能力等。构建学生成长档案袋首先需要选择档案袋评价的内容，如学生准备的作品及相关情况；然后确定档案袋评价的维度和标准；最后确定评价主体，如教师评价、同学互评等。学生成长档案袋内容主要以表现性任务的相关材料为主，同时包括但不限于标准化测试成绩单、各核心科目的日常课业、各核心科目口头展示或小组讨论、学生身体健康档案、反思材料、学生对学习中自我表现的自我评价等。

学生综合分析包括基础分析、体质分析、学生荣誉三个板块，以体质分析为例，设计如图 4-73 所示。

③ 学生成长画像

学生成长画像是学生成长路程的标签化，能够最大限度地表现出学生的学习需求和偏好，为分析

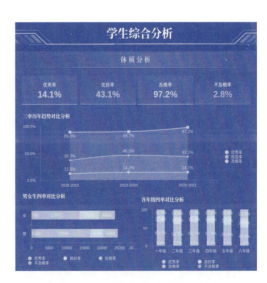

图 4-73 学生综合分析样例

学生特征、精准教与学、定制个性化学习路径等提供依据。学生成长画像可以先从一两个方面入手，分阶段逐步构建，最终形成全方位的学生综合画像。学生成长画像的特征要素可以根据学校的发展目标、办学特色、教学现状进行调整。

学生成长画像的构建要经过目标制订、数据收集、画像建模、画像分析及可视化输出等步骤，最终在教学中应用并指导教学改进。（如图 4-74 所示）

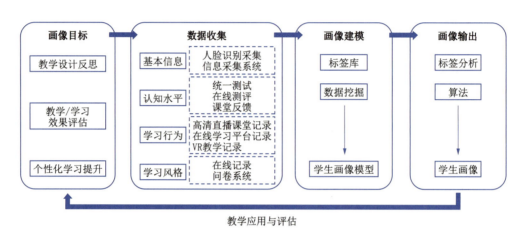

图 4-74　学生画像设计的实施步骤

学生成长画像样例设计如图 4-75 所示。

④ 5G+ 教师评价技术路线

a. 教师评价指标体系构建

依据《关于全面深化新时代教师队伍建设改革的意见》（2018）、《小学教师专业标准（试

	学习动力	学习方法	学习倾向
个人	91.67	64	87.69
总体	73.78	68.95	71.78

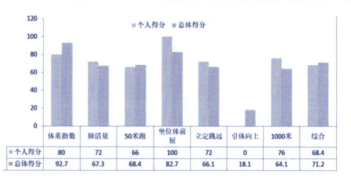

	体重指数（BMI）(kg/m2)	肺活量（毫升）	50米跑（秒）	坐位体前屈（厘米）	立定跳远（cm）	引体向上	1000米	综合
实测值	22.6	2521	9.6	18.2	181.00	0	4′40″	
等级	超重	及格	及格	优秀	及格	不及格	及格	及格
个人得分	80	72	66	100	72	0	76	68.4
总体得分	92.7	67.3	68.4	82.7	66.1	18.1	64.1	71.2

	体重指数	肺活量	50米跑	坐位体前屈	立定跳远	引体向上	1000米	综合
个人得分	80	72	66	100	72	0	76	68.4
总体得分	92.7	67.3	68.4	82.7	66.1	18.1	64.1	71.2

图 4-75　学生成长画像样例

行）》（2012）、《中学教师专业标准（试行）》（2012）等文件对教师队伍建设改革、教师专业素质的要求，本部分将教师专业发展评价分为师风师德、专业知识、教学工作、教学效能四大部分内容，其关系如图4-76所示。

各评价内容的指标细化方案如表4-4所示。

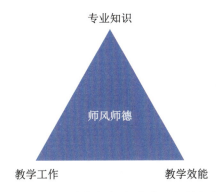

图 4-76 新时代教师专业发展评价框架

表 4-4 各评价内容的指标细化

评价内容	关键指标	指标考查要点	主要依据
师风师德	思想政治素质	理论学习、带头践行等	《关于全面深化新时代教师队伍建设改革的意见》（2018）、《小学教师专业标准（试行）》（2012）、《中学教师专业标准（试行）》（2012）等文件
	职业道德水平	全方位育人、规范执教	
专业知识	理论性知识	学科内容知识、学生发展知识	
	实践性知识	教学经验、自我知识、技术运用知识、教学应用知识	
教学工作	教学任务	课堂教学、师生互动	
	关系维系	同事合作、家校沟通	
教学效能	学业表现	学生考试成绩、竞赛成绩	
	学业进步	增值量、增值幅度	
	学习品质	学习习惯、学习兴趣、学习策略	

b. 各指标数据规划

常见的数据采集方法包括问卷调查、书面测验、观察、实物收集（佐证材料上传）等，依据每个评价内容及其细化指标的特性选择的数据采集方法及参与对象如表4-5所示。

表 4-5　教师专业发展评价的数据采集方法

	数据采集方法				参与对象
	问卷调查	书面测验	观察	实物收集	
师风师德	○		○	○	自己、他人（如学生、同事）
专业知识	○	○		○	第三方评估机构
教学工作	○		○	○	自己、同事、专家
教学效能	○	○		○	自己、学生成绩

c. 数据采集应用规划

通过上述数据的采集规划和对应的采集方式，可梳理出所需的采集工具，具体如表 4-6 所示。

表 4-6　数据采集应用规划

采集方式（数据来源）	应用规划
问卷填写	能支持线上填写问卷、量表的系统
实物收集	能支持上报现有数据，上传图片、文档等佐证材料的系统
书面测验	能批量采集教师测试数据的阅卷系统
教学质量增值分析	能基于历次学生的学科测试数据进行增值分析的系统
作业相关数据采集	能采集学生日常作业的完成情况、教师批改情况的作业系统
常规课伴随式数据采集	能伴随式采集课堂音视频数据且能对数据进行自动识别、分析的课堂评价系统

d. 评价结果展示设计

评价结果展示设计针对不同阅读对象设计，包括区域、学校、教师个人。结果展示相关样例如表 4-7 所示。

表 4-7　结果展示样例

教师基本信息分布（比如教龄）	

教师基本信息分布饼图：21年及以上 25.71%，3年及以下 16.80%，4—6年 14.64%，7—12年 25.12%，13—20年 17.73%

（续表）

教师某一专业维度的发展情况	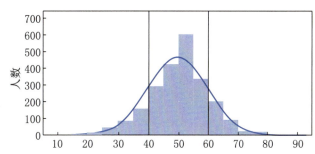
区域比较	理念与师德 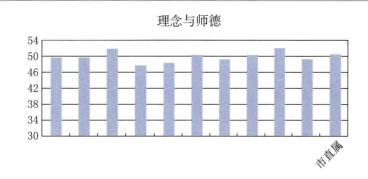
教师专业发展各个维度的高中低分组情况展示	
某区教师各个维度的发展情况	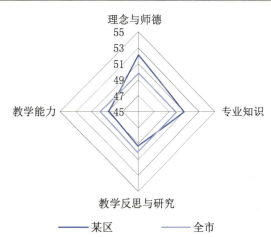

（续表）

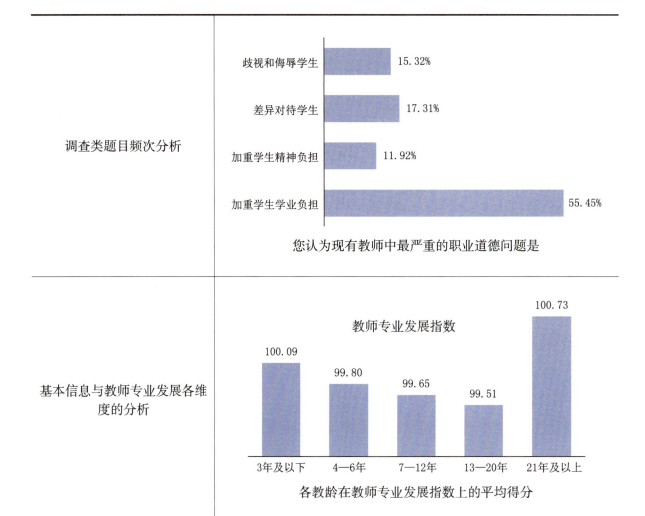

| 调查类题目频次分析 | 您认为现有教师中最严重的职业道德问题是 |
| 基本信息与教师专业发展各维度的分析 | 各教龄在教师专业发展指数上的平均得分 |

（四）项目应用情况

1. 依托教育管理平台，打造雁塔智慧教育生态环境

基于 5G 技术、人工智能技术、物联网技术等，深入融合与联合创新，实现信息技术与教育教学深度融合。统筹建设区域标准化支撑基础，同时承载校园个性化发展业务，建设"区—校"融合、协通、开放的智慧教育新生态。

2. 现代技术助力教研教学，探索区校联动建设的新模式

通过挖掘区域优质资源，探索资源建设与应用的新机制，发挥名师、名课的示范效应，采用"互联网 +5G"、AI 等先进的技术融合教学、教研业务。通过先进技术助力区域教育质量提升，以优秀教师带动更多教师发展，促进教师水平发展和教育质量提升。建设区域统一资源与统一应用，积极开展试点示范校应用，探索区域统筹、学校应用的区校联动建设新模式。

3. 运营服务伴随信息化建设，促进科学与教育融合创新

建设运营支撑服务体系，实现教育信息化建设和应用同步协调。从标准、课程、内容，配合教师培训、研究、研学指导、专家咨询，再结合精准教学、个性学习的服务模式，促进教育信息化建设成果的常态化应用，实现教育信息化从融合到创新的快速发展，推进教育现代化的发展进程。

4. 大数据优化教育治理，保障教育均衡发展

通过教育大数据，对雁塔区教育发展情况综合把控，可视化呈现区域教育发展均衡度情况，为管理部门动态调整教育资源提供数据依据，保证教育均衡发展。

5. 从融合到变革，引领智慧教育新格局

通过"5G+智慧教育"试点，促进现实空间与数字空间的衔接和转换，实现优质资源的共享交互，使智能教育、教学和生活环境变得完善、便捷，为智慧教育提供更加有力的支撑和保障。人工智能、大数据等技术将与教育事业进行更深层次的融合。个性化学习、针对性教学、精准化管理将随着科技的发展与应用的普及推动教育事业的又一次变革，形成新时代下智慧教育的新格局。

（五）项目网络信息安全保障措施

1. 系统安全性原则

系统建立在成熟稳定的云端环境和应用软件基础上，能够实现网络层、系统层、数据层、应用层各个层面的安全防护。同时，系统通过完善的备份恢复策略、安全控制机制和可靠的运行管理监控及故障处理等手段来保障系统运行的稳定、安全。

2. 系统全维护原则

按照信息系统等级保护二级的要求对系统进行维护，包括但不限于：定期对系统进行风险评估工作，包括对网站及应用接口进行外网渗透测试、对内部主机进行漏洞扫描，并完成加固工作；对网站进行 7×24 小时安全监测，发现问题及时记录并处理；每周至少一日对信息系统进行安全巡检，包括对网络安全设备的巡检、配置优化，对信息系统内的各类状态进行判断，定期升级规则库和系统版本。

3. 数据安全保障策略

建立存储数据的安全性保障体系，对关键数据进行加密处理，对敏感数据进行加密存储，涉及加解密的相关算法选用符合国家有关部门要求且银行认可的标准密码算法（包括国家密码管理局认可的国密算法，如 SM 系列商用密码算法），加解密使用规范及密钥长度满足银行相关安全标准。建立避灾系统，支持系统的安全恢复，支持数据备份和及时恢复。此外，还开发了内置的大数据量校验功能。

四、项目的效益

（一）"5G+ 智慧教育"的社会效益

5G 技术在教育信息化产业上的应用将加强信息化技术与教育过程的深度融合。基础网络带宽的提升，智慧教学、智慧教研、智慧教学管理等各种 5G+ 场景应用的汇集、运用，必将全面提升教育信息化应用水平和师生信息化素养。5G 赋能区域教育管理，解决应用碎片化、数据孤岛的问题，实现数据统一治理；5G 赋能校园考试，改变以往考试流程烦琐的问题，实现智能化考阅；5G 赋能综合评价，改变传统唯分数论、单一维度的评价模式，实现基于过程性数据的动态评价；5G 赋能校园管理，实现校园各个模块业务的融会贯通、统一管控。

（二）"5G+ 智慧教育"的经济效益

教育行业具有点多、线长、需求刚性的特点，"5G+ 智慧教育"形成了巨大的市场潜力和产业链条。5G 技术在区域管理平台的运用，将汇聚采集大量数据，推动云产业链的发展；5G 技术在考试场景的运用，将通过智能在线考试、远程巡考等，扩大数据采集终端、身份认证识别设备的需求；5G 技术在综合评价场景的运用，将扩大智能传感设备、行为分析终端、智能边缘服务器等大量新型设备的需求；5G 技术在智慧校园场景的运用，将扩大智能安防终端设备、物联管控网端的需求。

五、项目的创新性

第一，5G 能带来网络传输延时降低，终端的能力随着芯片工艺的提升，从前端采集、编码传输到解码显示等整个链条都将得到进一步的优化，互动课堂将会真正进入"面对面交流"的场景阶段。

第二，基于 5G 技术将评价标准、学习者模型、课堂评价模型与学习者行为等各类数据采集接口进行集成和内化，实现自主学习行为和课堂行为的全过程记录，实现对学习者自主学习结果和教师课堂教学效果的个性化诊断和评价。

第三，通过智能终端采集学生体育考试成绩，智能化分析学生的考试情况，自动生成评价分析报告，实现对学生体育学习的个性化诊断，探索体育教学的因材施教。

第四，通过 3D 建模构建学校安全消防一体化智能大数据分析平台，结合 5G、物联、AI 分析技术，实现校园安全的全方位、多维度、全流程管控。

第五，人工智能教学实验平台是专为中小学人工智能教育和编程教育设计的综合性教学实验平台，是中小学人工智能教育整体实施方案的核心。人工智能教学实验平台基于自主研发的原创深度学习训练平台，支持深度学习、机器学习算法模型及神经网络的构建、训练和测试，同时面向中小学生进行了代码的封装与调用方式的简化，进一步增加了平台的易用性、友好性及教学性。

六、项目的可推广性

"5G+ 区域教育管理平台"各系统所涉及的计算、存储资源统一在云端进行，同时云端将收录和提供日常教学、管理所需要的资源和应用，汇总各类教育数据，并进行分析和发放，这为雁塔区智慧教育的发展奠定基础。后期的新建学校可直接接入区域教育管理平台，直接复用区域公共建设的应用模块，学校只须结合本校特色建设个性化、特色化应用，便可快速实现校园信息化的部署。此模式将极大地助力雁塔区"5G+ 智慧教育"在全区范围内快速推广。

西安市雁塔区学校：电子城小学智慧教育评价系统应用案例分享

西安市雁塔区电子城小学　赵蒙

随着我国教育信息化战略的推进，教育信息化建设取得了重大进展，追求教育公平和质量、教育创新、个性化教育、能力培养已成为当今教育的主旋律。电子城小学秉承"融合、科学、未来"的育人理念，认真学习贯彻《深化新时代教育评价改革总体方案》及《义务教育质量评价指南》，将教育评价作为本次智慧校园建设中的重点；改进结果评价，强化过程评价，探索增值评价，健全综合评价，建立科学的、符合时代要求的"全要素评价育人"机制，优化学校教育评价生态，促进育人质量全面提升，带动学校高质量发展。

评价内容如何克服"唯分数"的单一指标，多方面、多角度评价学生？课堂改革给学校质量评价研究带来了新的启发。通过数据分析了解学生课堂学习过程、课后学习对学生学习质量的影响，形成教学策略，对学生学习能力的提升和心智的发展都具有重要意义。

一、学生学习过程评价系统（课堂教学评价系统）

课堂是教育教学的主阵地，当学生在课堂学习过程中的行为得到及时、准确的评价时，不仅能促进学生的学习和发展，而且能促进学生元认知的发展，实现"高效课堂"。

学生学习过程评价系统是对学生学习过程的全方位、多元化评价系统，具体情况如下：

1. 评价角色多元化。被评者有学生、小组和教师；评价者有教师、学生、小组和教学督导等。

2. 评价形式多样。包括学生自评与互评、小组自评与互评、教师评价学生和小组、教师教学评价等。

3. 评价方式多元化。包括量化评价、质性评价，诊断评价、形成评价、总结评价等。

4. 评价内容多样。包括对学生或小组在课堂学习中的学习行为（如课堂提问、个人 / 小组展讲、课堂发言等）进行评价，对教师的课堂教学和学生课堂学习结果进行评价。

通过学生学习过程评价系统在课堂上的应用，教师在课堂上能给予学生及时的反馈，同时教师的点评及报告中的内容，能够潜移默化地规范学生的上课行为，培养学生的学习习惯，提升学生的自我管理能力，培养学生的批判性思维。

二、学生学习成果评价系统（学业诊断与评价系统）

学生学习成果评价系统完成义务教育阶段各学科的笔试组卷和对学生笔试结果进行评价。系统对学生笔试结果进行数据分析，展示结果并输出学业分析报告，使教师了解学生在不同阶段的知识与技能、认识过程和学科素养等方面的具体情况，以此作为教学改进的重要依据之一；让学生了解自身对各学科知识与技能的掌握程度，对知识认识的深度和思维发展的深度，以及学科素养的养成等情况，以便准确了解所学知识的掌握情况，找到自身弱项进行弥补，为减负提质提供数据支撑。

学生学习成果评价系统分为两大模块，一个是学科命题，另一个是学业评价。学科命题中设置了命题范围、双向细目表、知识点维护、认知过程维护、数据字典维护五大板块，该模块使教师在对学生不同阶段学习进行评价时，可以先对评价目标、评价内容进行整体设计。学业评价模块是提供评价数据的平台。

电子城小学通过学生学习过程评价系统和学生学习成果评价系统提供的数据，多视角分析测评数据，落实评价结果育人。学校通过评价数据探索技术支持的"评价—反馈—改进"路径，引领师生、家长进行多视角分析，发挥学业评价的多元价值。在课堂改革和评价系统的建设中，教师评价素养得到提升，形成通过评价观察趋势、关注个体、改进教学的心智模型；学生逐渐学会分析、激励自我、适应学习，自我组织学习能力得到提升；家长更加理性，改变"唯分数"的惯性思维，做到对孩子合理评价、适切帮助、支持学习。多元的学业评价能以积极、温暖的"面貌"鼓励、促进学生发展，从根本上引导教师、家长转变育人方式，从而提升学生的学科核心素养、教师的教学能力、学校的教学质量。

西安市雁塔区学校：面向核心素养的学生成长评价新模式

西安市雁塔区航天小学 刘鹏

【摘要】移动互联网新技术的不断发展，使得利用智能设备对学生开展丰富多样的评价活动成为可能。为进一步构建"学校、家庭、社会"三方互动和核心素养视域下的学生成长评价体系，利用新技术、新方法增强学校的育人与管理实效，推动信息技术在教育与管理中的融合应用与创新，雁塔区航天小学经过几年的探索与实践，构建了基于微信公众平台的学生成长评价模式。利用微信公众号的联通功能，学校嵌入第三方平台，创建了多个评价模块，利用移动智能设备，实现了教师对学生进行个性化、多元化、实时化的多维评价，促进了学校"立德树人、智慧学习、多元发展"培养目标的有效落实。

【关键词】微信服务号；成长评价；争星；家校互动

一、背景与思路

2016 年 9 月，随着《中国学生发展核心素养》总体框架的正式发布，聚焦如何更好地培养"全面发展的人"，并探索实施与之相适应的评价方式已然成为每一所学校改革发展的新课题。核心素养指向全面发展的人，包括文化基础、自主发展和社会参与三个层面。这就要求改革和创新评价方式，建立更加丰富、多元、个性的评价维度，为培养全面发展的人设好导向，定好量规。2017 年，本校制定了《航天小学学生发展——"从小起航"争星评价体系》（以下简称《争星体系》）实施方案。加快信息化时代教育变革是《中国教育现代化 2035》中提出的战略任务之一。在这样的背景下，利用信息技术手段不断优化教育教学管理和教育教学评价，激发学生的学习积极性和主动性，继而探索出面向核心素养的学生成长评价模式，成为我们努力的方向。

二、主要举措

（一）落实《争星体系》实施方案，制定评价细则

按照学校"立德树人、智慧学习、多元发展"的培养目标，结合《争星体系》实施方案，落实多元发展学生、全面评价学生总体要求，由校领导牵头，教导处、德育处、信息处组成方案论证小组，制定具体的评价细则，主要包括评价指标、奖励规则、奖评形式和兑换要求。评价指标主要从学生的品德习惯、学习方法、实践能力和活动参与四个方面进行考量。奖励规则为：班主任根据学生的品行和习惯，进行"高尚星"的评奖，语、数、英三个学科的教师根据学生的学习方法和学习效果进行"智慧星"的奖励，其余科任教师根据学生的实践能力情况进行"能手星"的奖励。奖评形式可分为颁发电子虚拟星卡和给予相关评语。当学生获得一定数量的电子虚拟星卡，可以用来兑换不同的奖品，奖品有物质奖品类和精神奖励类两种，学生可自由选择兑换。

（二）依据评价细则，开发应用模块

根据评价细则和学校管理结构，信息处在分析、整合学校信息技术支持环境和资源的基础

上整理出关系架构，列出功能和需求，交由第三方公司开发设计应用模块，主要包括信息、成绩、档案、评星、分享、视频六个模块，实现信息发布、成绩发布、学籍查询、评星兑换、班级分享、家校互动、教育资源共享、学生综合评价和家校沟通等功能。

（三）用好各个模块，凸显育人功能

评星管理：该模块主要体现学校在教育教学中对学生的过程性评价，是学校落实《争星体系》的有力手段，是学校实现"立德树人、智慧学习、多元发展"培养目标的具体措施。教师利用手机端可实时对学生进行评星操作，同时可给予学生相应的评语，具体分为"高尚星""智慧星""能手星"和阅读卡。班主任根据学生的日常行为规范和品行，给予学生"高尚星"奖励。根据学生阅读手册的完成情况，班主任可给予学生阅读卡的奖励。语、数、英教师可根据学生的学习表现给予"智慧星"奖励。其余任课教师可根据学生在某一学科的突出表现给予"能手星"的奖励。教师评星后，家长手机端可实时生效查看，并以消息提醒的形式提示家长。家长通过手机端，可查看自己孩子的得星数量、评星教师及其评语，还可实现星卡兑换奖品的操作。通过"星卡兑换"栏目，学生可根据自己已有的星数选择相应的奖品或奖励。学生提交兑换后，班主任手机便收到兑换提醒，审批通过后，学生可领取兑换的奖品。同时，学生获得的星数（四类星总数）也将相应抵扣。管理部门可通过后台按照评星周期查看全校评星汇总，一方面实现管理的高效和便捷，另一方面可形成统计报表，为教育统计提供分析数据。

班级分享：该模块主要以班级为单位及时分享图文内容，类似于微信的朋友圈。主要分为多彩生活、学习分享、精彩悦读和留言信箱四个栏目。所有与班级相关的家长和任课教师都可以发布并浏览图文内容。读者浏览后可点赞，也可评论，互动性强。"多彩生活"主要定位学生在生活中的精彩瞬间、游记日志、心得发现等；"学习分享"主要是学生在学校和家庭中关于学习方面的点滴收获、学习方法、学习体会等；"精彩悦读"主要定位为学生在阅读方面的收获和分享，包括好书推荐、读后感想、阅读讨论等；"留言信箱"可实现任课教师和家长点对点互动交流，让家校沟通更加畅通。

视频服务：该模块主要实现学校大型活动、教研活动的直播和精品录像课的点播功能。我们将学校视频资源进行筛选分类，分为校园活动、学科课程、教育视频三个大类。其中"学科课程"呈现的是本校的精品录像课和微课，学生可以根据需求实时访问观看。"教育视频"主要是面向家长提供关于家庭教育和弘扬社会主义核心价值观的视频内容。

此外，还有信息发布、成绩发布和档案查询模块，实现生成学生成长电子档案和家校互动的功能。

三、成效与特色

（一）健全科学的教育评价机制

基于核心素养下对人才的培养方向及要求，变革优化教育评价机制尤为重要。改变应试教育下唯考试评价、结果性评价、知识性评价的狭隘，建立过程性评价、社会评价、结构化评价等多元评价机制。而"从小起航"学生成长评价系统就从根本上实现了学生成长的过程性和多元性评价。评价的主体由班主任扩大至所有任课教师及家长，形成了实时性、多维度、全方面、立体式评价格局。通过平台，学生既可以在学业成绩上获得努力后的满足与肯定，也可以通过品行表现获得"高尚星"的奖励；或是通过课堂学习方法突出获得"智慧星"的鼓励；还可以通过在某一学科上的特长而获得"能手星"的肯定。走出校门，学生可以利用"班级分享"将自己的生活体验、社会实践、参与公益、读书心得等多方面的收获发布出来，和同学、老师们分享交流，体验成长的快乐与充实；也可以通过"留言信箱"，和学校的任课教师进行交流。之后，我们还将开发"作品分享"模块，以期汇总、展示学生在学习成长过程中的各类作品，让学生充分感知校园生活的充实与美好！学生在童年学习成长的每一步都点滴记录在"从小起航"学生成长评价系统之中，形成属于每一个学生的独特的电子成长记录册，从而更好地体现和践行学校的办学理念："让每一个孩子的童年都充满精彩和快乐。"

（二）建立家校共育的新途径

学校不仅是学生和教师的学校，也是家长的学校。学生的教育培养离不开家庭与学校的合力。家校之间坦率而频繁的信息交流和沟通是建立良好的家校合作关系的基础，是家校共育和共享资源的前提。学校和家庭只有建立在互相了解、互相沟通的前提下，家校共育的合力才能得以保证。而"从小起航"学生成长评价系统很好地架起了家校互动的桥梁。通过"从小起航"系统，学校的各级各类通知可以在第一时间发送给家长，且家长无须安装 App，无须承担任何费用。通过平台，家长可以动态了解孩子的学习成绩及各学科得星情况。利用"班级分享"，家长可以随时了解班级开展的活动情况。通过"留言信箱"，家长可实时与任课教师点对点沟通联系。在"学籍档案"模块中，家长可以随时随地查阅孩子的学籍档案，避免了以往只能通过班主任先上报给教务处，然后由学籍管理员登录学籍系统查询的复杂与低效。家庭和学校通过彼此之间的信息交流和沟通，不仅可以深入了解双方的处境、诉求及教育期望，也可以更深入、更全面地了解孩子学习成长的全过程。打破时空限制的特性，实现家校沟通的高效快捷，教师和家长共同关注孩子的成长变化，从而制订合理的学习计划。随着"从小起航"系统的深入应用，学校和家庭必将统一教育思想，形成家校合力，共育孩子成长的美好明天。

（三）优化教育教学管理

教育信息化手段的深入应用，必然会带来学校教学管理的高效与便捷。利用微信公众服务平台——"从小起航"学生成长评价系统，可以使学校各级通知任务迅速下达给家长，做到消息传达的及时与精准。成绩管理和档案管理功能使教务管理更加便捷高效。档案管理功能可供班主任随时下载、打印学生学籍表，并支持更新编辑学生学籍信息，保证了学生学籍信息的准确性与完整性。评星管理功能可以按周期生成评星统计汇总表，使得原来依靠班主任手动统计的工作简单化、自动化。奖品兑换功能方便教师及时统计本班兑奖类别和数量，给德育处采买奖品提供了参考。随着这一系统在学校的整体普及与应用，教师将更加深切地体会到移动办公的便捷与高效。

第十一节　陕西省西安航天基地

西安航天基地学校：
开发创建智慧社团管理项目，实现"5W 点餐式"学习拓展模式

西安航天城第二小学　马斌

【摘要】 西安航天城第二小学开发创建社团课程资源智慧校园平台，学校网上设置社团，教师网上组建社团，学生网上申报社团，实现了师生双向选择、优化调整选课等功能，提高了社团组建的效率，让社团建设更加人文化。社团成立后，教师通过智慧校园平台上传图文、音视频等课程资料，学生可在社团活动的基础上，通过智慧校园平台对相应的课程进行自主预习、自主练习、自主复习、自主探索，丰富了学习方式，提高了学习效率。同时，平台的创建也便于教师对学生学习活动过程中的数据进行采集、评价、分析，进而提高教学效果。

【关键词】 社团管理；特色课程资源；"5W 点餐式"学习拓展模式

西安航天基地从 2019 年开始全面打造区域智慧教育，经过几年打造，建成了统一的智慧教育应用平台，并广泛应用在区域学校。各学校结合校情，可在平台上开发建设智慧项目，形成本校智慧校园建设应用特色。西安航天城第二小学开发建设了智慧社团管理项目，实现了社团建设智慧管理，并初步形成了"5W 点餐式"学习拓展模式。

一、解决的关键问题

（一）社团管理

学校社团管理事项纷繁复杂，受社团项目、人员选定、内容安排、时间地点、社团调整等因素的影响，社团组建往往存在信息障碍、人员调整等困难，难以实现师生双向选择、合理科学安排、管理优化统筹。

基于以上问题，西安航天城第二小学参照高考招生模式，在学校智慧平台上开发创建"社团管理"项目，实现了学校网上设置社团、教师网上组建社团、学生网上申报社团、社团师生双向选择，解决了线下社团报名时容易存在的人员增减、学生意愿变更及数据统计烦琐等方面的问题，信息发布、接收更为顺畅，提高了社团组建的效率。

（二）资源建设

智慧平台设立"社团课程资源"板块，社团指导教师可将课程资源随时上传。上传内容包括音视频、课件、文本、图片等形式的课程资源，平台会将上传的资源生成二维码，学生或家长在课后通过扫码即可获取资源，解决了学生在社团课程结束后无法再进行知识巩固、自主探索等问题，保障学生可随时随地查看课程资源，参与活动。

二、具体实施方法

（一）社团管理

在学校网上设置社团的基础上，教师可以借助智慧校园平台进行社团的组建、编辑、解散、转让、复制及资源上传等操作。在学生网上申报社团时，教师可以进行发起报名、添加、导入、删除、审批等操作。以学期为单位，指导教师可对学生在社团活动中的数据进行评价、分析，查看学生的综合成绩，还可以结合以往社团的活动情况，选择更为合适的学生参加社团，优化社团结构。为便于操作，技术人员在后台设置上进行了优化，教师不仅可以在 PC 端完成，也可以利用移动端的智慧校园平台完成，让社团指导教师、家长、学生操作更加方便、快捷。

具体操作流程是：信息发布—学生报名—人员确认—统筹调整—组建成功—社团活动—社团评价。

在教师发起社团报名后，学生将会在移动端的智慧校园平台收到报名消息，获取报名项目、活动内容、基本要求、人员数量、授课时间等信息，然后填写信息完成报名，名额报满后，平台将不再接受报名。教师在收到报名信息后，根据报名人员的具体情况进行确认，对不符合要求的人员进行调整，并再次发布报名信息，经学生补报、教师审核后确定人员，社团组建完成。

在社团组建成功后，学生便在指定时间和地点参与社团活动，课后可在智慧校园平台移动端查看社团指导教师发布的消息和资源，并对相应的课程进行自主预习、自主练习、自主复习、自主探索。学生可上传学习问题、体会、作品等，教师可随时对学生社团活动进行指导和评价。

（二）社团课程的资源建设

学校将社团分为德育类、智育类、美育类、体育类、劳育类等不同性质。社团教师在上传资源后，可以形成特色的社团课程资源体系，同时生成资源二维码，学生可利用移动端扫描二维码查看课程，实现课程管理、教师管理、学习管理、评价管理等功能，帮助学校构建特色化的社团课程资源，打造特色智慧校园。

三、成效和经验

社团管理作为智慧校园特色应用，已成功使用两年。目前有学生社团 31 个，参与教师 40 余人，参与社团学生 1100 余名，80% 以上的家长能通过手机端操作实现社团报名和应用。考虑到仍有部分家长存在网络报名困难的问题，各社团在通过网络报名的同时，留有一定的线下报名名额，确保社团管理科学化、人文化。

社团课程资源动态上传，目前社团资源持有量 200 余份，并在不断丰富和完善。社团课程丰富了学习方式，初步形成了"5W 点餐式"学习应用模式，学校所有学生均获得网络授权，学生不限于本社团的资源利用，在课余时间可随时随地参与本校所有社团课程的学习。"5W 点餐式"学习应用模式解决了"谁要学"（Who）、"什么时候学"（When）、"什么地方学"（Where）、"学什么"（What）、"怎样学"（How）的问题。"5W 点餐式"学习，不仅可以让学生自主复习，回顾已经学过的知识，还能使学生拓展视野，提高学习兴趣，提升学习活动效率。

以上为本校智慧校园建设应用的一个方面，我们还在不断地探索和丰富。下一步，我们将继续征求师生和专家的意见，完善功能，与时俱进，让智慧校园更加智慧。

西安航天基地学校：数据联动助力提质增效，智慧校园打造全新样态

西安航天城第三小学　邱峰杰

【摘要】随着信息技术的迅速发展，越来越多的信息技术手段渗透到学校管理、教师教学、学生学习及家校沟通的各个环节中，导致学生、家长及教师需要掌握很多软件的操作方法，效率不高，负担过重。学校在航天基地打造的区域性平台的基础上建设具有学校特色的智慧校园平台，结合当前的"双减"政策，开发了用于学生综合评价的"红领巾争章"模块、促进学生体质健康发展的"智慧操场"平台，以及通过大数据进行学生学情分析的"AI 教室"。

【关键词】"双减"；综合评价改革；智慧体育；"AI 教室"

一、背景与思路

根据《教育信息化十年发展规划（2011—2020 年）》《教育信息化 2.0 行动计划》《深化新时代教育评价改革总体方案》《中小学数字校园建设规范（试行）》《西安市中小学智慧校园建设标准（试行）》的建设要求，西安航天城第三小学加快推进教育信息化项目建设，以智慧化应用带动新一代信息技术与教育全过程的深度融合，推动西安市教育信息化实现跨越式发展。学校在航天基地智慧教育区域发展的基础上，着力打造特色，将信息技术融入教育教学全过程，推动实现教师与学生的个性化"教"与"学"变革，构建具有航天学校特色的智慧校园平台。

西安航天城第三小学是由西安国家民用航天产业基地管委会创办的一所高品质全日制公办小学，于 2019 年 9 月正式招生开学。学校坐落于西安航天基地神舟二路，校园占地约 2.3 万平方米，建筑面积约 28784 平方米，总投资约 2.05 亿元。截至 2021 年 9 月，学校现有 5 个年级 32 个教学班，学生 1385 人，教职工 94 人。教职工 100% 为本科及以上学历，其中 18.6% 为研究生学历。现有省市教学能手 23 人，中高级教师 24 人。学校坚持新时代中国特色社会主义办学方向，全面落实立德树人根本任务，秉承"理想教育"的办学理念，致力于"让每一个孩子成为发光发亮的星星"。（如图 4-77 所示）

图 4-77　西安航天城第三小学

二、主要举措

（一）健全组织，构建信息化管理网络

学校成立了教育信息化工作领导小组，是以张红梅校长为组长，邱峰杰副校长为副组长，各部门主任分管，信息技术教师、各学科教研组长及部分骨干教师为成员的现代教育技术工作小组，全面负责学校现代教育技术工作，形成了"主管领导—各部门主任—现代教育技术工作小组—全体教师"的现代教育技术管理网络。（如图 4-78 所示）

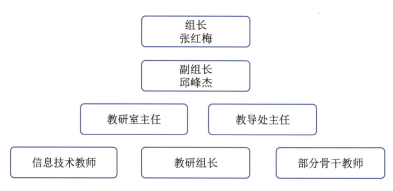

图 4-78　现代教育技术管理网络

学校立足"立德树人"的根本任务和学校办学实际，制定《西安航天城第三小学信息化发展规划》《西安市中小学教师信息技术应用能力提升工程 2.0 项目整校推进方案》《西安航天城第三小学智慧校园建设现状及发展规划》等规划性文件，建立健全各项现代教育技术管理制度。（如图 4-79 所示）

图 4-79　教育信息化发展规划相关文件

（二）完善硬件，优化教育信息化环境

学校以光纤入校的形式接入互联网，网络速率为千兆，无线网络及 5G 信号全覆盖。在教育信息化建设的过程中，学校实现了多媒体教室的高质量建设，根据国家课程规划，配备了精品化录播教室、创新实践室、书画云教室、智慧书法教室、校园电视台、电子阅览室等各类功能部室。另外，还建设了通过大数据与人工智能分析来实现学情分析、诊断的 AI 教室与智慧操场，实现了校园环境信息化、办公环境信息化、教学环境信息化，既彰显了学校的办学品质，更为学校的蓬勃发展插上了腾飞的翅膀。（如图 4-80 所示）

图 4-80　部分功能部室

（三）应用建设，促进教育教学模式变革

1. 加强教师队伍信息化建设，提升教师信息素养

学校高度重视教师信息技术应用能力的培训与提升，把"信息化教学"作为教师培训的重

要内容，通过专题培训、信息化教研、信息化教学活动几个方面，全面提升教师的信息素养，促进教师教学方式的改变，通过教育信息化手段打造高效课堂，助力学生成长。

2. 创新教与学模式，聚焦学生核心素养

（1）多媒体辅助教学，提高教学效率

学校重视教育信息化设备在日常教学中的运用情况，为每间教室配备交互式电子白板，安装 SMART 授课软件。教师的教育教学手段发生了根本的变化，学生的学习积极性及学习兴趣大为提高。

（2）停课不停学，探索教学新模式

得益于学校扎实的信息化建设工作，学校的"停课不停学"工作顺利开展。在三个月时间里，教师充分利用网络资源进行备课、教研、上课及评价，充分发挥和利用"互联网＋教育"的优势，在特殊时期保证了教育教学的质量，受到了学生和家长的一致好评。

（3）构建信息化校本课程，培养创新型人才

学校能够充分认识到提升信息素养对于落实立德树人根本任务、培养创新人才的重要作用，结合学生具体情况，开设少儿编程、玩转乐高、3D 打印等丰富多彩的科创类社团课程（如图 4-81 所示）STEAM 课程将科学课与 STEAM 课程相融合，为学生和教师提供了优越的教育资源与平台。创新实践室内部配置了大量教学资源，为学生提供了良好的 STEAM 课程学习环境，旨在培养学生的科学精神、创新精神和实践操作能力。在人工智能大背景下，学校积极响应国务院印发的《新一代人工智能发展规划》文件精神，在一至五年级全面开设少儿编程

图 4-81　科创类社团

社团，通过编程游戏启蒙、可视化图形编程等课程，培养学生的计算思维和创新解难能力，增强未来竞争力。

（4）信息化助力德育活动，培养新时代好少年

立德树人，是中国传统育人的内核、底色和追求。学校重视德育工作，并通过信息技术手段助力德育工作。每周举行的升旗仪式中的"百年辉煌百人讲"，由学生讲述党史故事并通过学校操场大屏播放多媒体视频，帮助学生了解历史情境，增强民族自豪感和自信心；学校的微信公众平台开设有"那年今日""红色足迹·星星闪耀""学党史·讲英烈故事"等特色栏目，每期栏目内容包含学生出演的视频，受到了学生及家长的广泛关注；每周的主题教育班会及学校的大型活动，教师都会充分利用多媒体资源对学生进行教育；根据中共中央、国务院印发的《深化新时代教育评价改革总体方案》，制定了"红领巾争章"体系，并借助智慧校园平台对学生进行多维度评价，促进学生评价模式的全面变革。（如图 4-82 所示）

图 4-82　信息化助力德育活动部分公众平台截图

3. 信息技术搭起沟通桥梁，助力家校共育

学校的智慧校园平台面向学校、家长、学生同时开放，平台能够为学生提供丰富的学习资源，传递科学教育理念，帮助家长提升自身的教育能力，促进家校协同共育。

4. 提高应用水平，实现管理信息化

为实现学校管理的优质高效，学校通过钉钉及智慧校园平台实施管理工作。目前已经实现

现代办公自动化、教务考务自动化及后勤管理与服务自动化。

（四）共享资源，发挥示范引领作用

学校在利用信息技术促进教育发展与改革方面取得了显著成效，积极发挥示范辐射作用。为了更好地加强学校间的相互交流，进行优势互补，推动信息化教育共同发展，学校与汉中市青木川辅仁学校共同开展网络教研活动，利用网络平台实现精准帮扶。学校组建省市区级共四个"名师+"研修共同体，通过网络开展丰富的教育教学和教研活动，创建微信公众平台，发挥示范引领作用。学校每学期积极参加航天基地教育局组织的"走课"活动，将信息化成果辐射更多学校，促进教育质量均衡发展。为进一步落实"双减"政策，充分发挥骨干教师的示范作用，学校开展骨干教师示范课活动，并通过网络直播形式，完全对外开放，让更多学校享受优质教育资源。

三、打造特色，创新网络空间应用模式

学校在航天基地打造区域智慧教育的基础上，不断创新应用，逐步形成了构建"1"个智慧网络平台、服务"5"个对象、借助"N"个"I助手"的"1+5+N"应用模式，全面推进学校的现代化发展，开发出"红领巾争章"评价体系、"AI教室"及"智慧操场"三个特色项目。

"红领巾争章"评价体系的设立从对自己负责、对他人负责、对集体负责、对社会负责、对自然负责五个维度入手，综合表现为人文底蕴、科学精神、学会学习、健康生活、责任担当、实践创新六大素养，结合当下的"五项管理"政策，具体细化为"国家认同"等21个基本要点。依托智慧校园平台，学校实现了颁章、计章、表彰的信息化，解决了传统奖励机制中奖章成本高、数据统计难、记录保持时间短等问题，使颁章方式与统计过程更轻松，也加强了家校之间的沟通与合作。"红领巾争章"评价体系有明晰的奖章奖励渠道，分一级、二级、三级奖励，奖励还为分批入队、各类评比提供主要依据。学校将持续推进"红领巾争章"工作，将"红领巾争章"评价体系融入少年儿童成长的全过程，切实构建起"人人可行、天天可为、阶梯进步"的"红领巾争章"评价体系，引领广大青少年立志向、修品行、练本领，展现朝气蓬勃的精神风貌。

学校根据2017年1月国务院印发的《国家教育事业发展"十三五"规划》中全力推动信息技术与教育教学深度融合的要求，打造了8间AI教室，利用大数据技术开展对教育教学活动和学生行为数据的收集、分析和反馈，为推动个性化学习和针对性教学提供支持。这8间AI教室具备教学巡课、教学督导、教学评估、智能签到等主要功能。运用AI技术可以对学生进行考勤，同时实现对学生的课堂行为分析，包括7种学生行为；抓取学生的多种面部表情，进行学生专注度分析。

　　根据目前在体育教学中遇到的运动效果难检测、运动时长难考核、运动效果难量化、运动风险不可控等问题及现状，学校与技术公司合作，基于人工智能、5G（物联网）、大数据、云计算等前沿技术，开发出育能智慧操场管理系统，运用人工智能帮助学校精确掌握学生整体及个体的体质体能状况，为采用定量方式评价学生运动效果提供了科学依据，从而真正实现个性化教学。

　　智慧操场利用智能穿戴设备、AI摄像头实现对学生的运动体征实时检测，如心率、血氧饱和度等核心数据，通过姿态捕捉、姿态比对、体征数据分析、轨迹分析、人脸识别等技术对学生的运动进行分析，为体育教师提供课堂报告及分析报告，包含体征预警、运功数据、综合建议等。

　　如今的西安航天城第三小学，正在信息化创新应用的道路上加速起航，办学三年来，在学校教育信息化发展规划的引领下，多位教师与学生取得了丰硕的成果。王艺茜老师在陕西省第五届中小学（中职）微课与信息化教学创新大赛中获二等奖；郑凡老师在2020年陕西省智慧课堂优秀课例评选活动中获三等奖；刘依蕾、佘奇两位老师的微课作品获第五届西安市微课大赛三等奖；在航天基地举行的首届优秀微课征集活动中共有5位老师获得一等奖，4位老师获得二等奖，4位老师获得三等奖。由二年级学生主演的微电影《惜粮——小西游外传》荣获陕西省中小学生微电影大赛一等奖；学生张梓潇的微电影作品《胸有成竹》在中央电教馆主办的"中国梦——行动有我"微电影征集活动中被推选为入围作品；闫伟祺同学在西安市第二十届中小学电脑制作活动数字创作中，荣获小学组电脑绘画项目一等奖；王楚皓、黄百川同学在西安市第二十一届中小学电脑制作活动人工智能竞赛中，荣获小学组优创未来项目二等奖，段杰森、孙靖皓同学荣获三等奖；雷泽辰、杨乐功同学在2021第九届ICMC国际机器人创客大赛中分别荣获西安站一、二等奖。

　　未来，西安航天城第三小学将充分利用智慧校园的信息化平台，以"智减"回应"双减"，落实立德树人根本任务，切实提高教育教学质量，办好人们满意的教育。

西安航天基地学校：
智慧教育加速教与学变革，智慧空间构建学习共同体

西安航天城第四小学　汪文彬

　　【摘要】在智慧化浪潮势不可当的今天，西安航天基地因时而进、因势而新，创建智慧教育示范区，西安航天城第四小学的发展依托航天基地，坚持以智慧校园建设赋能学校发展，提升学校教育教学、教研科研的智慧化水平，让先进的科学技术水平延展课堂的深度和宽度，助力教师实现信息技术与学科教学的融合创新。

【关键词】智慧空间；双线三环；云端赋能

一、背景与思路

西安航天城第四小学是由西安国家民用航天产业基地管委会创办的一所高起点、高愿景、高品质的公办学校。学校位于航天基地神舟大道和飞天路十字路口，占地约 2.3 万平方米，有 36 个教学班。

航天四小以航天基地整体推进的智慧校园建设为发展战略，坚持"深化应用，融合创新"和"通用系统上级建，特色应用学校建"的基本思想，以展示全面性、操作便捷性、接口开放性、平台整合性的开发原则，复用区级"一个核心，多个智慧化"智慧软环境。学校积极开发网络教学资源，建立资源体系，利用教育信息化、网络化，开展空中课堂与网络教科研管理，提升学校管理水平与教育教学效益。

二、主要举措与成效：智慧教育实现"云端赋能"

（一）聚焦学生核心素养，构建智慧教育评价系统

学校智慧评价系统以中小学生核心素养发展的三纬度、六方面、十八个基本要点为顶层架构，以各学科能力提升点为具体操作指标。同时，分为"纵线两指导、横线三关联"的评价体系，纵线即校级指导年级、年级指导班级的评价指标目录；横线是课堂常规评价、活动参与评价、社会实践评价相互关联，均设立师评、自评、生评、家评、社会评多重角度。

学校正在开发的智慧校园平台，将评价的积分系统与虚拟云币银行机制结合，学生可通过这一平台兑换教师个性化设定的事物与徽章奖励。借助智慧平台，利用校园云币记录学生成长在线实时评价，激励学生的同时，实现学生生涯规划大数据分析。

（二）智慧教务：形成"课程管理—学情跟踪—后期反馈"特色闭环管理

智慧校园系统配合学校特色应用开发的服务号"西安航天城第四小学"，可实现一键解决师生的需求。教师在校内基本实现无纸化办公，只需登录智慧校园系统，就可完成学情分析、请销假、工作总结、物资管理等多项工作；家长通过手机端登录学校智慧校园系统，可查看学校的消息通知、学生的作业通知、学业报告、班级值日等，完全了解学生的在校情况，让沟通变得更加简单。学校还可以通过问卷调查、投票管理等功能实现反馈调研，加强家校沟通，提升教育实效。

（三）重构关系，"导师制""走班课"全面助力学生成长

办学之初，学校就提出了"导师制"和"走班课"两大学生成长支持系统。学校的"走班课"，选课、排课已经线上化，家长扫码登录智慧校园系统，就能在手机端为学生挑选喜欢的

课程，同时还能看到校内课程的排课情况，更可通过云端的班级圈，时时看到学生的班级动态，线上与教师进行互动交流，了解学生的在校情况。

（四）云课堂连通线上线下融合型教学

学校建立了"杨勇思维空间"微信平台。打破学科界限组建研究团队，全方位、多学科、线上线下有机融合，以"微课堂、微研究、微互动"为载体，将学习工具与学习资源进行有效整合与开发，构建起一个基于"学生、教师、家长"的网络空间学习共同体，打造了无边界、全学习的教育新样态。

1. 思晓云课堂

多学科开发的"思晓云课堂"为学生提供了宝贵的学习资源。目前，"思晓云课堂"已面向学生和教师推出各学科微课200余节，尤其是"金牌小讲师"学生讲解，云微课资源被上传至学校公共区域的智慧云屏机中，实现了从"师生互动"到"生生互动""生机互动"的转变，拓展了学生学习的空间边界，构建了随时随地开展学习的教育场，帮助学生实现线上线下的混融式学习，培养了学生的学习力。

2. 家庭实验室

教师带领学生突破实验室空间等条件的局限，将科学实验室带入家庭生活，启发学生的探究之心，让学生通过随手可得的材料开展科学实验，从小在孩子心中埋下科学的种子。

3. 客厅也疯狂

学校通过"云端授课"的方式连接家校，解决了广大师生居家锻炼的难题，创意授课形式让运动变得随时、简单。

（五）云教研构建跨域教研新模式

1. 联结全区，优质资源共建共享

学校开展了语文、数学、英语学科"名师共享，质量提升"活动。线上资源"名师共享教学案、单元导学单、单元检测卷"已全部研备完成，一年级主要学科的教学资源库基本建成。

2. 开展远程研讨，让教研随时发生

学校以"名师工作室""名师＋研修共同体""扶智平台联谊校""友好学校"为依托，多校联动开展"网络大教研"，组织跨校联盟、多室联动、室坊站联动等名师导教活动。目前，学校已在智慧校园平台开展了两届"构建空间共同体，探索跨域教研新模式"在线直播教学活动，参与人数近两万人。

（六）云客厅促进家校共育

在高度信息化的时代，如何利用互联网技术加强家校共育，已经成为广大教师和家长都需

要思考的问题。本着"沟通、互助、共育、成长"的宗旨，充分发挥网络的桥梁作用和服务功能，我校与家委会联手打造，开通了"思晓家长云客厅"栏目。本栏目每月开播一期，每期一个小时，邀请专家、教师、学生、家长共同参与，以讲述、对话、访谈、交流、互动的方式引领家长树立正确的教育观，通过云直播，有针对性地解决家长的问题和困惑。目前，本栏目已开播三期，在家长中引起了良好的反响，同时也对新颁布的《中华人民共和国家庭教育促进法》的实施起到了积极的回应与落实作用。

（七）未来智造空间创新教育发展

我们将坚持融合 STEAM、创客教育等国际先进理念，以学生需求为导向，将实体空间与开源硬件、3D 打印、机器人等多套课程体系相结合，将现象教学、沉浸式教学融入其中，培养学生的信息素养，提升学生的创新意识与创新能力，为学生提供技术，并鼓励学生交流创意，最终形成一个创意汇聚的场所——"未来智造空间"。

三、智慧校园建设下一步规划

5G 时代，技术与教育教学场景的深度融合，将驱动教与学模式的变革。在教学范式上，5G 的低时延、高带宽特点将助力课程形态变革，先进技术带来跨越时空、现场级交互的远程教学，将促进优质资源下沉、共享。同时，5G 将助力学生认知方式的变革，实现虚实结合、实战级场景教学和沉浸式体验教学，帮助学生主动进行知识创造。

5G 这只"蝴蝶"已经扇动了它的翅膀，智慧校园的建设将紧扣时代信息技术发展的脉搏。我们有理由相信，信息技术的不断进步，将更加有力地改变这个世界，让教育的未来可期可盼。

第十二节　浙江省东阳市

浙江东阳市级：县域"教育大脑"建设的东阳探索与实践

浙江省东阳市教育局　吕楚麟　厉先光

【摘要】 浙江省东阳市瞄准基础教育个性化、优质和均衡这三个主题，把握"数据"这一核心要素，围绕如何着力解决目前智慧教育推进进程中数据目录不统一、数据源不权威、数据共享难等问题，开展基于浙江省"教育魔方"和东阳"城市大脑"的东阳县校一体化、智慧化协同系统的建设，形成东阳"教育大脑"的雏形，构建"教育大脑＋智慧校园"东阳智慧教育推进新模式，为学生养成良好行为习惯、高效学习提供服务；为教师打造高效课堂、精准教学提供服务；为家长了解子女、研判发展趋势提供服务；为部门和学校科学决策与高效治理提供服务；为形成东阳教育良好生态，办人人向往的东阳教育提供重要支撑。

【关键词】教育大脑；数字化改革；综合应用场景

一、背景与战略

浙江省智慧城市建设已步入融合发展的高级阶段，发布了"城市大脑""产业大脑"等浙江定义。城市大脑是指以数据、算力、算法等为基础和支撑，运用大数据、云计算、区块链等新技术，推动全面、全程、全域实现城市治理体系和治理能力现代化的数字系统，是现代城市的重要基础设施，可助推构建全面泛在化、融合化、智敏化的新型智慧城市。"教育大脑"是"城市大脑"的重要组成部分，浙江省教育厅出台的《数字社会未来教育重点场景工作指南（1.0版）》中指出，教育大脑是基于系统集成与教育公共服务智能化理念，依托一体化智能化公共数据平台和城市大脑，汇聚学习对象、教育机构、课程资源、学习历程、资格特长等公共数据，构建服务全民终身学习的数字档案中心、数字资源中心和数字服务中心。2021年，浙江省东阳市开启了对县域"教育大脑"建设的思考与探索，利用人工智能、大数据、物联网等先进技术，通过县校协同一体化系统建设，在现代教育理论的指导下，探索利用大数据支撑教育综合应用场景建设的探索与实践，充分发挥"教育大脑"的数据引擎作用，为推进学校形态、资源配置、教学方法、评价方式、研修形式、管理机制六方面重构提供支撑，服务于东阳教育的治理能力和治理水平的提升，服务于东阳教育优质、均衡、高质量发展，为建设共同富裕示范区贡献东阳教育人的力量。

二、主要举措

（一）东阳"教育大脑"建设的定位与总体架构

1. 东阳"教育大脑"建设的定位

2021年是浙江省数字化改革元年。为高质量推进教育领域数字化改革，浙江省教育厅启动了"教育魔方"工程建设。东阳市教育局坚持"上下联动、左右协同、融合创新、系统推进"的基本原则，按照浙江省"教育魔方"工程建设指南，遵循统一标准、技术和业务架构，依托浙江省"教育魔方"和东阳"城市大脑"探索东阳"教育大脑"建设的路径和方法，打造全域感知、主动服务、从管到治、数据决策、多元监管、全面协同的六大关键能力，为推进学校形态、资源配置、教学方法、评价方式、研修形式、管理机制六方面重构提供支撑，为东阳教育的治理能力和治理水平提升服务，促进东阳教育实现优质、均衡、高质量发展。

2. 东阳"教育大脑"的总体架构

东阳"教育大脑"以东阳市县校协同一体化系统为核心组件，纵联浙江省"教育魔方"，横联东阳"城市大脑"，形成"136N"推进模式，即 1 个县级教育数据仓，工作体系、标准体系、技术体系 3 个体系，围绕学生成长、教师发展、智能环境、智慧课堂、身心健康、家长共育等 6 个核心主题，建设 N 个教育创新应用场景。东阳"教育大脑"的组织中枢、应用中枢和数据中枢的功能复用省"教育魔方"已有功能，通用算法利用东阳"城市大脑"的算法功能，教育类通用算法复用省"教育魔方"将建设的算法功能，在此基础上，东阳尝试建设符合本地需求的特色算法。

（二）东阳市教育大数据仓及标准接口建设

1. 数据目录与数据规范建设

东阳市教育大数据仓的数据目录全面支持对国家信息标准和教育局信息标准中代码集和数据集的维护。数据代码集包括：国家标准代码、教育部门公布的标准代码、东阳市教育局自定义的标准代码。

东阳市教育大数据仓标准目录是在数据资源目录中提炼出核心元数据建立的规范目录，由名称、摘要、条线、资源主题属性和数据字段信息等关键字段组成，以实现对同一数据资源的统一定义。从统一的管理视角管理业务数据库和数据资源，提供完整的数据资源目录，并且能连接多种数据源，定时监测新生成的数据，在数据目录中根据规则自动注册为数据集或更新数据集状态。通过图形化的形式反映系统数据的"血缘"关系，通过系统之间的"血缘"图呈现系统集成的各数据库之间的关系，通过表对表、字段对字段的拓扑图进一步了解数据的细节。

东阳市教育大数据仓目录服务规范主要由发现和管理两大类接口组成，并为其提供外部接口，它能够收集、整合分布在各部门的数据资源，并形成完整的数据资源目录，为数据资源的交换建立良好的基础。在数据资源目录模板的基础上，对应现有数据，生成上级所需的数据资源目录，用于对接上级系统，以及提供给下级部门。

2. 东阳教育大数据仓

东阳教育大数据仓的建设包含三方面的内容，一是描述性数据仓储中心，从教学、管理、生活、健康、运动、环境等维度建立数据模型，同时存储各类资源文件的目录索引。二是文件数据仓储中心，统一存储文档、视频、图片等资源文件，并提供各类转码服务，目录索引由数据仓储中心保存。三是直播服务，为不同场景提供直播引用服务。

东阳教育大数据仓将基本层的三方面内容分成两个物理区块来建设。描述性数据仓储中心对海量数据存储、大并发、低延时有极高的要求，可把这一部分内容建于城市大脑的数据中台。文件数据仓储中心和直播服务对存储容量、服务能力与动态扩容能力有较高要求，东阳市教育局采购的"云服务"能满足以上服务的要求，且成熟稳定，能快速响应，所以考虑把这两部分部署于东阳市教育局采购的"云服务"。

3. 数据接口与应用接口建设

东阳市教育大数据仓标准化接口中心与应用层的枢纽，包括数据接口（API）与业务服务（SDK）两方面内容。一是数据接口，主要针对基础层描述性数据仓储中心数据的存储与读取，根据高标准安全要求建立数据接口安全规则，建设可定制的数据接收与数据获取规则，建设可定制应对复杂环境的事件消息推送规则。二是业务服务，基于公有云提供的文件存储、转码、直播等SDK，供第三方开发使用。

4. "一张表"项目推进东阳教育大数据仓的建设

东阳通过推进"一张表"项目来解决表格繁多、重复填报和数据来源不统一等问题。解决了数据"碎片化"条块分割形成"数据孤岛"和数据源的权威性问题。"一张表"项目以数据整合、资源共享为核心，大大推进了东阳教育大数据仓的建设。目前，东阳已完成学校基本信息一张表、教师个人信息一张表、学生个人信息一张表和学校资产信息一张表的建设。

（三）基于东阳"教育大脑"应用场景的建设

东阳教育应用场景建设全部基于东阳"教育大脑"，按照"136N"推进模式进行，目前已完成第一批应用场景的建设与投入应用。

1. 新生入学入园综合应用

东阳市新生入学入园综合应用是为了解决家长不知道孩子到哪个学校就读、怎么报名入学入园及入学入园报名要带很多佐证材料的问题；解决学校不知道学区内有多少适龄儿童需要就读，学位是不是能满足学区内讲堂需求的问题；帮助市教育局及时了解县域适龄儿童就学需求与学位之间的关系，及早出台学位调剂预案；解决适龄儿童的就学问题；解决公办民办同招等系统问题。牵头单位为东阳市教育局，协同单位分别为市卫健局、市自然资源和规划局、市大数据局、市人社局、市公安局、市建设局，服务对象为市教育局、中小学幼儿园、社会公众。新生报名从发布招生方案到报名、摇号、公示、录取和入学，进行全流程的数字化改造，由市大数据中心提供实时、全面、有效的基础数据信息如户籍、学籍、居住证、房产信息、购房合同、社保、企业信息等。所有权力部门数据由大数据中心统一归集整理，通过接口方式供教育局使用。真正实现网络化、无纸化，家长学校"零"跑腿，减少了纸张与交通消耗，营造了良好的招生生态环境。

2. 学生体质健康综合应用

东阳市体质健康综合应用可以把学生的活动、饮食、体质、心理、成长趋势数据进行收集、整理、分析与建模，全方位保证学生身心健康发展；可以从市、校两级开展过程性数据分析与评判，及时发现和解决共性问题；可以洞察学生行为异常情况，提早干预、预防个体意外事件，比如，某学生某天要做某极端性事件，在事件发生前系统会跟踪到他的行为轨迹、运动曲线、活动范围与常态的不一样，系统会通知教师与家长，提早进行开导干预，预防悲剧发生。又如，"小胖墩"是现在值得家校关注的问题之一，我们通过监测学生的每日营养摄入、每日运动量，用智能设备定期采集体测数据、定期采集身高体重等，得到相关核心数据，对数据进行建模智能分析，预判学生 BMI 的发展方向，并反馈给家长、教师、学校、卫健等有关主体，一起关爱学生成长。

3. 学校食堂安全与营养健康综合应用

东阳市学校食堂安全与营养健康综合应用是为了全面贯彻习近平总书记关于食品安全"四个最严"的指示精神，落实教育部、市场监督管理总局等多部委出台的《学校食品安全与营养健康管理规定》《关于落实主体责任强化校园食品安全管理的指导意见》《营养与健康学校建设指南》等法规和政策，顺应浙江省数字化改革时代浪潮的大势，推动落实数字化改革"三张清单"建设的紧迫要求。项目通过覆盖营养、采购、检测、包装、运输、验收、加工、健康等全链条管控体系，使学生吃得安全、吃得健康，保障学生身体发育的需求，提升中小学生整体身体素质。此外，学校还要搭建从学校到家庭再到社会的传递链，传播正确的健康知识，加快形成全社会健康生活方式。

4. "互联网＋"精准帮扶综合应用

东阳市"互联网＋"精准帮扶综合应用是为了解决东阳因城镇化发展、小规模学校量多面广、东阳教育发展不够均衡的问题，是为了更好地破解城乡教育差距等问题。东阳市 36 所学校签订了结对协议，积极探索、大胆实践，全力推进"互联网＋义务教育"中小学校结对工作。东阳在推进"互联网＋义务教育"的过程中，制订并完善了城乡同步课堂、远程专递课堂、网络教师研修、名师网络课堂四种帮扶形式的规范化要求。

三、主要成效

（一）初步完成东阳教育大数据仓的建设，为教育教学和精准智治提供支撑

一是初步建成东阳教育大数据仓。东阳通过县校协同一体化系统，充分汇聚数据，梳理数据资源，打通信息孤岛，并根据实际需求从东阳"城市大脑"获取跨部门数据，从浙江省"教

育魔方"回流东阳市教育数据，初步建成东阳教育大数据仓，形成了近百张数据资源表。同时，通过大数据治理的手段，不断提高数据质量，从而为推进东阳智慧教育提供全面、精准的数据体系支撑。

二是建立东阳市教育大数据标准体系。东阳通过制订教育数据管理规范，建立数据基础、数据管理、数据运行维护、数据应用等标准体系，确保东阳市教育信息资源有序共享、开放和使用。为满足未来十年教育信息化发展的标准体系，东阳市还需构建一套基于国家、教育部、省教育厅、市教育局这样次序的、相互兼容的数据标准。

三是建立东阳教育综合决策分析基础平台。教育综合决策服务系统是依托教育大数据仓，建设面向教育行业主管部门的大数据专题应用，是将大数据能力直接进行工具化形成的应用系统。

（二）探索构建基于数据的教育民生实事综合应用，提升群众对教育的满意度

新生入学入园综合应用聚焦与老百姓息息相关的入学热点问题，以教育治理能力优化行动为依据，遵循"问题导向"原则，以"最多跑一次或一次不跑"为目标，通过核心数据，依托一体化智能化公共平台，利用跨部门间数据共享接口获得所需数据，保证家校"零"跑腿。在招生工作推进过程中，东阳市充分利用跨部门信息，实现高效数据共享，不仅方便了家长和学校，还保证了数据的权威性，更节约了各方的时间、资源等。跨部门多方协作，实现数据共享，确保招生工作可以阳光、透明地进行，提升了群众对教育的满意度。

（三）探索基于数据跨部门跨系统的教育安全综合应用，提升社会共治能力与水平

东阳学校食品安全与营养健康应用项目立足校园，服务东阳市广大师生和家长，紧紧围绕"食品安全"与"营养健康"两大主题，形成教育局、市场监督管理局、卫健局等多部门、多系统的有效联动，实现食品安全与营养健康服务"一网通办"，强化"理论、制度、流程、方法"等要素保障，聚焦食品安全与营养健康"核心业务"全方位协同，进而推动组织内部系统重构，打造食品安全与营养健康这一领域的"东阳模式"。

（四）构建基于三个课堂的精准帮扶体制和机制，有效促进东阳教育的均衡发展

东阳各结对学校积极开展城乡同步课堂、远程专递课堂、教师网络研修、名师网络课堂等四种形式的帮扶活动，并借鉴了国家教育云规模化应用东阳试点工作和"城乡携手、同步课堂"试点工作的经验，如学校齐备、校际协备、专家领备的网络备课模式，一对一、一对多、双向互动、多向互动、同步直播、远端授课等网络课堂模式，课堂展示型、主题研讨型、视频点播型等网络教研模式，有效促进了东阳教育的均衡发展。

（五）形成一批制度性理论成果，有效保障数字化改革成果长期健康运行

东阳市教育局从数据共享智治、应用场景建设需求出发，在政策制度供给、体制机制创新和流程业务重塑方面形成了一批制度性成果。如东阳市先后出台了《关于东阳市县校协同一体化应用场景建设实施规范》《东阳市教育数据共享与管理方案》《东阳市中小学教师素质评价方案》《东阳市儿童青少年肥胖防控实施方案》《东阳市中小学生综合素质评价方案》等，从制度上保障了数字化改革成果的有效运行。

四、发展展望

浙江省东阳市在"十四五"期间，将以教育领域的数字化改革为牵引，按照浙江省数字化改革的"152"系统框架要求，遵循浙江省教育厅谋划的"1+3+6+X"的建设路径（即构建 1 个主体单元，完善 3 大支撑体系，提升 6 项关键能力，创新 X 个场景应用的路径）和"四横四纵"框架体系（四横主要指基础设施体系、数据资源体系、应用支撑体系及业务应用体系；四纵指政策制度体系、标准规范体系、组织保障体系及网络安全体系），充分依托浙江省"教育魔方"和东阳"城市大脑"，积极探索研究区块链、知识图谱、人工智能等新一代信息技术与教育教学的全面融合和高效应用，通过学校形态、资源配置、教学方法、评价方式、研修形式、管理机制六方面重构，做好学生成长、教师发展、智能环境、智慧课堂、身心健康、家长共育六方面的应用场景建设，基本建成东阳"教育大脑"，形成一码一图一指数二画像（一码即浙学码，一图即东阳教育势力图，一指数即东阳教育生态指数，二画像即学生画像和教师画像）教育生态智治体系，初步形成东阳"教育大脑 + 智慧校园"智慧教育推进模式，营造良好的东阳教育新生态，为办人人向往的东阳教育而努力奋斗。

浙江东阳学校：基于学科素养的智慧学习环境建设实践案例

浙江省东阳中学　杜新阳　杨建锋

【摘要】为了全面落实《浙江省深化普通高中课程改革方案》，学校以选课走班的形式开展教学活动，促进学生的个性化发展和学校的特色化发展。但在方案实施过程中，大部分学校面临着场地、师资短缺等方面的严峻考验。东阳中学通过积极开展基于学科素养的智慧学习环境建设，全力推动各学科活动的开展与学习空间的创新应用，较好地解决了走班教学场所不足、实验装备更新滞后、新建空间利用效率低等问题。

【关键词】学科素养；学习环境；个性发展；学科教室

一、背景与思路

2015 年，东阳中学刚开始实施新课改方案时，由于受资源条件的限制，在选修课场地、师资的挑选和优质选修课程设置等方面都出现了一些瓶颈。为了突破这些瓶颈，学校开始尝试以"培养核心素养，分层走班教学"为主旨的物理创新实验室的建设，在学校济慈楼五楼腾出近 600 平方米的空间进行设计改造，经过半年的施工，五楼整层面貌焕然一新，物理学科的教学装备和学习环境有了极大的改善。

收到物理创新实验室建设的成效后，2018 年 5 月，东阳中学启动了以"全学科建设，跨学科融合"为理念、以学科教室创新实验室建设为主体的智慧学习环境营造项目，以满足学校对分层走班教学、拓展学习空间的需求。不断完善智慧校园支撑平台，充分利用互联网、大数据、人工智能等先进技术，实现了学习环境从课堂内到课堂外、从教室到校园的延展，打造了突破时空限制的泛在化学习环境。

该项目主要针对济慈楼、图书馆和体艺楼的学科教室与创新实验室整体设计改造，并配套 IT 基本设施建设，主要包括网络升级改造、无线网络全覆盖、常态录播、智慧安防、智慧班牌等。通过该项目的建设，学校打造了 21 个学习活动场所，扩展了 3413 平方米的学习空间。（如图 4-83 所示）

图 4-83 学习活动场所

二、具体做法

一是营造具有学科特征的物理环境。智慧学习环境与普通实验室有着明显的区别，它具有明显的学科特征，是一个学科文化空间，有符合学科特点的装饰，适合多种应用场景。学生进入教室，马上就能有身临其境的感觉，有助于激发学习动力和兴趣。

二是创建具有学科特征的智慧教学支撑环境。不同学科有着不同的核心素养培育要求，所以其教学支撑环境存在较大差别。例如，为了满足地理信息教学需求，地理学科教室配备了数字立体地形教学设备、数字星球教学系统、全球定位实验教学系统、三维地理信息（GIS）教学辅助系统、遥感空间信息教学实验系统（RS）等。

三是配备完善的 IT 基础装备。学科教室创新实验室配备了平板电脑、笔记本电脑等终端设备，实现无线网络全覆盖，让网络资源变得触手可及。安装门禁出入管理系统，用于加强自主学习人员的管理。安装电子班牌，用于显示通知公告、活动宣传、师生互动留言等。安装视频录像系统，实现学习活动的实时记录和远程监管。

四是提供丰富的学科课程资源。好的学习环境离不开优质的教学资源。在学科教室创新实验室开展学习活动，有别于普通教室的填鸭式教学，它更加注重学生的自主学习和协作学习，这是一种基于资源的个性化学习活动，学校提供的教学资源显得尤为重要。

智慧学习环境如图 4-84 所示。

图 4-84 智慧学习环境

三、举措机制

领导重视，经费保障。学校不但会在项目建设上投入资金，而且会在项目应用上提供经费。例如，学校正在积极推进十大智慧教育应用项目（如图 4-85 所示），每个项目建设小组一旦成立，就落实 1000 元的项目启动资金，并开通项目应用推进过程中所需经费的申请通道。对项目应用推广成效显著，形成课题、课程和典型案例等成果的小组给予项目成果奖励。

图 4-85　十大智慧教育应用项目

合理规划，试点推进。东阳中学制订了信息化三年、五年建设规划和十年远景规划。学校管理层审议并明确试点推进项目、建设计划安排和资金投入预算。

晒拼创，营造氛围。"晒"是手段，主要晒的是应用推广工作执行力度、行动举措落实程度；"拼"是要求，通过拼实绩、拼思路、拼作风，以阶段性实绩来倒逼应用项目的完成和作风的大转变；"创"是目的，激发全校上下的工作干劲与活力，以一流的业绩共创一流名校，营造"对标比拼奋勇赶超、千帆竞发百舸争流"的生动局面。

过程管理，目标导向。学校加强项目推进的过程管理，以晒拼创形式倒逼各应用项目人员认真梳理、全面盘点，形成心无旁骛抓工作的良好氛围。以问题、目标和效果为导向，传导压力，明确目标，狠抓落实，直面整改，增强尽责有为的主动性。

四、实践成效

在学校发展方面，智慧学习环境建设不仅解决了学习空间延伸和拓展的问题，而且有效促进了学校全面实施新的课程改革。目前，学校形成了"必修课分层、选修课拓展、注重实效性、增强趣味性"的新课改教学模式。

在教师成长方面，智慧学习环境建设极大地激发了教师开发选修课程的积极性和主动性。在新的学习环境建设完成后，教师更希望能将学生带到学科教室上课，让学生领略学科的魅力。这样极大地激发了教师学习新知和自我进阶的动力。教师在智慧学习环境中开展教学活动，要面对新设备、新技术和新场景，这倒逼着教师不断学习，也极大地激发了教师开展学科活动的意愿。每个年级每个学科每个学期都开展至少一次学科活动。如语文组悬河社辩论赛、亲子诵读活动，数学组数学节系列活动等，络绎不绝。（如图 4-86 所示）

图 4-86　学科活动

在学生成长方面，智慧学习环境建设有利于学生个性化、多元化发展。泛在智慧学科学习环境的建设，有效地满足了学生个体人性化学习需求。学生可依托学科教室的泛在学习环境，利用学校资源平台进行学习，满足了学生的个性化学习需求。对于学有余力、喜欢钻研的学生，在学科教室的学习可以让他进入更高深和更专业的阶段。

探究性学习活动成为学生专业发展的新基点。核心素养是学生适应个人终身发展和未来社会发展所需要的必备品格和关键能力，是教育的总目标和要求。学生依托智慧学习环境参与探究性学习活动，能够激发探究的兴趣，体验到学习过程的快感，学会获得新知的方法，坚定专业发展的方向与目标。

五、总结

通过项目的实施与建设，学校打造了"人人皆学、处处能学、时时可学"的泛在的具有学科特征的智慧学习环境，解决了分层走班教学场所不足、装备滞后的问题，落实了新高考、新课改的理念。智慧学习环境改变了学生以教师为中心的学习方式，促进了学生核心素养的提升，有助于满足学生的个性化需求，实现多元化培养人才的目标。

当然，要变革以智慧学习环境为支撑的教学组织形式，是一个长期的、不断改进与完善的过程，急需教师转变教育理念和方式。

浙江东阳学校：数智膳行，让孩子拥抱美好"食"光

东阳市第二实验小学　卜君园　吴晓宏　张丽

【摘要】 为了切实培养学生的节约习惯，积极营造"浪费可耻、节约为荣"的校园氛围，学校多措并举，致力开发"数智膳行"平台，将厨余管理和数字化结合，实现厨余垃圾管理无纸化、图表化，减少手工填写、汇总分析、反馈后厨等工作占用的时长，提高工作效率；跟踪厨余垃圾数据，并对其进行深化分析，供后厨进行源头增减量探索；将文明就餐和数字化结合，多维评价助"光盘"。一个孩子带动一个家庭，以校盖面，推动节俭养德全民节约行动。

【关键词】 数智膳行；厉行节约；"光盘"行动；多维评价

一、背景与思路

2020 年，习近平总书记作出关于坚决制止餐饮浪费行为的重要指示，学校积极响应习近平总书记的号召，大力倡导"光盘行动"，落实立德树人根本任务。为了切实培养学生的节约习惯，积极营造"浪费可耻、节约为荣"的校园氛围，将制止餐饮浪费行为落到实处，学校追根溯源，期望从根源上解决问题，将工作落实到位。经过长时间的调研与观察，发现几个比较典型的问题亟待解决。

问题一：如何改进对厨余垃圾的处理方式？

问题二：如何做才能从源头上更好地杜绝浪费？

问题三：如何让学生文明就餐，将光盘行动更好地执行起来？

面临这样的困惑，东阳市教育局的数字化变革像是一场及时雨。在教育局的技术支持下，学校开始积极探索"厉行节约"的膳食数字化变革，开发了"数智膳行"平台：将厨余管理和数字化结合，实现厨余垃圾管理无纸化、图表化，减少手工填写、汇总分析、反馈后厨等工作占用的时长，提高工作效率；跟踪厨余垃圾数据，并对其进行深化分析，供后厨进行源头增减量探索；将文明就餐和数字化结合，多维评价助"光盘"。如此多措并举，努力打造"文明听得见，光盘看得见"的餐厅文化，同时让建设节约型校园成为每一位师生自觉自愿的行动。（如图 4-87 所示）

二、具体做法

（一）动态菜单，精心研制让光盘切实可行

每日的瓜果蔬菜等原料出库都由智能验货系统安全把关。每天，学校都将一张张图文并茂

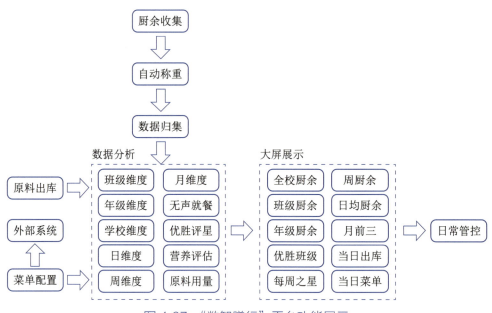

图 4-87 "数智膳行"平台功能展示

的每日菜谱导入"数智膳行"平台。生动形象的美食图片，让人看了就垂涎三尺，大大刺激人的味蕾，激起人想吃的欲望。

1. 精心研制，活动菜单

学校为保证每餐至少有 8 种营养摄入，专门请来"共享厨师"，在膳食搭配上铆足功夫，共研制出 49 道荤菜，150 道半荤菜，195 道素菜。如此丰富的膳食搭配，只为每学期保证学生的营养摄入，每周有美食计划，每日有精致菜谱，尽量避免重复，让学生对每天的菜单都保持一份新鲜感。

2. 源头边角，变废为宝

学校主张绿色环保，心灵手巧的厨工阿姨借鉴 STEM 理念，将剩余的米饭、萝卜皮、花菜梗、卷心菜老叶皮等边角料，变成锅巴、榨菜、花卷等各种各样的点心和开胃小菜，外形可爱，吃起来爽口的"边角料"深受学生的喜爱。

3. 追根溯源，精准调控

学校时时关注数据，数据如有波动，学校会及时进行反思，以便更好地调整前期动态菜单：是菜不合口味，菜量太多了？还是回收方式有问题……从源头上调控采购数量，使其变得更加精准，避免不必要的浪费。

（二）厨余数据，实时呈现让光盘真实可见

运用"数智膳行"平台，每个班的厨余桶往电子秤上一放，大屏幕上就能实时显示这个班的厨余量，后台将数据进行自动分析，形成各种数据图表，即时数据和累计数据一目了然。（如图 4-88 所示）

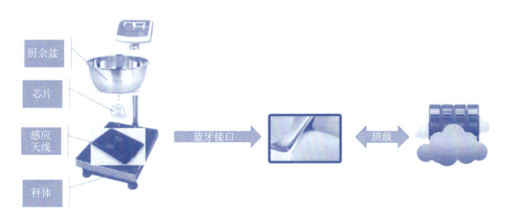

图 4-88 "数智膳行"——厨余数据收集硬件图

1. 三度变革，事半功倍

从开始的厨余不称重到称重，从开始的干湿不分到干湿分离，学校对每日的厨余的处理方式进行了一次又一次的改进，操作变得便捷有效。三度改进，学校的厨余垃圾变得越来越少。（如图 4-89 所示）

| 9月初厨余不称重 | 10月初厨余称重（干湿不分） | 11月初"数智膳行"（干湿分离） |

图 4-89 三度变革

2. 数据分析，光盘显著

9月份学校的人均日厨余是 15.64 克，12月份至今，人均日厨余是 1.54 克。从使用"数智膳行"平台开始，从 15.64 克到 1.54 克，学校的厨余量明显下降！数据的呈现也越来越稳定。（如图 4-90 所示）

此外，学校加强了食堂的厨工队伍建设，提升厨工厨艺水平，厨工积极钻研、学习，在一料多菜、一菜多味上下足功夫，通过改变色香味，来改变学生挑食的坏习惯。学校及时动态调整学生的菜单，精准控制采购数量，从源头上再次杜绝浪费。同时，食堂所产生的易腐垃圾总量由原先的两三桶缩成了一桶不到，足足少了三分之二。

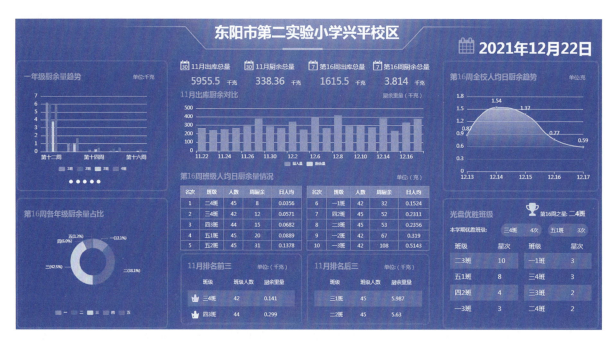

图 4-90　厨余实时数据

（三）多维评价，激誉强责让光盘化行入心

学校将厉行节约提炼成制度，并纳入"点圆德育"课程，好好吃饭就是其中重要的一部分。同时将厉行节约纳入学校的考核制度，建立智慧化、制度化的长效机制。目前，学校已在"五好圆梦少年评价体系""文明班级评比细则"等方案中有所设计，并把厉行节约的表现作为学生评奖评优的重要参考。学校通过三条途径对学生的光盘行动进行评价。（如图 4-91 所示）

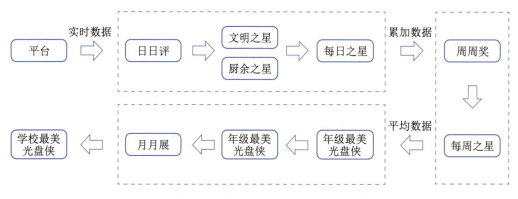

图 4-91　东阳市第二实验小学厉行节约评价体系

1. 日日评

现场操作直接打分评出无声就餐，得文明之星；班级厨余桶进行称重，根据实时数据评出厨余之星；两星获得班级则被评为每日之星。

2. 周周奖

根据"数智膳行"平台的数据分析，评选出光盘优胜班级，给予精神和物质奖励，如在食堂光荣墙上公布光盘优胜班级（每周之星），并在周一升旗仪式上进行全校表彰，中午就餐时在餐厅颁奖（发放最爱的一道菜或小点心、水果等）。

3. 月月展

以年级组为单位，每个月累积光盘卡数量最多的学生被授予"光盘侠"称号，光盘优胜班级获得最多的"班级光盘侠"，优先在荣誉墙上进行展示。被评为"最美光盘侠"的学生，不仅可以获得品善章，还可以选择与校长、心目中最爱的老师共进午餐、合影，共度幸福"食光"。

三、成效与展望

从 15.64 克到 1.54 克，断崖式的数据，体现出学校的多措并举真正让"厉行节约，杜绝浪费"落地生根。浙江省教育厅领导多次莅临学校指导，共同把学生"厉行节约，杜绝浪费"行为习惯的养成落到实处。数智赋能，让学校从耗时耗力的手动版向省时省力的智慧版迈进。浙江省教育厅副厅长白红霞于 2021 年 12 月 16 日浙江省美好"食"光——中小学制止餐饮浪费工作视频会议中，充分肯定了学校在这项工作中的突出表现（如图 4-92 所示）。而学校也有幸承办了此次工作会议的分会场活动，校长吴晓宏也做了相关经验分享，得到与会人员的一致好评，学校具体的、可操作的各项活动方法，都得到与会人员的赞同（如图 4-93 所示）。

精准的数据，看得到的节约，适时的评价，使光盘行动得以升华，节约意识更深入人心。一个孩子带动一个家庭，小手牵大手，以校盖面，从校做起，从小家做起，并影响着一家又一家，逐渐将节约意识推入千万家，来推动节俭养德全民节约行动。

图 4-92　浙江省教育厅副厅长白红霞作
重要讲话

图 4-93　东阳市第二实验小学校长吴晓宏作
经验分享

浙江东阳学校：新型教学空间，为 STEAM 教育提效赋能

浙江省东阳市白云中心小学　杜扬颖

【摘要】为适应教育改革发展的要求，促进技术与教学深度融合，东阳市白云中心小学借力"互联网＋义务教育"，将 STEAM 教育与新劳动教育相结合，依托新型教学空间，全方位、多举措地探索 STEAM 教育教学模式，进而改变学生的学习、思维方式，推动学生个性化发展，促进学校办学质量的提升。

【关键词】新型教学空间；STEAM 教育教学模式；互联网＋

一、背景与思路

在人工智能时代下，学生对传统技术的认知逐渐淡化，学生劳动能力低下也是不争的事实，结合东阳木雕这一地域特色，STEAM+木艺教育因创造性、实践性强成为白云中心小学探索、解决这一问题的载体。纵览时下国内对 STEAM+木艺教育的一些研究发现，各地方、学校对课程的开发大多只是停留在创意课程或木工实践课程的研发和实施上，对学校特色、STEAM 教育、新劳动教育三者是否能够融合共生，以及选择的课程能否培养学生的创新能力，能否促进学生德智体美劳的全面发展有待进一步研究。随着新型教学空间项目的推进，如何对区域、学校资源进行挖掘或重组利用，形成特定领域独特风格成为学校的关注点。基于以上考虑，学校创设了以"STEAM+木艺"为主题的新型教学空间，以此寻求 STEAM 教育教学新模式，开发配套课程，从 STEAM 认知、能力、情感三个维度，培养学生的设计思维与劳动品质（如图 4-94 所示）。

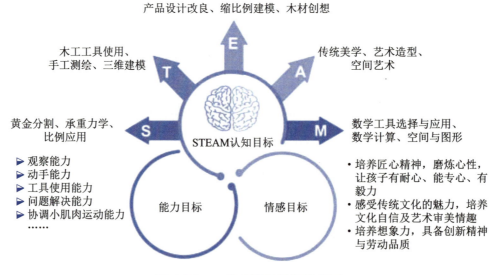

图 4-94　三维度课程目标示意图

二、主要举措

（一）三阶课程，助推教学落地

学校结合"新型教学空间"，构建了极具标识度的"榫卯"主题微课程——"凸榫凹卯，凿锯刨锉"，并配有同步教材、微课、《学生活动手册》等校本资源；结合 STEAM 理念与学生实际开发了"STEAM+木艺"三阶课程（如图 4-95 所示）：基础性课程，指向东阳木雕艺术审美教育，面向全校师生；定向课程，指向木艺技术与学科知识的高度融合，通过轮转学习，使更多学生受益；创意课程，指向生活应用与问题解决，旨在实现 STEAM 教育与木艺教育的完全融合。

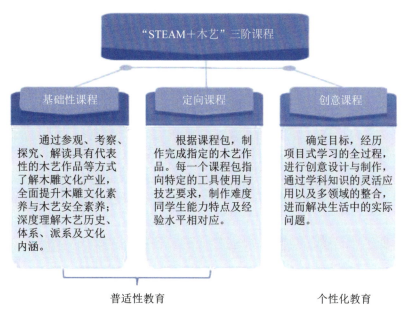

图 4-95 "STEAM+ 木艺"三阶课程示意图

（二）多元教学，助力个性发展

根据教学内容与教学方式的不同，课程教学采用以下三种模式。

1. 线上教学，打破课堂界限

线上教学是指使用"之江汇"学校空间里提供的校本微课资源进行教学，主要针对基础性课程的开展。校本微课程分为知识类课程和应用类课程，知识类课程主要以操作前的基础知识为主，如"鲁班锁""了解榫卯"，通过微课的形式让学生了解木艺与木工工具，并注意木工安全；应用类课程以制作体验为主，如"建筑中的榫卯""制作燕尾榫"，针对木艺教师资源不足的问题，由班级任课教师组织，在学校新型教学空间里，通过观看微课开展学习与制作。

2. 线下教学，促进全面提升

（1）分层定向教学，实现全校普及

学校将学生按年级分为低、中、高三个层次，根据学生能力水平有梯度地设置定向课程，

进行分层教学。通过轮转课堂的形式，每个年级按班级为单位轮流前往新型教学空间开展教学活动，每位学生都能在新型教学空间里体验木艺，收获劳动的喜悦，以此启发学生思维的积极性、深刻性和多元性，实现"STEAM+ 木艺"课程的全校普及。

（2）混龄项目化教学，提高思维能力

混龄项目化教学主要针对创意课程，即打破班级、年级的限制，将不同年龄段的学生组织到一起，开展项目化学习。在一个学习项目上，学生以"设计思维"理念为指导，经历同理心、需求定义、创意动脑、制作模型、实际测试五大流程，自主选择独立设计或合作设计，注重多形式的融合（如图 4-96 所示），培养创新精神与解决问题的能力。例如，学校开设的"木艺创意课程"，学生利用废弃的木料设计、制作木艺工艺品，并进行校园文化的布置（如图 4-97 所示）。

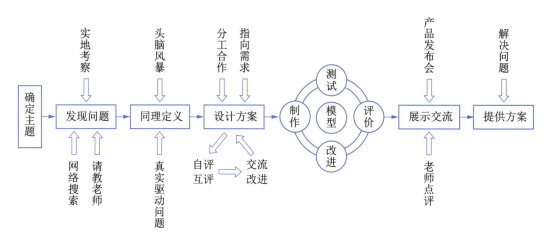

图 4-96　项目化实施流程示意图

（3）"互联网 +"结对教学，实现文化共融

针对结对帮扶学校复夏小学班级数少、师资力量较为薄弱的特点，学校运用"互联网＋直播"系统等现代化教育技术手段，开展以"STEAM+ 木艺"为主题的"互联网＋同步课堂"教学，从工具材料的共享，到课程的共享，再到师资的共享，通过互联网打破了时空的局限，实现了"同步课堂互联互享，城乡携手共促共长"。通过资源共享，拓宽学生的认知世界；通过文化共融，丰富课堂生成，为"互联网＋同步课堂"教学开创新模式。（如图 4-98 所示）

"STEAM+ 木艺"三阶课程的实施，将劳动教育与学校特色、STEAM 教育进行了有机整合，从封闭式边界思维向开放式跨界融合思维转变，使劳动教育课程从孤立走向与学科、领域、生活、技术融合。

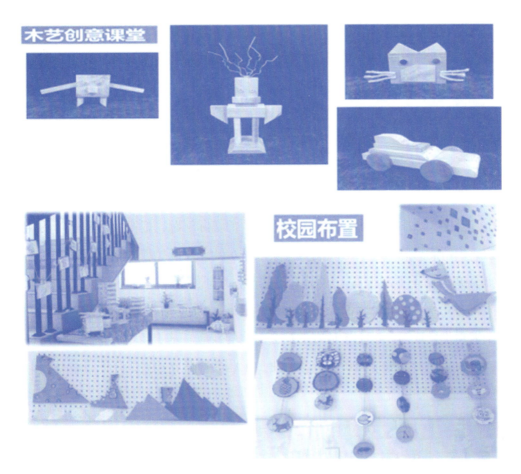

图 4-97　校园文化布置照片

图 4-98　同步课堂上课照片

三、成效与特色

白云中心小学先后获得全国 STEAM 教育实验学校、浙江省 STEAM 与项目化学习基地学校、浙江省劳动教育实验学校等荣誉称号。经过几年的实践探索，学校构建了具有先进性、实用性、安全性、个性化的新型教学空间，开发了"STEAM+ 木艺"三阶课程，构建了

"STEAM+ 木艺"项目化学习体系，项目内容涵盖了校园环境、体验空间与学科学习空间等，并在几者的共同融合中凸显个性特征。学校形成了具有区域特色的 STEAM 教育教学模式，通过散射式与直线式两种推进方式，在初体验学习与项目式学习两种学习方式中实现树德、增智、强体、育美的综合育人价值，促进"五育"融合。此外，学校还构建了资源统整下的支持体系，为教学共同体建设、互联网＋义务教育结对帮扶提供了新思路，为学校持续发展开辟了新道路。

学生在新型教学空间里丰盈了知识，经历了工程设计的过程，培养了设计思维，能够灵活地运用科学、技术、数学、艺术等知识解决生活中的实际问题，提高了合作学习的能力、知识运用的能力、创新能力和解决问题的能力，实现了个性化发展。教师在课程开发与教学中，视野不断开阔，知识储备不断丰富，更新了教育理念，开创了课堂教学新模式，加快了专业成长，逐步走向各市级以上的展示平台，获得浙江省级、金华市级多项荣誉，指导学生在各级各类比赛中取得优异成绩，产生了良好的社会影响与效应。基于新型教学空间的 STEAM 教育教学实践，学校实现了传承与创新同步，更使多主题教育形成共力，降低了教育成本，实现了STEAM 教育效能最大化。

第十三节　重庆市璧山区

重庆市璧山区学校：构建多元化优质资源，精准服务师生"教与学"

重庆市璧山区教师进修学校　张劲

【摘要】 随着"互联网＋"时代智能化技术与教学的深度融合，当前教学资源库建设已由单一为教与学提供服务，逐渐向构建智能学习系统、促进学生素养发展、提升学科育人质量转型。重庆市璧山区教师进修学校和璧山区智慧教学研究中心进行了"建设教学资源库，支持学生有效学习"的改革实践。学校探索了基于智慧校园网络平台，运用"教学评一致"有效教学原理，通过多校联动"共建共享"模式，建"璧山智慧教学资源库"，开"空中专递课堂"等路径，为学生素养发展、教学资源库建设和优化，提供可借鉴的实践路径和可操作的策略。

【关键词】 教学资源；多元化；教与学；精准服务

随着个性化学习需求的不断增长，教学形式和资源呈现共享化与多元化的发展趋势。伴随着各种教学资源库的兴起，良莠不齐的教学资源和架空教学的创作初衷，导致大部分资源库制作出来后很难落实于实际教学，逐渐变为资料库的简单堆砌，部分资源库脱离真实的教学。如何基于一线师生教与学的实际应用需求来研发资源，并形成有效的体系和模式来实现传统教学和现代信息技术的深度融合，提升学科育人质量，成为璧山区智慧教学研究中心关注的重点。

一、顺应时代育人需求，为师生智慧教学赋能

立德树人是教育的根本任务。璧山区坚持以育人为本，立足小学道德与法治、语文、科学等各学科教材，遵循学科课程标准，以提升小学教师的课程实施能力为重点，以学科专业素养提升为突破口，引导教师基于数字化资源便捷、智能、开放等特点，运用"教学评一致"理念，从学习活动设计、实施、评价三个环节入手，自主研发单元整体教学的学科育人学习活动资源。通过学科育人学习活动资源的研发，适度拓宽学习和知识运用的领域，并根据学习需求整合学科资源，挖掘生活中的现有资源，开阔学生视野，提高学习效率，建立内容充实、种类齐全的教学优质资源库，满足一线师生教与学的需要。进一步研发学习过程评价资源，突出课程评价的整体性和综合性，凸显评价的科学性、多元性、引领性和有效性，全面评价学生的综合素养，为提升学科育人质量提供保障。通过资源库建设撬动教与学方式的变革，促进教师的专业化发展，进而实现学校、教师、学生全面、持续、和谐地共同发展。

二、区域联动，共建共享，探寻资源研发新模式

（一）多校联动，全员参与，构建"9+N 共同体"资源研发网络

以城区的璧山实验小学、御湖小学、凤凰小学等九所学校为龙头骨干，辐射全区所有小学，通过强弱结合，城乡结合，多校联动，建构起"9+N 共同体"资源研发网络，实现资源共同研发，专业抱团发展。

（二）建立导师制，多层指导，构建"学科中心组"资源研发指导团队

建立市、区、校三级专家项目指导组，实施专家指导制，对资源研发项目实施进行点对点精准指导和系统推进。一是聘请市级学科专家作导师，定期来本区入校培训，指导资源研发项目开展，打造学科资源样本。二是区学科教研员和学科中心组成员每月定期入校指导、培训，打造学科资源样例，诊断、评价资源研发项目实施的质量。

（三）分段切块，双线并进，自主实践研发学科育人活动资源

三年分三个阶段，由"9+N 共同体"共同研发，双线自主研发包括：单元整体解读＋每课（学习活动设计＋课件＋课后练习设计）＋单元学习评价的学科育人学习活动设计、课件、素养实践评价资源库。

第一阶段：2020 年至 2021 年自主研发形成学科育人活动资源库（初级版）。

第二阶段：2022 年实践优化。在使用中对学科育人活动资源库（初级版）进行优化研发，形成学科育人活动资源库（试用版）。

第三阶段：2023 年推广使用学科育人活动资源库（试用版），并优化研发，形成学科育人活动资源库（正式版）。

三、多元系统，教学评一致，提升智慧教学育人质量

（一）凸显系统，形成"教学评一致"双闭环学习资源库

璧山智慧教学资源库基于核心素养总目标，系统研发了与国家课程配套的教学评资源，实现了小学道德与法治、语文、科学资源全覆盖。它以每个年级、每个学科的"单元"为基本建设单位，并针对每个"单元"的学习目标分别建设相应的学习资源、练习资源和评价资源。形成了两个"教学评一致"闭环的系统性资源，即"单元整体解读＋每课（学习活动设计＋课件＋课后练习设计）＋单元学习评价"。

（二）强化校本，倡导教师特色课程学习资源建设

为满足不同地区、不同学生的学习需求，璧山智慧教学研究中心倡导各个学校大力建设学校的特色课程和教师的特色课程资源。璧山区实验小学、璧泉小学、青杠实验小学、大路小学、城北小学 5 所劳动特色教育学校组建成璧山区劳动教育数字资源共同体，启动劳动教育数字资源库建设，实现全区资源共享。资源库主要由璧山区特色学校劳动教育实践方案、劳动教育优质课例、劳动教育课程建设资料构成。创建的资源上传到璧山区劳动教育教师群，学校教师根据自己的需要进行下载，实现了彼此间资源的有效共享。这是实现教师和学生个性化发展的重要资源。

（三）关注薄弱，重点推进专递课程学习资源建设

为解决璧山区小学薄弱学科开不起、开不好的现状，璧山智慧教学研究中心在璧山智慧教学资源库的建设中鼓励科学、道德与法治的广大教育工作者在泛在平台中共建共享专递课程学习资源，建构"互联网＋教育"新生态，助推小学教育更加均衡、公平、优质地发展，璧山区科学、道德与法治学科组织中心组成员建立 1—6 年级教学资源库，包括：课件、教案、优秀微课等。资源上传到教研群，学校教师根据自己的需要进行下载。这一举措促进了区域课程综合化在更多的学校落地，促进更多教师和学生的学习力提升。

四、研究导向，自主优化，增强智慧教学资源适应性

（一）三级联动，构建区域精品智慧教学资源

在资源使用过程中，由区域教育教学专家、名师牵头对学习资源进行系统优化，确保学习

资源的科学性和权威性。以资源库建设和使用为重点，采用研训合一的方式，探索构建"教学评一致"的学科育人课堂及优化资源的有效策略。以 9 所城区学校为主体，采用系列专题研训方式，构建教学评一致的学习课堂，打造提升学科资源育人质量的精品教研活动。每月一次区级研训，每次由一所学校承担一个专题的示范引领，优化学科育人资源质量的路径和方法。

（二）三次备课，基于真实学情优化教学资源

在资源库使用过程中，为提高资源的适用性，璧山智慧教学研究中心在璧山智慧教学资源库的建设中还引导广大的一线教师成为学习资源建设的重要优化力量。各校以三次备课为抓手，通过校本研修，研发构建"教学评一致"的学习资源，实现协同建设和编辑修改，确保学习资源的有序进化和及时更新。

五、个性智能，努力为师生的个性化教与学精准服务

时代潮流在不停地前进，教育怎能停留在时代后面？经过一年多的教学资源库建设和使用，璧山智慧教学资源库实现了学科专家、教师与学生共建共享学习资源，教师和学生成为资源开发的重要参与者，资源实现了从教师和学生中来，但尚未真正实现为教师和学生的个性化教与学精准服务。目前，全区的学习资源在智能化和个性化方面均需进一步提升。为满足教师和学生的个性学习需求，后续璧山区将基于智慧教学环境，通过情境感知设备，根据师生所处的位置和情境，通过教与学偏好等数据分析，智能化地推送教与学的资源，让师生真正实现个性化教与学。

教育是时代上"继往开来"的事业，它既要趋合时代，又要适应潮流；它既要发扬文化，又要根植思想。在未来的时日中，我们愿意顺势而为，主动作为，把建设智慧教学资源库这一有长远意义的事情做扎实。从做起来，到做精彩！

重庆市璧山区学校：智慧教育促进育人方式变革

重庆市璧山区实验小学校　王坤俊

【摘要】《教育信息化 2.0 行动计划》《中国教育现代化 2035》《深化新时代教育评价改革总体方案》等文件都提出要充分发挥信息技术优势，加快信息化时代的教育变革。在此背景下，学校运用人工智能、大数据等技术建设数字化的网络学习空间，推进家校共育，建立精准化的智慧教学模式，提升教学质量，建立"五育"并举的智能评价工具，促进评价方式的变革，通过"空间运用、智慧教学、智能评价"建构新型智慧教育应用模式，用智慧破解教育难题，落实"双减"，加快推进育人方式变革。

【关键词】智慧教育；网络学习空间；数据驱动；精准教学；智能评价

一、建设家校共育的网络学习空间

（一）运用学校空间宣传学校文化

运用网络学习空间，宣传学校文化，展示学生成长的各项活动，让社会了解学校，提升满意度。例如，在学校的毕业季典礼中，运用学校空间开展直播，全校的家长都可以进入空间观看和互动交流，家长深度参与到学校的活动中，从而更加了解学校，支持学校。

（二）运用班级空间展示班级文化

每一个班均开放有独立的班级网络空间，家长和学生都可以通过自己的账号登录空间进行观看和评价。各班开展的德育活动、课外活动、劳动活动等通过班级空间进行宣传、展示，教师、家长、学生都可进入空间进行观看和评价。

（三）运用教研空间提升教师素养

每个教师、教研组均开设教师空间、教研空间，通过网络教研空间，进行线上线下相融合的集体备课、磨课、研讨，实现团队的共生共长。如我校的特级教师彭昌平开通了璧山区小学语文名师工作室空间，通过空间开展教研活动，引领了城乡薄弱学校20余名年轻教师的专业成长，快速精准地提升了教师的专业素养，让更多的教师受益。

（四）运用校际空间扩大校际交流

运用空间开设双师课堂。在"1+N"帮扶项目中，实验小学作为"1"，负责教学内容的设计和讲解，"N"中的学校组织教学现场，通过空间与主讲教师互动，其他学校教师通过空间进行听课评课。空间的运用促进了学校间的跨地区交流。

（五）运用家长空间开展家校互动

每个家长均有独立的账号进入自己的空间，在空间内，了解学校组织的各项活动，学习各种家长课程，与班级教师进行互动。

家长参与学生评价，学生在家或社区参加的劳动、艺术、体育锻炼等活动都可由家长在空间内进行记录和评价。在空间内呈现学生的个性发展、文明表现、学业水平、心理健康测评、脑科学测评数据、劳动参与、体质健康等情况，形成可视化的"五育"评价数字画像，智能反馈，个性导航。

二、建立数据驱动的智慧教学模式

（一）数据驱动的精准化教

在教的方面，以数据为驱动，构建"课前发布、课中组织、课后研究"的三段式智慧教学模式，实施精准教学，促进教学方式改进，提高教学效率。

课前教师作为"共享者"，通过空间开展集体教研，共享优质教学资源，个性化修改教案，以知识点为中心设计、发布"前学"内容，供学生自主学习，学习过程中可与教师进行互动，生成学情数据，教师根据学情数据，再次调整教学的重难点，为课中的精准教学打下基础。

课中教师作为"组织者"，聚焦核心问题，搭建学习支架，探究知识形成的过程，组织合作学习，通过评测、对话等功能反馈出的真实数据，快速评估学情，生成真实问题，精准推送学习资源，提高教学效率，帮助学生提升层次。

课后教师作为"研究者"，整合学生课前、课中反馈出的学习数据，将学生各阶段的思维状态集合起来形成整体分析，初步形成学生学习画像，分层推送个性化作业，促进学生思维向更高层次发展。

（二）数据驱动的个性化学

在学的方面，构建"以人为中心、以学习目标为焦点"的学习，搭建"课前自主预学、课中高效探学、课后个性拓学"的三段式智慧学习模式，实施个性化学习，提升教学质量。

1. 课前自主预学

学生依托网络学习空间，获取学习资源，根据学习任务，自主预学，积极与伙伴、教师互动，完成在线练习，诊断预学效果。

2. 课中高效探学

学生依托教师提供的学习支架，针对学习目标，开展合作探究与互助学习；借助技术手段筛选可用资源，与学习伙伴、教师交流分享，快速完成客观问题。AI自动生成报告，统计学情，生成错题集，学生根据分析结果，明确重点，突破难点，进行进阶练习，内化习得的知识。

教师通过随机匹配与互评互改、快速抢答、随机问答、拍照上传、统计调查等方式参与主观问题探究，形成高效的课堂互动，快速诊断学生的集体错误，捕捉学生的思维火花。开展精准的指导，形成学习伙伴之间、教生之间的学习互动，提高课堂的趣味性及课堂效率。

展示评学，攻破难点，让学生主动完成进阶挑战，内化、迁移知识，走向深度学习，实现从群体到个体的学习方式变革。

3. 课后个性拓学

教师设计高质量作业，从标准到分层，减量提质，学生利用课后服务完成作业，教师批阅主观问题，AI自动批阅客观题，反馈结果，有错题立刻订正，同时推送同层次作业，教师根据数据对学生进行个别辅导，做到伴随式的评价和错题日清，实现作业减负、提质，学生达到最佳学习状态，使得学生能够在最需要帮助的时候，在错误发生的一瞬间，得到教师及时、精准的指导。

课后、节假日，学生自主在平台进行个性化拓展学习，运用终端获取学习材料，联系生活，运用知识，拓展创新，将实践成果分享到个人网络学习空间。

新技术的发展，拓展了学习的时间和空间，为人人皆学、处处能学、时时可学创造了条件。因此，学校智慧教学模式具有泛在学习的4A化（Anyone、Anytime、Anywhere、Anydevice）学习特点，改变了学习者的学习时间、空间和方式，为每个学生开展个性化、定制化的泛在学习、深度学习提供了条件。

三、开发"五育"并举的智能评价工具

《深化新时代教育评价改革总体方案》中提出要创新评价工具，运用人工智能技术探索新型评价方式。璧山实验小学利用人工智能、大数据等现代信息技术，研发学生"五育智能评价"平台，探索开展学生各年级学习情况全过程纵向评价、德智体美劳全要素横向评价，促进学生全面而有个性地发展。

（一）健全"五育"并举智能评价的内容体系

一是完善"五育"并举的评价基础体系。全面关注学生品德习惯、学业发展、身心健康、兴趣特长和劳动实践等各方面综合发展，完善德育评价、强化体育评价、改进美育评价、加强劳动教育评价。

二是推进学业述评，包括学生学习品质（学习兴趣、学习态度、学习能力）、学习过程（学习方法、学习活动）、学习质量（活动成果、考试成绩）等内容。

三是完善五育并举的评价标准和1—6年级评价实施细则。

（二）探索"五育"并举智能评价的技术体系

架构学生"五育"并举智能评价技术整合的平台，建设"学校大脑"。实现学生的学籍信息、体质健康、心理健康、脑科学测评、学业质量、智慧教学学情等系列数据的整合和对接，初步建立起统一的数据接口和标准，解决数据孤岛等问题。

建成科学化、智能化、高度集成、简单好用的智能评价工具，实现精准测定、全面诊断、个性指导、智慧反馈等功能。

通过对学生的学业、日常行为习惯、兴趣爱好、体育运动等方面的数据的收集整理，构建面向小学各年龄阶段不同学生的数字画像。以此为基础，在学生心理健康、学习状态、身体素质、艺术素养、生涯规划等诸多维度，实现监测预警、可视化呈现、个性化引导。达到学生信息采集的立体化、信息处理的精准化、评价效果的可视化和评价应用的全面化，为学生"五育"发展实施立体智能画像，智能反馈，并提出个性化建议。

第十四节　山东省临沂市沂南县

临沂市沂南县：智慧校园建设助推县域智慧教育发展

沂南县教育和体育局　夏立宁　武玉柱

【摘要】 沂南县通过实施智慧校园建设，深入推进智慧教育云平台和网络学习人人通空间的普及应用，推动创客和人工智能教育的普惠性开展，实施智慧课堂教学试点，探索新教育模式和教学理念的变革，助推县域智慧教育发展。

【关键词】 智慧校园；智慧教育云；智能驱动

一、背景和思路

沂南县地处沂蒙老区，是诸葛亮故里，抗日战争年代被誉为"小延安"。总面积1719平方公里，辖14个乡镇、1个街道、1个省级经济开发区，98万人口。全县现有各级各类学校167处，在编教职工7455人，在校学生14.4万人。近年来，人工智能、大数据、区块链等技术迅猛发展，深刻改变了人才需求和教育形态。智慧环境不仅改变了教与学的方式，而且已经开始深入影响教育的理念、文化和生态。2019年8月，山东省印发《山东省教育信息化2.0行动计划（2019—2022）》，对推进智慧校园建设提出了具体目标，明确全面构建支持泛在化学习的智慧校园环境。沂南县坚持以教育信息化推动教育优质均衡发展，以互联网思维促进教育变革不断深入，以信息技术赋能学校教育持续转型升级，积极探索智慧环境下的新教学模式和创新理念，建设全方位、全覆盖的智慧校园建设工程，不断推动沂南教育高质量发展。

二、主要举措

（一）持续优化智慧校园建设新环境

五年以来，沂南在教育信息化上投入资金5000多万元，着力提升教育信息化软硬件基础环境。一是网络环境提升。开展网络提速攻坚行动，进一步提升所有学校网络出口带宽，包括农村教学点在内的所有学校出口带宽不低于200 M，全县所有学校均实现光纤接入，建设完成"无线校园"Wi-Fi，极大改善了学校网络基础环境。二是基础配备提升。2018年至2019年更新400间多媒体教室，2100台教师用机。目前，全县配备教学用计算机21603台，其中移动终端（平板电脑）2023套，教师办公用机7478台，学生计算机9309台，建设多媒体教室3168间。多媒体数字教学终端配备符合国家建设标准，实现"宽带网络校校通"提速增智和"优质资源班班通"提质增效。（如图4-99所示）

图 4-99　智慧校园新环境

（二）持续完善数字资源共建共享新机制

深入开展"一师一优课、一课一名师"等信息化教学推广，大力实施优质课评选、案例评选等评课活动，不断生成和构建本地优质资源库。依托市智慧教育云资源平台、教研及培训平台，以名师和教师"个人空间""名师工作室"等为主要载体，拓展教研功能、创新教研方式，开展覆盖所有中小学教师的网络集体备课、听课评课、主题研讨等教学活动，全县累计开发、上传资源 763390 个，累计使用共享资源 2521801 个，各学校基本建成校本特色资源库。通过大力实施行动推动、评价驱动、培训拉动、活动促动和典型带动，实现教育云平台人人会用、天天在用、深入应用，从而推动课堂上多媒体设备的高效应用，形成"课堂用、经常用、普遍用"的信息化教学新常态。

（三）持续探索创客教育普惠发展新模式

一是科学定位，有序推进。根据省市相关文件精神，沂南县 2017 年 10 月出台《沂南县学校创客空间建设指导意见》《沂南创客教育实施指导意见》（试行）。全县 102 处学校设立创客空间实验室，其中中心以上学校 61 处，农村四年级以上学校 41 处，基本覆盖农村四年级以上所有学校。二是组建团队，加强指导。全县组建 30 名创客教育核心团队，带动培养专职、兼职创客教师 157 名，充分发挥学科带头人的引领示范作用。三是开发课程，深入实施。确立"2+X"模式，"2"指开设编程和 3D 建模两门普及型基础课程，"X"指根据学校特色、教师爱好专长、学生兴趣等设计多门课程。四是典型带动，分类实施。探索推动卧龙学校等打造高标准创客教育示范学校模式，重点推进以湖头水由联小为代表的农村学校创客教育普及模式，通过创客教育的普惠开展，促进沂南创新教育的发展。

（四）持续提升智慧校园创建新标准

贯彻落实国家、省数字校园全覆盖建设总体要求，根据《临沂市创建"智慧校园"实施方案》标准，制订《沂南县中小学数字校园建设实施方案》，实施沂南县中小学数字校园星级创建，有机结合数字校园与智慧校园建设。2020 年，沂南县数字校园全覆盖建设达标率达到

97% 以上，在此基础上，沂南数字校园实施"五星"分级建设标准：最低 80 分为"一星"，符合省数字校园建设合格标准，95 分以上为"四星"，"四星"以上学校达到临沂市智慧校园创建标准，100—120 分为"五星"，信息化成果应用在市级以上范围具有典型示范引领，数字校园"五星"创建有效推动了沂南县智慧校园的建设。

三、特色发展

（一）"三位一体"全程参与，实现家校共育

全县教师和学生 100% 注册应用智慧教育云平台，开通网络学习空间，通过平台提供的个性化资源和应用服务，教师实现网络备课、在线研修和资源整合，利用跨时空界限的优势，多学科、多元化集体备课，凝聚了优秀教师的结晶，极大地缩短了精品教案的成型时间，促进专业教师的成长。乡镇学校朱庆才老师的个人空间内容非常丰富，目前，上传日志 3000 多篇，粉丝接近 10 万人，其日志中的家校共育、教育随笔等分类项目浏览度高。学生利用空间进行有效互动交流，通过站内搜索引擎有目的地进行自主学习。教师通过"班级圈"及时更新动态，将班级中的教育活动照片上传，记录学生在校成长的点点滴滴，尽可能多地展示学生的优点和进步，让家长可以更及时地看到孩子的进步，家长在看到孩子成长点滴的同时感受到孩子就在身边，成长触手可及。学校依托云平台网站中的 e 学校和必达通知，对内对外公开信息，让家长积极参与学校管理活动，教师与家长在平台上互动积极，利用数字化平台打破时空阻隔限制，畅通家校共育渠道，使家校沟通密切，互动增强，实现家校共育。

（二）"因人而异"多点纷呈，实现创新梦想

因势利导，努力推进全县学校创客教育普惠性开展，湖头水由小学作为农村联小学校率先开启了创客教育普及普惠。一是顶层设计理念。学校把"培养创新思维，提升创新能力，实现创新梦想"作为落实创客教育的育人理念，积极搭建"智能、智造、智创"等多元活动平台，引领学生在活动中创造，在创造中智慧地成长。二是科学组建社团。学校建设了 220 平方米的创客教育活动中心，并配有较充足的创客教育活动设备、设施和素材。学校因地制宜，深入挖掘人、物、技等资源，把创客教育纳入社团课程管理。主要规划和开展了 3D 打印、机器人编程、电脑动画、网页设计、航模表演、技艺创作六大类社团课程。学校统一组织选课分班，统一编排上课计划和内容，统一指导教师上好每周一节的创客社团课程，学生全员参与，极大地满足了学生的创客教育活动需求。三是持续宣传引领。学校创客教育着眼于培养学生的科技素养。学校每年都精心策划创客节，目前已连续组织了四届。创客节中，学校采用专家指导、师生互动、媒体直播和小组竞技等方式进行展示，创客之星层出不穷，创客作品亮点纷呈。学校创客节主题活动曾被学习强国、《中国教育报》、故事天地、市教育局网站等媒体报道。创客节

活动不仅培养了学生热爱科学、探究问题的精神，更锻炼了学生动手实践、智慧创造的能力。

（三）"一人一案"因材施教，实现高效课堂

沂南启动实施智慧课堂，建设新的教学模式试点，探索"一对一"网络教学环境下的教与学活动。沂南四中智慧教学班的开设实现了教师和学生多层次、多角度、全方位的交流和互动，并进行了翻转课堂教学的方式方法的探索。在常态的教学过程中，实现学生每人一个客户终端，教师借助智慧教育云平台大数据，不仅能随时掌控每一个学生的学习情况和整个班级的学习动态，还能在第一时间对不同的学生进行单独指导。师生之间通过语音或文字实现互动，实时提出或解答有关的问题。在教育大数据的分析下，以人工智能模拟识别技术为基础，解决了学情数据采集、智能批改、学情动态诊断与个性化补救问题，基本形成了"课前、课中、课后"一体化教学及评价体系。沂南四中以智慧课堂应用为引领，推进智慧校园建设，在提升教学质量的同时，学校教学管理能力和学生学习素养也得以提升。

四、成效与展望

（一）网络空间深度应用

通过加强市智慧教育云平台的深度应用，沂南建立和完善了师生网络学习空间，目前开通学校空间 68 个，开通率 100%；班级空间 3729 个，开通率 100%；教师空间 7631 个，开通率 100%，义务教育阶段学生用户 70951 个，开通率 90% 以上，资源应用量累计达 250 多万，网络学习空间得以深入普及应用。

（二）创新活动深入推动

推动了创客教育活动的开展。2018 年以来，沂南参加全国及省级以上各类高端创客活动的师生近 2000 人，参赛创客作品 2000 余件，获国家级二等奖以上 32 人次，省级以上 358 人次。目前，沂南立项和已结国家级信息化课题 5 项，沂南四中等 24 所学校被省列为人工智能试点学校。

（三）智慧教育有效实施

沂南成立智慧教育实验学校联盟，完善学校联研机制，实现资源共建、智慧共享。坚持团队合作，建立县电教站与县教研室联动机制，确立目标任务，实现齐抓共管、形成合力。坚持对外交流，围绕重点课题，跨区域学习研讨，实现深度研究。

沂南县推进智慧教育至今，沂南四中等 11 所学校先后被市教育局授予"临沂市智慧校园"称号，2020 年沂南县教体局被山东省教育厅授予教育信息化示范单位，2021 年"坚定信念，完善机制，持续推进教育信息化融合创新发展"案例获省推广。2020 年 11 月 17 日，国家课改试验区红色教育现场会在沂南举行，马牧池换于红军小学将传统文化、红色文化与前沿科技相融合，制作的实景沂南县革命遗址分布沙盘与现代创客教育相结合，通过单片机编程来任

意控制实景沙中的声音与灯光，做到了参观者与沙盘的互动，实现了虚实结合的红色教学模式创新。

今后，沂南县将坚持以中国智慧教育区域发展研究报告为契机，加快推进全县智慧校园建设，展望"互联网+""人工智能+"环境下沂南智慧教育发展的新业态、新模式，助推沂南教育高质量发展。

第十五节　山东省青岛市

山东青岛学校：
深度学习视角下智慧评价系统推动学习共同体构建的实践与探索

青岛新昌路小学（青岛市小学实验学校教育集团基地校）　北师大智能学习系统实验室

薛燕　马德民

【摘要】青岛市小学实验学校教育集团与北师大智能学习系统实验室合作研究、开发深度学习视角下的智慧评价系统，通过系统记录和收集各学习共同体及学生各阶段的过程性评价资料，并进行分析统计、管理存档，以此对学生进行激励、赋能。基于智慧评价系统，以评价为手段推动学习共同体的构建与运行，以学习共同体为载体进行深度学习的策略研究。

【关键词】过程性评价；学习共同体；深度学习

2020年，为落实《青岛市基础教育扩优提质攻坚方案（2019—2022年）》文件，促进青岛市基础教育优质均衡发展，办好人民满意的教育，根据《关于印发青岛市义务教育学段实验学校建设方案的通知》工作安排，经学校申报、区（市）教体局推荐、专家评审、实地查看，青岛市教育局确定了首批34所青岛市义务教育学段实验学校。市级实验学校是承担改革实验任务、辐射带动全市义务教育优质均衡发展的学校。其中，来自青岛市市内各区的15所小学组成了青岛市小学实验学校教育集团。青岛市第四实验小学（青岛新昌路小学）作为集团基地校，在青岛市教育局的引领下，充分发挥实验学校的改革、创新、实践、示范、引领作用，协同集团内成员校以信息化推动集团高位发展。集团结合基地校申报立项的山东省"十四五"教育规划课题"深度学习视角下的学习共同体构建研究"，依托北京师范大学智能学习系统实验室，与北京乐学乐教科技有限公司合作，进行深度学习视角下智慧评价系统的研发和使用，从而推动了学习共同体构建的实践与探索。

2023 年 5 月 9 日，教育部办公厅印发《基础教育课程教学改革深化行动方案》，在作为方案"重点任务"之一的"教学评价牵引行动"中提到"注重过程性评价，实现以评促教、以评促学，促进学生全面发展"。青岛市小学实验学校教育集团与北师大智能学习系统实验室合作研究、开发深度学习视角下的智慧评价系统，通过系统记录和收集各学习共同体及每个学生、每节课、每个阶段的过程性评价资料，以此对学生进行激励赋能、分析统计、管理存档，以评价为手段推动学习共同体的构建与运行，以及基于系统以学习共同体为载体进行深度学习的策略研究。

一、深度学习视角下智慧评价系统研发与应用的背景与认识

对小学生而言，在这个学龄段依然需要外显的刺激和鼓励。在学习共同体模式下，通过师生评价、生生评价挖掘学生的闪光点，进行及时、准确的评价，不但可以激发学生的学习兴趣，提高学生参与的积极性，还可以形成师生互动，帮助教师优化课堂教学。

现有的班级管理方式，无论是素质评价卡片、手抄光荣榜、小红花的准备，还是手工式的数据统计，都耗费了教师极大的精力与时间，让原本教学任务就很重的教师变得更加辛苦，已经难以满足学习共同体构建与评价的需要。

目前，虽然已有不少评价方式和评价体系，但往往是来自公司的软件设计，设计并不符合学校的应用要求，由于缺乏专业性和针对性，操控性差，不能很好地照顾到小学生的特点，更难于照顾到学习共同体的特点，兼之缺乏直观性、趣味性，起不到应有的激励作用。

对于学校而言，由于缺乏专业的技术人员，教师空有好多教学创意，但碍于条件限制无法实现。

深度学习理论认为：内部学习动机、主动参与、高效认知策略及和谐的人际交往，是高质量学习的重要因素，而交互学习是深度学习重要的支撑点；深度学习需要教师和学生在特定场域下共同参与到一个合适的载体中积极行动才能实现；课堂参与、主动学习、学生共同体中的同伴互动，以及师生情感交往均对深度学习的开展有显著的正向影响。我们认识到：首先，基于智慧评价系统的学习共同体为学生交互学习创造了条件和平台，利用多元评价激发学生的学习动机，促进学生深度参与、积极行动；其次，学习共同体捆绑式评价、趣味化晋级模式也为学生营造了和谐的人际交往环境，有力地支持了交互学习的开展；再次，智慧评价系统不受时间、地域限制的优势，使深度学习的"场域"越来越宽广，不再是仅仅局限于课堂，而是形成课内课外、线上线下等多场域交互式的学习场；最后，借助智慧评价系统灵活设置评价项，可以为深度学习的实施起到很好的导向作用。

为此，青岛市小学实验学校教育集团与北师大智能学习系统实验室开展合作研究，基于集团各学校的实际教学需要，由学校出创意，实验室技术团队进行补充，从深度学习视角出发，合力进行智慧评价系统的开发，通过系统进行学习共同体的构建，以多元评价推进深度学习的开展。我们合作设计的智慧评价系统着眼于解决学习共同体模式下课堂沉闷、学生上课没兴趣、学习没动力等问题，以趣味化的评价机制即时为学生赋能，促进学生生发深度学习；采用大数据技术，记录学习共同体及学生的成长状况，并将其动态地呈现出来，使评价形象可感，让学习者持久保持对学习的兴趣，激发思维；通过同伴互助，使学生能够直观地感受到自己的成长，帮助学生自我认识、自我反思、自我实现。

在系统的研发和应用方面，双方采取边实验边迭代的互动开发模式，研发团队根据学校应用的实际需要随时修改、完善系统，而学习共同体构建、评价项和评价维度及晋级规则都由学校教师设置。通过个性化配置，突出评价的过程性和写实性，通过富有学校特色的、个性化的评价生发出一系列促进深度学习的策略。

经综合讨论分析，我们确定智慧评价系统的总体架构及功能模块如图 4-100 所示。

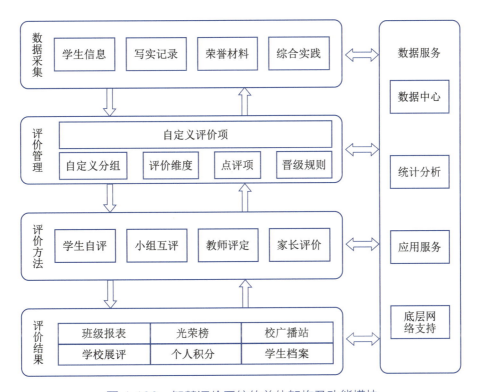

图 4-100 智慧评价系统的总体架构及功能模块

二、赋能教师，评价简洁高效，让教师从琐碎的点评统计中解脱出来

在过程性评价实施过程中，教师不但要对学生个人进行实时点评统计，还要对学习共同体

进行评价，涉及对学生行为数据的记录、赋能、统计、数据分析、管理、存档等诸多环节，解决不好会耗费教师极大的精力与时间。深度学习视角下的智慧评价系统可以赋能教师、解放教师，把教师从琐碎的点评、统计中解脱出来，借助系统带来的评价和"场域"优势，推进深度学习落地实施。

（一）顺应教师使用习惯，点评灵活，自动统计

在设计和应用系统时，我们重视以学生的关键表现和实证材料作为重要评价依据，同时兼顾教师和学生尤其是小学师生的使用习惯，功能操作简单明了，既要方便对学习共同体进行整体评价，也要做到对学生行为进行一对一的评价。

对学生个人的评价：对单个学生进行点评，选择学生的头像，选择点评类型即可，还可以做到同时对多位学生进行点评。（如图 4-101 所示）

对每一个学习共同体进行评价：选择某个学习共同体，可以对全组点评，也可以对学习共同体内的某个成员点评。

在对学习共同体和个人的互动评价方面：在对学习共同体赋能的同时，对学习共同体的评价也能具体到学生身上，赋能到学习共同体中的每个成员；反过来，学习共同体中个别学生表现突出，也会赋能到学习共同体。通过系统为学生营造和谐的人际交往环境，形成一种持久的学习力，有力支持交互学习的开展，这也是促进深度学习的重要措施。

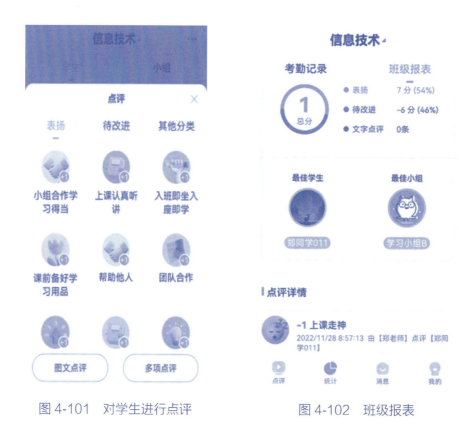

图 4-101　对学生进行点评　　　　图 4-102　班级报表

自动生成班级报表：解决教师尤其班主任管理工作耗时耗力又难见成效的问题。系统翔实记录各学习共同体及学生的行为表现，通过大数据分析，将烦琐的行为数据汇集、处理为一目了然的班级报表，使教育模式从"依靠经验"向"依靠数据"转变，提高学校教师的教育教学能力和学生的综合素养。（如图 4-102 所示）

（二）采取形象化的赋能手段，激发学习动机，为开展深度学习提供内在动力

1. 支持学生奖励勋章的设置

教师可以根据激励需要，设置不同的、阶段性的、形象化的奖励勋章，对学生的评价更加形象化、具象化，增加趣味性、直观性，调动学生的参与热情和积极性。比如，采用能量柱、成长树、虚拟银行、小动物等形式，奖励勋章丰富多彩，不再只有小红花。

2. 支持教师自由设定晋级规则

师生可以共同设置成长晋级规则，借鉴程序化的趣味积分制，使教学评价具有挑战性、阶段性，体现成长性。

比如，学习共同体或学生获得 5 次激励后获得 1 枚小种子；再获得 5 次激励后小种子生出小芽；再获得 10 次激励后小芽生长成小叶子；再获得 10 次激励后长成大树。

小种子—发芽—小叶子—大树

再如，根据课上学生的合作参与情况及进步情况，给予一对一单项赋能。学生课上听讲认真，回答问题积极主动或较以前有进步，作业书写认真，积极与同学合作探究，问题意识强等，均可给予铜卡奖励，激发学生的学习潜能。10 张铜卡可奖励 1 张银卡，10 张银卡可奖励 1 张金卡……

3. 评价呈现

系统支持以形象化的方式动态显示学习共同体及学生的成长过程。如以能量柱方式展示评价：每次课堂评价都会调用评价信息展示程序，将学生的头像、姓名、能量值、评语等信息动态呈现给全班学生，并进行语音播报，如"小明，积极回答问题，获得赋能 1 次"，同时能量柱动态显示增长，使课堂评价看得见、听得到。

（三）按照教学需要灵活定义评价项目，为深度学习的开展提供强有力的激励手段

过程性评价怎么评？怎么设置学习共同体更有利于学生发展？怎样设置评价项才能为深度学习的实施起到导向作用？在这方面国家并没有形成统一的标准，不同学校对学生表彰的方面和程度也不一样。要体现学校的育人导向，就要允许学校自定义点评内容，灵活设置点评项，以多元的、灵活自由的奖惩机制，规范学生行为，为深度学习开展提供强有力的激励手段。

1. 支持自由分组

分组制的方式首先可以让教师从以班级为单位转换成以学习共同体为单位，在大班

制的基础上，便于细化到每个人，给每个人提供表现和点评的机会。其次，基于同伴压力的理论，同一学习共同体内学生之间会产生一种团结向上的凝聚力、奋进感。自由分组功能不但为深度学习提供了多场域、交互式的学习场，也为学生营造了和谐的人际交往环境。

支持合作学习，支持自由分组。教师可进行异质分组、同质分组，或根据主题学习分组，根据项目式学习分组，支持不同学科不同分组，教师可自由定义各学习共同体的组成人员数量，如可以定义 5—7 人的小组，也可以定义 3—4 人的小组。教师可组建学习共同体，也可解散学习共同体，还可调整学习共同体内成员。

教师可灵活地赋予学习共同体成员角色，授权学习共同体成员功能，还可给各学习共同体起一个有趣的名字，提出学习共同体的愿景、口号等。

2. 支持教师根据培养目标设置表扬类型

教师根据学生综合素质五个方面，灵活设置表扬类型。

德：如志愿服务、做好事等。根据学习共同体及学生德育数据，自动分析各项评价类目占比，培养孩子的集体荣誉感、责任感。

智：将学习共同体及学生的学习态度、学习兴趣、学习策略、学习习惯、努力程度、学习获得等过程性要素都纳入评价范围，如学业成绩、积极思考、课堂发言、课堂表现、出勤情况、作业完成情况，也可对课余所取得的成果进行记录并纳入考评。

体：体育特长、竞赛荣誉等。

美：艺术特长等。

劳：劳动次数、活动时长、课外实践等。

教师还可以设置相应的待改进类型。

设置点评项名称如图 4-103 所示。

图 4-103 设置点评项名称

3. 教师评语

教师可灵活设置、预设评语，包含"称赞""批评"两类。多一把尺子就多一批好学生，注重用发展的眼光评价学生，用赏识的方法激励学生，用期待的方式鼓励学生。

三、赋能学生，评价形象可感，使学生直观感受到自己的成长

准确、恰当、生动、有趣的评价，能引发学生的情感共鸣，使学习共同体更有凝聚力，促使学生养成良好的学习习惯和行为习惯，充分调动学生学习的主观能动性，实现师生同频共

振，为开展深度学习提供内在动力基础。

（一）智慧评价形象可感，让学生直观感受到自己的成长

评价形象可感，是学校设计提出的一个重要方面。根据学生的年龄特点，采用学生熟悉的网络术语，可有效增强学生的参与意识。

1. 学生档案：依据教师点评数据，为每一位学生生成专属的电子档案，自动绘制学生的成长曲线。"从入口看出口，从起点看变化"，为学生明确了努力的方向，便于学生制订最近发展目标，实现学生素养的逐步提升，也让教师、家长能够直观了解和感知学生的每一次成长。（如图4-104所示）

2. 个性化头像：趣味头像创意，学生头像随能量值增加而实现华丽升级；也支持以学生照片作为头像。

3. 光荣榜：替代传统的小红花和记分册，用每周、每月更新的评价榜，激励学习共同体及学生持续成长。

奖励方式多种多样，教师可在线生成各种形式的奖状，每周进行授牌奖励，如"最活跃团队""好作业团队""善合作团队""最守纪团队""最进步团队""最优秀团队"。

4. 我的花园：学生通过与其他同学的花园对比，明确自己当前所处的状态，发现自己存在的短板和问题，进而制订自我奋斗目标，主动弥补不足。（如图4-105所示）

5. 积分兑换：如学校可创设虚拟小镇，设立虚拟小镇银行，可将能量值转化为"虚拟

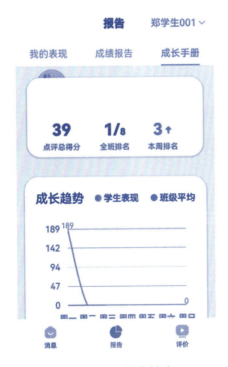

图 4-104　学生档案　　　　　　　图 4-105　我的花园

币"。可以支持学生自由兑换奖品或参与项目活动等。学生通过虚拟存折从虚拟银行存取虚拟币，并用虚拟币购买书籍、日用品和体验活动等。

（二）发挥评价的教育功能，让学生参与评价

以学校为主导进行智慧评价系统的设计，倡导重视学生自我诊断、自我改进的内在需求，帮助学生发扬优点、改进不足，采用以正向性评价为主进行引导的方式，发展学生的评价能力。学生不再只是被检查者和被评价者，而是成为评价的积极参与者。

1. 学生自评：让学生学会自我诊断，促使学生内省，激发内在的学习动力。

2. 生生评价：同伴互动和师生情感交往是深度学习的重要特征。学生可以对其他同学或学习共同体的某项突出表现进行评价，实现生生互动和生生评价。在同伴互动中，学生通过合作保持对学习的兴趣，激发思维。

3. 家长评价：家长也可通过系统对学生进行评价，给班级提出合理化建议，便于家校形成合力，促进孩子健康成长。评价方式包括点赞、赋能、评级、写评语等，评价的方式包括文本、语音、小视频和作品标注等。

四、经验总结与反思

日前，青岛市小学实验学校教育集团按照青岛市教育局的统一部署，推进智慧评价系统开发工作。根据基层实际，集团成员校设立了实验班级，实验班级先行申请账号推进第一阶段的系统实验工作。目前，结合调研情况，将推进第二阶段的系统完善工作，主要着眼于手机端学生表现反馈不直观等情况进行改进，计划研发电脑端，便于教师在班级电脑上及时评价并反馈评价结果，最终形成手机端和电脑端的互通。北师大智能学习系统实验室研发团队在集团的建议下，将尽早研发电脑端智慧评价系统，真正发挥小组合作的作用，使个人和小组的发展相互促动。以学习共同体为载体，利用智慧评价系统拓展、深化学生对深度学习的内涵与实践形式的认知，加强智慧评价系统在教学一线的实践探索，为后期深度学习的相关研究提供较为丰富的理论和实践支撑。

第五章

CHAPTER 5
发展指数与特征趋势

第一节　智慧教育发展指数

　　本报告对《中国智慧教育区域发展研究报告（2021）》[①]中的智慧教育五维评估指标和观测点（如表 5-1 所示）作了部分修订。在数据采集方面，加入田野观察，与填报数据相结合，力求评估结果客观。关于数据的分析大致包含两类：一是计算占比；二是热词聚类后，按照专家对热词的打分，根据热词在其中的分布，计算发展现状与智慧教育理念目标的适切性，得到发展指数。采集数据覆盖 10 个省和直辖市（陕西、江苏、广东、山东、湖北、浙江、河南、上海、重庆、天津）的 38 个县（区）级区域，涉及 833 所学校、7954 名教师的填报数据和田野观察的数据。

表 5-1　智慧教育区域发展五维评估指标

一级维度	二级维度	观测点
一、教育理念	（一）发展关注	1. 区域发展热点
		2. 智慧教育投入
二、学习空间	（二）物理环境	3. 学校教室智慧化程度
		4. 校园智能化程度
	（三）线上空间	5. 网络空间接入性
		6. 网络空间（功能）分布
三、信息资源	（四）学习资源	7. 教学资源建设应用可持续生态
		8. 教学资源形态
		9. 教学资源服务水平
	（五）管理信息	10. 管理信息资源建设水平
		11. 管理信息资源服务能力
四、教育形态	（六）课程形态	12. 课程形态
	（七）教学形态	13. 教学过程形态
	（八）新业态	14. 新业态分布（热词聚类与层次分析）
五、教育治理	（九）业务分布	15. 学校教育治理数字化业务分布
		16. 区域教育治理数字化业务分布

---

①　教育部教育管理信息中心，《中国教育信息化》杂志社，腾讯智慧教育发展研究中心.中国智慧教育区域发展研究报告（2021）[M].华东师范大学出版社，2021：11-12.

一、智慧教育理念的现代化程度

按照本报告对智慧教育的定义，智慧教育的发展是在现代教育理念指导之下技术赋能的教育系统结构重构，包含课程体系重构、教学环境再造、学习模式多元和治理体系变革四个方面。为了解各区域是否如此认为，或者是否知行合一，本报告从各区域的经费投入、发展热点两个方面进行分析，即从各区域在建设中是否投入和投入多少，计划做什么和做了什么的维度去分析。

数据显示，智慧教育经费投入在教育事业经费投入中的占比为 12.29%；发展热点（如图5-1 所示）集中于教育的数字化、智能化转型，强调利用人工智能、大数据等技术手段革新教学模式，提升信息素养，确保网络安全，并通过构建智慧校园、云平台等基础设施来优化教育资源配置。同时，各区域普遍关注教师专业成长、精准教学的实施，利用数据驱动提升教育质量监测与评价体系，旨在促进教育公平，提升教育质量。

图 5-1　田野观察数据中区域的发展热点

在具体实施路径与策略上，各区域展现出一定的差异性。部分区域着重响应国家政策，如"双减""五育并举"等，强调减轻学生负担与促进学生全面发展；而另一些区域则更侧重于探索智慧教育深度应用，比如打造综合示范区，推动"融合创新"与"教智融合"的实践，或是在技术层面强调"同步课堂""未来教室"等新型教学环境的构建。

综合以上分析结果，我们采用专家打分法，对比经费投入、关注热点与智慧教育发展理念的适切性，分析得到教育行业智慧教育认知指数，该指数为 70.04。这说明大家对智慧教育的认识普遍还不到位，所采取的工作措施与实现智慧教育发展目标之间还存在差距。

二、学习空间的数字化水平

学习空间再造是智慧教育变革的显性指标，发展内容应该符合新型教育和学习模式的需要。考虑到我国教育体制的统一性要求和学校变革的个性化特点，我们根据统计和专家打分得到教育空间发展的内容图谱和创新权重，分别从物理空间、线上空间两个视角来观察。

（一）物理空间的数字化程度

本报告观察了学校教室（三类：具有多媒体展示功能的教室、具有学情数据采集分析的教室、校本课程专用功能部室）的数量占比和校园的数字化、智能化功能（如智能安防、明厨亮灶、智能门禁等）。前者在一定程度上反映了学校的教学模态，后者反映了学校校园环境的智能化程度。

数据显示，三种类型教室的数量占比分别为 80%、13% 和 7%。第三类教室即功能部室的类型分布如图 5-2 所示（字体越大，建设的数量或者对必要性的认同度越高）。这说明，部室建设在学校有一定数量，但是不多；开展学情数据采集和分析的学校也不多，但是已经有了一些接受度。这意味着注重能力培养和高效知识掌握的智慧教育在实践层面正在推广普及。

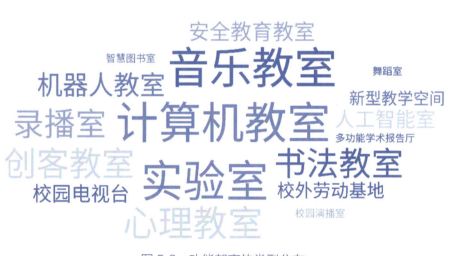

图 5-2　功能部室的类型分布

学校校园的智能化、数字化功能集中在智能安防、明厨亮灶、智能门禁、统一运行和可视化等方面（如图 5-3 所示）。智能校园以管理为主，教学智能化基本未涉及。

（二）线上空间的成熟度

线上教学空间的成熟度是指服务的聚合度、功能完善程度、可访问性等，通过网络接入情况（连通性）、一站式统一门户的建设（有 / 无）、软件平台的服务功能分布来表征。数据显示，网络接入与服务在某些区域还存在质量低和覆盖面不全的问题；建设有一站式统一门户（服务聚合程度）的学校占比 84.2%，其线上业务的功能分布如图 5-4 所示。

图 5-3　校园智能化管控功能分布

图 5-4　线上业务功能分布

评估专家认为，综合素质评价、行为管理、学业评价、体育测试系统、一卡通、课程管理、在线课堂、在线研修、网络直播、智慧课堂、校园安全、成长档案、考试系统、培训管理等功能具有一定的创新性（创新程度降序排列）；日常办公、教师管理、资源服务、学籍管理、后勤管理、科研管理等为普遍功能。

综合分析教室功能结构分类、校园数字化功能和线上空间的连通性、功能分布，得到学习空间的发展指数（空间的数字智能化程度——智商）为 81.80。这反映了空间的建设基本满足教学和学习模式发展的需要，但是距离智慧教育目标还有很大距离。

三、信息资源的建设水平

数据信息资源就是数字化的内容——数据资产，包括两个方面：一是数字化学习资源；二是教育管理信息数据资源。前者是学习内容重构的结果，也可以包含在教育数字空间的"新基建"部分，一定程度上反映"智商"水平（因为处于初步发展阶段，本次未纳入智商计算）；后者是管理服务的数字基石，其建设和应用程度反映了教育管理与服务的数字基座水平。

对于数字化学习资源，我们在观测评估中考察它的形态、可持续生产机制和应用服务功能。数据分析显示：微课、在线课程、题库等新型资源的占比超过一半，传统的媒体资源仅占25.34%，表明内容的再造正在快速推进（报告专家组认为：未来的学习资源是由以知识和能力点为单元、服务学生以多元模式学习、达成既定教育目标的微课、讲义、虚拟实验、案例、题库等构成的立体结构化学习资源）。新型的以课程为单位或者以学习者服务为核心的结构化学习资源建设正处于快速发展的早期阶段，预示着教育内容个性化与结构化并重的发展趋势。（如图 5-5 所示）

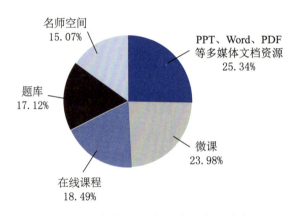

名师空间
15.07%

PPT、Word、PDF
等多媒体文档资源
25.34%

题库
17.12%

微课
23.98%

在线课程
18.49%

图 5-5　当前学习资源建设类型分布

资源服务方面，课程备课辅助、校本题库、个性化学习资源等服务显示了对教师教学准备、学生自主学习的重视，表明各区域在满足不同教学场景和学习需求方面取得了初步成效，但资源服务的深度与广度尚有拓展空间。

综合来看，基于学习资源的类型分布和结构形态，服务智慧教育的数字化学习资源建设尚处于起步阶段，本期报告不计算其发展指数。

对于教育管理信息数据资源，我们在观测评估中考察它的建设水平（数据管理平台建设、数据内容建设）和服务能力（数据服务平台建设）。数据分析显示：区域级数据平台建设覆盖面较为广泛，功能分布主要集中在数据汇聚和数据开放共享功能（如图 5-6 所示）。数据平台功能中受关注的数据治理、数据溯源、元数据规范等核心功能已经基本具备，表明数据管理的基础设施较为完善；数据内容建设方面，已覆盖学生、教职工等多维度的基础数据以及学业成绩、财务信息等关键业务数据，数据赋能教育管理与服务的基础要素逐步具备；从数据服务来看，平台初步具备"服务请求—分析工具—服务提供—安全监管"的全业务链，但实际应用的普及程度尚有提升空间，需要进一步推动数据服务的广泛应用和深度整合。从整体情况来看，管理数据资源建设与服务基本处于初步阶段，仅在部分区域开展了工作。本部分内容纳入数字化治理与服务发展指数。

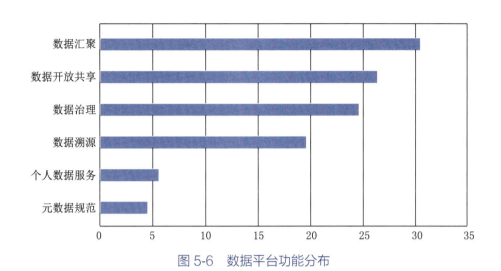

图 5-6　数据平台功能分布

四、智慧教学形态

评估观察中，教学形态是智慧教育发展形成的结果样态，对其的静态观察主要体现在教学环境样态、课程样态、教与学模式样态三方面。其中，教学环境样态在上文已有分析结果，教与学模式样态的观察主要分析学校校本课程建设的数量与特色、走班选课平台的建设情况、学校是否开展智能化课堂学情分析或学业评价应用、学校是否实现个性化学习和个性化作业。

关于课程样态，当前主要模式依然是讲授式课程，但是增加了校本课程，开展第二、三课堂的教学活动。对于校本课程，我们在观测评估中考察其建设数量和特色。数据分析显示：当前各学校已普遍开展校本课程建设，智慧教育、德育教育、安全教育、机器人教育等关键词是各区域开展校本课程建设的热点。我们以学校为单位，聚类各学校不同校本课程数量级别的学校数量，反映不同数量级别的学习情况，计算得到校本课程建设指数为81.32，说明校本课程建设全面起步，但与智慧教育的需求相比还很不成熟。

关于教学模式，通过聚类和专家打分，主要考察走班选课、学情分析或学业评价、个性化学习和作业等新模式的应用。我们在观测评估中考察学校是否允许学生根据兴趣和需求自主选择课程、是否利用先进的技术手段进行教学质量监控和学生学习情况分析、是否能够根据学生的个性化需求提供定制化的学习资源和作业。利用频数分析和梯度量化评分（例如选"是"赋100分，选"否"赋60分）计算，同时结合教学环境（智商）、校本课程和教学模式，按比例加权得到教学形态指数为78.36，说明智慧教育形态还在萌芽中。

五、教育治理数字化水平

教育治理体系是智慧教育发展的重要组成部分，是智慧教育发展的根本保障和驱动力。本报告通过观察"学校教育治理数字化业务分布"和"区域教育治理数字化业务分布"，得到整体发展水平。数据显示，其热词主要集中在教师发展、精准教学、课后服务、综合素质评价、教育大数据、师生画像、成长档案、虚拟实验教学和决策分析等方面。这也反映了教育治理业务数字化主要集中在事务办理为主的业务处理方面，数据赋能的综合分析利用与治理还有很大的提升空间。（如图 5-7、图 5-8 所示）

图 5-7　学校教育治理数字化业务分布

图 5-8　区域教育治理数字化业务分布

聚类得到关键词后，我们以专家打分的方式得到权重表，用以表征它们的创新程度，依据权重表进行统计计算，得到教育治理数字化发展指数：78.03。

依据以上分析结果，按照权重分布综合计算，本报告发布 2023 年中国智慧教育区域发展综合指数为：75.46。这说明，数字时代的智慧教育变革尚处于初级发展阶段（指数在 75 以下为萌芽期；75—85 为初级发展阶段；85—95 为成熟发展期；95 以上为成熟稳定期）。

第二节 智慧教育发展特征

一、对智慧教育理念的认知还不到位

年度工作要点关键词分析显示，90.5% 的区域围绕数字化、信息化、智能化开展工作；对区域教育信息化"十四五"规划关键词进行聚类，区域关注热点聚集在数字化校园建设、智慧课堂建设、教育信息化、人工智能、信息素养、网络安全、云平台、大数据、融合创新等议题（见本报告第二章第二节分析）。更细化的工作举措、重大工程或者与教育业务结合紧密的关键词缺少，这说明，各区域在数字化上依然停留在技术业务层面思考问题，对智慧教育的变革举措不多。尤其是在数字化转型的今天，各区域在融合创新上有些认知落后。

二、新基建带动下的教学空间再造深入开展

（一）物理教学环境的改造主要集中在功能部室的建设

90% 以上的学校建有计算机教室、音乐教室、实验室、心理教室、书法教室和创客教室，功能部室和具有数据采集与学情分析功能的教室占比平均达到 20.6%，有些学校达到 45.8%。（见本章第一节图 5-2）

（二）校园智能化管理逐步普及中

区域级数字校园和智慧校园建设全面推进。97.4% 的区域已开展区域级的数字校园建设，84.2% 的区域已开展区域级的智慧校园建设。校园智能化功能主要有智能安防、明厨亮灶、智能门禁等。（见本章第一节图 5-3）

（三）线上空间功能分布逐步覆盖到大多数管理业务

网络接入主要由三大运营商提供。68.4% 的区域支持 IPV6；63.2% 的区域支持 5G 网络；多数区域网络接入基本满足需求，但仍有不足之处；84.2% 的区域建有一站式统一门户；各区域软件平台一般通过区域自建或上级部门建设，占统计区域的 81.6%；52.6% 的区域提供统一开放平台并可以对接其他应用，支持多种应用系统集成；60.5% 的区域可以提供数据对接，实现数据共享；34.2% 的区域认为自己已形成平台可持续开放生态并提供了案例；软件平台承载方式上，71% 的区域以云化服务为主，云平台模式广泛应用；日常办公、教师管理、在线课堂、资源服务、网络直播、在线教研等服务是在线上开展最多的业务和活动。（见本章第一节图 5-4）

三、教学和学习资源形态与服务转型，赋能教育高质量发展

（一）互联网学习与国家平台并行，昭示着"互联网＋教育"大平台业态萌芽

92.47% 的区域都建有或有主推的区级教学资源平台，建设方式以区域自主建设并本地化

部署为主。从实际使用角度看，学科网等互联网平台、国家中小学智慧教育平台等国家级大平台正在发挥资源汇聚、信息互联的作用，百花齐放的优质资源提供生态正在形成并不断完善。（如图 5-9 所示）

图 5-9 学校和教师常用的资源平台热词云图

（二）资源形态正在从过去的服务讲授向服务学习转型

PPT、视频、图片、文本、动画等媒体资源虽然仍是当前最常用的教学资源形态，但是知识图谱、校本题库、虚拟现实等形态的学科结构化资源正在增加，微课、在线课程、题库、名师空间等智能化资源也在教学资源平台中占有很大比例，并且正在不断成长（如图 5-10 所示）。目前已有 76.32% 的区域建有区域或校级题库，大多具备支持智能组卷、支持个性化作业、学校教研组精编等特点。

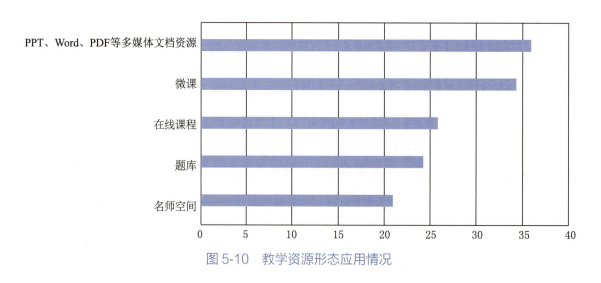

图 5-10 教学资源形态应用情况

（三）管理信息资源建设逐步受到重视

有 81.58% 的区域通过自建或云服务的方式搭建了管理数据平台，实现了数据汇聚、数据溯源、数据治理和数据开放共享，部分区域还拓展了元数据规范和个人数据服务功能，可以为个体提供规范的定制化数据服务功能，满足个性化需求。区域管理数据平台覆盖教师信息、学生信息、资产管理、财务管理、综合评价等方面的数据（如图 5-11 所示）。

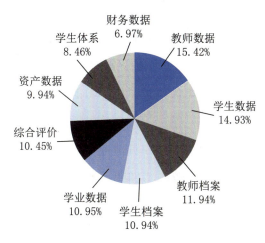

图 5-11　区域管理数据平台资源覆盖情况

同时，各区域越来越注重提高管理信息资源的服务能力，以满足不同层级和部门的需求，提高教育决策的精确性和效率。目前有 73.68% 的区域已经开展了教育数据治理，且平均准确率达到了 90.44%，表明数据治理的普及和实践取得了显著的成果。目前已开展的数据应用场景主要包括：学情分析、统计分析、课堂教学、决策分析、教师档案管理、网上办事、精准教学、体质健康监测、教学评价、综合素质评价等。（如图 5-12 所示）

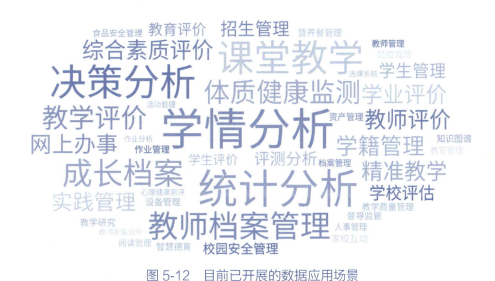

图 5-12　目前已开展的数据应用场景

数据资源的高效应用有助于支持决策制订，促使政府和学校高效利用数据来指导管理，这一趋势有望继续推动教育系统向数字化和数据赋能的方向发展。但随着数据资源的集中管理和开放共享，教育领域的数据标准化、数据安全和隐私保护将成为重要议题。

四、"五育融合"理念下的教育形态重塑初步发展

在"五育并举"教育理念的政策引领下，为实现德智体美劳"五育融合"的育人目标，校本社团课形态逐步拓展。基于 STEAM 理念和跨学科学习的区域校本课程数量平均为 56.4 门，调研的部分区域更是达到 600 门。有 63.16% 的区域建有走班选课平台并已经开展了教学。可以预料的是，持续建设基于 STEAM 理念和跨学科学习的校本课程将是未来各区域课程形态发展的热点领域。教学改革主题中，学科融合、讲授式、"双师课堂"、翻转课堂、任务驱动、创新教育等关键词频率较高（如图 5-13 所示）；具体业务方面，课后服务、教师发展、教学模式改革、人工智能、远程教研等词汇频率较高（如图 5-14 所示）。

图 5-13 教师教学改革关注的高频词云图

图 5-14 省、市、区在教育新业态方面推动的重大教育改革事项

五、智能技术助力推进教育治理体系现代化变革

目前区域级已上线正推广的管理业务主要包括教师管理、学籍管理、资产管理、财务管

理、成长档案、综合素质评价、学业评价等，部分区域还拓展了安全预警、教育统计、质量监测业务服务，少部分区域上线的教育管理业务已经基本成熟。高频词云图显示，区域基于数据智能正在开展的工作主要有"双减"、课后服务、教师发展、精准教学、人工智能教育等重大教育管理改革事项（如图5-15所示）。另外，各区域也正在规划利用大数据、师生画像、教育大脑等新兴技术加强教育治理，学校则更倾向于信息门户（如智慧家校、智慧教务、智能评卷、智慧巡课、智能考勤等）、课堂行为分析、数字化校园平台建设、作业统计分析等更贴近教学一线的教育治理业务（如图5-16所示）。

图 5-15 正在开展的重大教育管理改革事项

图 5-16 五年内拟上线的教育治理业务

第三节 智慧教育发展趋势

关于智慧教育发展特征与趋势的综合评估观察，我们在2020年的报告里曾经陈述了以下观点：一是人工智能快速发展将带来学习内容的改变；二是学习方式多样化造就智能结构的多元化；三是学习环境和资源形态的转变将深度改变认知过程；四是学习将成为一种生活状态，逐渐走向个性化和终身化；五是教师面临角色重构，成为学生"灵魂的工程师"；六是基于数据的综合素质评价将始终贯穿教与学；七是基于数字画像的伴随式评价将逐渐替代文凭；八是学制的范式将发生变革，造就多样的学程。这是一个大的趋势判断。

今天回头望去，近两年沿着这个趋势有哪些变化呢？当前，人工智能已经引起了人们对学习内容的大讨论；基于知识图谱的个性化学习作为新的智能结构体受到关注；关于综合素质评价已经涌现了很多优秀的数字化转型案例。这是最有体感的趋势特征，也符合 2020 年报告对大趋势的判断。

本年度报告就以上判断作进一步总结，归纳出近两年的重大变化，以期给大家更深刻的体验和认知。我们认为：近两年的智慧教育发展呈现以下特征与趋势。

一、教学内容的组织方式与内容变革将成为热点实践领域

按照教学系统的组成元素，我们观察其形态的变化可以发现，教学内容的组织方式和形态正在成为变革的重要内容。一是知识图谱代替书本成为新型的学习内容组织方式。传统以书本、讲授、作业为主的学习内容都是线性的文字表达，无论如何变革都无法脱离这种线性的组织方式。信息技术提供的图结构，可以客观表征知识的网状结构，更能适应不同学习者的个性化认知过程，同时简化知识的组织方式。基于知识图谱的学习内容组织，目前还只能采用机器学习和人工标定相结合的方式，但是以知识点为单元的组织结构已经能够满足现代学习理论的实践要求。2015 年以来，关于知识图谱的研究不断受到重视。2022 年，ChatGPT 的出现和生成式人工智能的新进展、新应用，更是激发了这一研究过程，而且知识图谱在教学领域进入实质的应用阶段。2022 年评选的国家级教学成果奖，有 2 项与知识图谱的构建有关。近年来的国家自然科学基金教育信息与技术项目（代码 F0701）中，有 27 项是研究知识图谱的构建。知识图谱将成为精准教学、个性化学习、个性化作业等应用模式的基础性开发建设项目。二是学习内容的呈现方式不断多媒体化。微课、虚拟现实和增强现实等多媒体技术成为学习内容呈现的新型重要方式。在人工智能背景下，知识的表达不再是仅仅通过文字，精品讲授、增强体验占据的份额不断加大。比如，在微课大赛等活动的带动下，优质微课的建设不断受到重视，以虚拟现实和增强现实技术为代表的实训环境在学校部室建设中的比例不断加大，基础教育学校的部室建设力度不断加大，有些学校的功能部室数量占据教学空间的比重达到 1/2，与授课教室的数量持平。三是学习内容不再仅仅是认知类陈述方式的知识。面向能力培养的案例、活动和实训课越来越多，对传统讲授式的突破带来多样化的学习内容表达方式，随之带来学习环境

的多样化，多元化的学习方式也不断丰富。

二、服务精准教学的教育工程实践很快会大规模推广

在知识图谱建设的基础上，基于学业精准评价的个性化学习实现成为可能。一是精准教学在基础教育中受到重视和推广。由于"一考定终身"对考试分数的追求，高效提分对目前学校的教学至关重要，同时由于"双减"政策的引导和激励，基于精准教学的理念和方法既可以减轻学生重复刷题的负担，又可以快速提升学生对知识的掌握，成为智能化教学中重要的应用方式。从 2019 年至今，精准教学愈发多元化，逐步渗透到思政、体育、医学等多个学科领域，将中国知网作为研究数据来源，以"精准教学"为关键词进行期刊类检索，时间限定在 2021—2023 年，时间切片为 1 年，共检索到相关文献 499 篇，具体为 2021 年度发布文献 120 篇、2022 年度发布文献 181 篇、2023 年度发布文献 198 篇。近三年文献分析显示，文献发布数量逐年稳步上升，这充分展现出精准教学的研究热度。二是智能化的学习会带来在线学习的快速发展。在未来，随着精品微课的不断丰富和知识图谱的完善，智能学习服务系统和智能化服务提供的个性化学习将得以快速发展。目前，我国已建成全球最大的教育资源中心——国家智慧教育公共服务平台。平台中汇聚中小学资源 4.4 万条，职业教育专业教学资源库 1173 个，平台的累计访客量超 19.2 亿人次。此外，《中国互联网发展报告（2023）》显示，在线教育企业如新东方、猿辅导等正加快转型，这明确了多元化智能硬件矩阵的发力重点。本年度教育智能硬件市场规模已达到 431 亿元。企业的灵活性决定了在线学习将在市场环境下实现大发展，因此，互联网学习将成为催生学习方式变革的重要力量。

三、评价数字化转型进入深度试水

评价是教育数字化变革的驱动机，也是发展的瓶颈。教育问题看似复杂，其实可以分为三个层面：一是培养问题；二是评价；三是人才选拔。这三者本质上都是评价问题，评价是培养的指挥棒，是人才选拔的基础。因此，评价的数字化变革是教育变革中的基础性问题。近年来，关于评价的研究有很多且不断深入，从最初的考试评价、标准化考试，到引入数字技术之后的面向过程的评价，而现在更重视基于听觉、视觉和心理分析的综合评价，综合素质评价正在从"登记奖项"向"智能生成"发展变化，但是这一评价方式技术上还不是很成熟。分析相关案例，可以发现以下特点。

根据 2022 年 11 月的《教育部办公厅关于开展信息技术支撑学生综合素质评价试点工作的通知》，教育部决定遴选 30 个左右的区域开展试点工作，要用 5 年左右的时间，形成百万

级规模的中小学生综合素质发展基础数据库，同时基于数字技术创新评价工具，探索面向学生成长全过程的纵向评价、德智体美劳全要素横向评价，形成数据赋能的学生综合素质评价方案。该项工作有进展，也有困难，但是必将形成一套全新的评价体系。在评价数字化转型方面，目前的主要困难是：评价的技术需要提升，技术路线需要优化，评价理论需要创新。

北京师范大学陈丽教授认为：目前我国学生综合素质评价改革工作呈现"头重脚轻"的现状，"头重"是指各级政府和全社会对综合素质评价具有极端重要性的高度共识，"脚轻"是指实践中的改革进展缓慢，指挥棒作用严重不足，是导致"教育内卷"的主要原因。目前制约我国学生综合素质评价改革工作的主要因素是评价方法和能力不足，急需运用信息技术，创新更加科学客观的工具，完善评价体系[1]。

为了提升学生综合素质评价能力，助推学生综合素质评价改革，陈丽教授团队研发了三类技术。第一，学生多场景表现性数据的采集和其他关键技术，具体包括：①基于复杂活动场景的伴随式采集技术，即基于自主研发的表现性评价工具或"红外 + 可见光"采集装备，伴随式采集学生在学校、家庭、社区和科技馆四个场域的多模态（包括音频、视频、文本、图片等）数据；②多源异构数据汇聚技术，即针对教育部信息技术支撑学生综合素质评价试点工作数据和教育部教育技术与资源发展中心数据、教育部教育管理信息中心数据及试点区域原有综合素质评价数据的汇聚技术；③视频数据标注增强技术，即对教室、科技馆等场景中多主体的多目标行为进行连续追踪识别的技术。第二，学生多模态活动数据的智能处理技术，具体包括：①文本数据的自动识别技术，即基于光学字符识别（Optical Character Recognition，OCR）技术自动识别语言表达测评中学生上传的文本、图片数据，并对难以辨识的新词、特征词等复杂标注任务进行矫正识别和标注增强；②音频数据的音准识别与评测技术，即基于"音符转录—音符对齐—音高提取"智能化处理方法，自动识别音乐素养测评中学生上传音频数据的错音符、漏唱音符和音调高低等；③视频数据骨骼绑定与内容分析技术，即基于身体素质测评中学生的跳绳视频，将 MediaPipe（一个用于构建机器学习管道的框架，可用于处理视频、音频等时间序列数据）获取的骨骼坐标点输入跳绳姿态判别模型，通过关联信息融合模块对多源异构数据进行融合，输入时序模型计算耐力评分。第三，大规模学生综合发展数据的分析技术，具体包括：①学生成长发展知识库引擎，可支持探索学生成长发展影响因素（如媒体使用或课外活动的类型和时间）、挖掘中国学生综合素质发展规律（如自主学习能力的变化曲线），建设学生成长发展知识库；②学生综合素质常模库引擎，可支持依据数据建设学生综合素质发展常模，支

---

① 陈丽. 智能技术支撑学生综合素质评价：改革与创新 ［J］. 现代教育技术，2023，33（12）：5-13.

持建设不同区域（如东部、中部和西部地区或城市、农村地区）、不同学段（如小学低、中、高年级）学生成长发展特定理论维度的常模；③学生综合素质队列（流行病学术语，在教育领域中特指具有共同因素特征的一组学生群体）建设引擎，可支持不同区域、学段学生的成长发展队列建设。

基于上述技术，研发了学生综合评价与发展平台（Student Evaluation Enriching Development，SEED）平台，主要功能包括：①呈现测评工具，支持大规模学生在线参与综合素质测评；②呈现测评分析报告，面向区域、学校、学生和家长反馈学生综合素质评价的结果及改进建议；③呈现学生综合素质成长规律，包括学生综合素质发展性规律、比较性规律、溯源性规律，学生常模库、队列等。

四、数字化转型正在酝酿破题之策

从各地提供的案例和问卷与爬虫数据分析来看，各地教育数字化的工作重心集中在优质资源、数据与治理评价、人工智能和数字素养等方面，这不同于以往单纯的教研层面，而是面向问题的破题之举。按照本报告关于智慧教育发展的四维路径，内容与智能系统、数字要素赋能治理体系变革是四个重要方面中的两个，而教师数字素养的提升是服务于教学模式的变革的。由此可见，各地教育数字化的工作重心正在倾向于数字赋能的智慧教育发展的核心要素。

下一步，规模化、系统化的课程库、优质题库、案例库、实践活动库等教学内容建设，线上线下结合的教学环境智能化改造，面向人才选拔的学业评价和综合素质评价体系构建，以及以此为基础的新型教学模式规模化改革或将实现突破，成为数字化转型的多维突破路径，预计3—5年实践将有小成，但这也取决于这些工作的组织化程度，任何单打独斗和小团体的墨守成规都将深刻阻碍这一进程。那么突破的力量会是谁？区域教育局，还是教育部，抑或是企业？国家智慧教育平台也许会发挥重要作用，但是企业的灵活性决定了企业本身是一股不可或缺的力量。

五、环境创新不断普及的重要趋势

自2022年以来，在国家及有关部门的带动下，围绕数字化的标准规范体系推出力度不断加大。在教育行业，有"数字校园普及行动""互联网＋教育"、国家中小学智慧教育平台、教育大数据、教育"新基建"等重大工程项目，但是具有清晰顶层设计的数字化教育环境体系设计并不完善，目前仍然处于"星星之火"意图燎原的态势，这迫切需要在国家层面对学校、课程、评价等方面做出可供迭代的推进安排和指导路线。但是由于教育的复杂性，这些工程项目不可能颠覆性推进，稳妥是必须要坚守的。所以以数字校园普及行动为代表的自下而上的数字化环境创新正在逐步规模化推进，一些省份已经全面启动了这项工作，这必将带动新型教学内容、教学环境、教学模式的标准化建设。数字校园标准纳入基本办学标准指日可待，互联网学习纳入学校教育标准指日可待，基于国家中小学智慧教育平台的分布式教育教学服务网络指日可待，分级分类的教育大数据环境体系指日可待……这些都将在5—10年内发生根本变化，而起点就是现在。

第六章

CHAPTER 6
智慧教育大家谈

当下，在百年未有之大变局中，我国的教育现代化面临着千载难逢的机遇与挑战。以大数据、人工智能等为代表的信息技术是教育事业发展的重要牵引力量。为了准确把握当前教育数字化转型的新要求，我们邀请相关专家，一起和大家研究新时代教育事业发展的新思路、新方法，共同推进教育事业的改革与发展。

一、吴砥　教育数字化转型的关键路径

专家简介：吴砥，华中师范大学教授，国家数字化学习工程技术研究中心副主任，教育部教育信息化战略研究基地（华中）常务副主任，教育部教育数字化专家咨询委员会秘书长。

随着大数据、人工智能、区块链等新一代信息技术的不断发展与创新应用，数字化转型已成为经济生产、社会生活、教育文化等多个领域共同关注的焦点。党的二十大报告提出"推进教育数字化，建设全民终身学习的学习型社会、学习型大国"，中共中央、国务院印发的《数字中国建设整体布局规划》中明确指出"大力实施国家教育数字化战略行动，完善国家智慧教育平台"。习近平总书记在中共中央政治局第五次集体学习时强调"教育数字化是我国开辟教育发展新赛道和塑造教育发展新优势的重要突破口。进一步推进数字教育，为个性化学习、终身学习、扩大优质教育资源覆盖面和教育现代化提供有效支撑"。可见，教育数字化转型已成为我国教育改革发展的重要战略方向。

数字时代对人才培养提出了更高要求。随着数字技术与传统行业的深度融合，人机协同工作将成为常态，数字意识、计算思维、人机协作技能等将成为数字时代人的必备素养。数字时代人才培养目标已然拓展，培养学生批判性思考与问题解决、有效沟通、团队协作、创造创新等核心能力迫在眉睫。

（一）数字技术对教育教学的影响

生成式人工智能等智能技术正在加速发展，在教育领域显示出巨大的应用潜力，对教学模式、教学内容、教学评价、学习方式等均产生了重要影响。

"教"的层面，一是推动教学模式从"师—生"二元结构转向"师—机—生"三元结构，在这一结构中，教师是教学活动的设计者、实施者和评估者，ChatGPT 等智能技术成为教学的重要辅助者，学生是教学活动的参与者。二是推动教学内容从人工创造转向智能生成。在智能生成教学内容的过程中，教师是教学内容的设计者、使用者和监督者，学生是教学内容的使用者和二次开发者，ChatGPT 扮演着内容生产者的角色。三是推动教学评价从单一评价转向多元评价。ChatGPT 能够加速信息获取和知识传授的过程，因此我们更强调信息的获取与识别能力。与之相应，教学评价也更强调高层次的实践能力、更加全面的综合素养，形成"知识＋素养"的综合性评价。

"学"的层面，一是促进学习空间泛在化。ChatGPT进一步拓展学习的时间和空间维度，帮助学习者摆脱对环境、设备的依赖，推动教学活动和教学方法创新，构建更加开放的泛在学习空间。二是促进学习过程个性化。智能工具激发学生主体的动机和潜能，形成人机协作的学习共同体，构建开放、自由、连接、共享的智能学习系统，实现更高水平的个性化学习，为全过程个性化学习提供重要支撑。三是促进学习方式协作化。智能工具应用于学习场景，将更好地发挥人类智能与人工智能各自的优势，形成双向赋能的协作共同体，拓展人类思维和创造力，提升智能工具的能力水平，更好地完成学习任务。

（二）教育数字化转型的发展路径

推动教育数字化是一项系统工程，涉及多个层面、多个要素的整体推进，只有以完善的"保障机制"为基本的条件支撑，然后从"物""人""数"三方面着手，瞄准"教学""管理"两大业务应用领域，才能高质量实现教育全面数字化转型发展目标。（如图6-1所示）

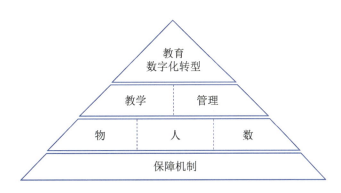

图6-1 教育数字化转型推进路径

首先，是底层的"保障机制"。

要从政府层面制定教育数字化相关的战略规划和标准规范，构建适当的管理体制和运行机制。做好教育数字化顶层设计和战略部署至关重要，要坚持目标导向、应用驱动，加强教育数字化标准规范建设和技术产品研发，为教育数字化的落地实施提供方向和保障。我们要瞄准教育需求、注重应用导向，研制符合我国国情的教育数字化战略行动方案，以3—5年为一个周期，明确各阶段的工作目标、主要任务和实施路径，建立配套的管理体制和运行机制，确保有专门领导管理、有专门机构推进、有业务部门深度支持、有企业和社会力量投入和参与。此外，要围绕"设备环境""平台工具""数字资源""教育数据""在线教学""师生素养""网络安全"等方面的标准化需求，建立一批教育数字化标准"研、用、测"基地，持续加强一系列国家、行业标准和规范的研制、修订、发布、宣传与应用，加快标准测评技术和产品的研发推广，引导教育数字化标准应用与服务产业链健康、有序发展。

其次，从"物""人""数"三方面着手推进。

第一个是"物"，就是硬件设备、软件工具、数字资源等物质层面的支持条件。在基础设施方面，一方面重点加快学校教学、实验、科研、管理、服务等设施的数字化和智能化升级，实现各级各类学校无线网络全覆盖；另一方面注重提升教室、实验室和实训室的数字化教学装备配置水平，升级传统技术设备和系统，打造具有良好体验的新型课堂教学环境，推动学校数字化转型。在数字资源方面，要提供优质数字教育资源共享服务。一方面，要基于"需求牵引、应用为王、服务至上"的原则，针对教育一线的实际情况，多渠道汇聚联通不同地区、不同教育阶段资源库，丰富国家数字教育资源公共服务体系；另一方面，尝试扩大资源体系接入范围，连接一批数字博物馆、科技馆和图书馆，促进跨平台、跨地域、跨层级的资源开放共享。

第二个是"人"，也就是师生与管理者，"物"需要"人"使用，"教学"需要"人"实施，因此"人"应具备良好的数字素养与技能。一方面，帮助教师探索线上线下相结合的分层分类研修培训机制，提高教师的信息技术应用能力、教研员的信息化指导力和教育管理者的信息化领导力；另一方面，为学生提供高质量国家中小学信息技术课程，积极开发各类信息素养的区本、校本课程，还要深化数字素养培育，推动数字技术支持下的跨学科融合，构建基于课堂、应用驱动、注重创新的学生数字素养培育机制。此外，要实施"测—评—培"一体化提升方案，开展信息素养常态化测评，绘制信息素养地图，实现师生信息素养的动态监测。

第三个是"数"，就是推进教育数字化过程中产生的核心数据资产。"数据"作为与土地、劳动力、资本、技术并列的第五大生产要素，是数字经济时代的基础性资源、战略性资源和重要生产力，因此，我们要维护数据主权，保护数据安全与隐私。其一要建立健全教育数据的安全保障制度，通过定期开展教育数据安全评估，实现重要数据的异地容灾备份；其二要加强师生信息保护，规范身份信息、隐私信息、生物特征信息的采集、传输和使用，提高安全监管能力；其三要重视人工智能教育应用伦理规范相关研究，探索建立保障人工智能教育应用健康发展的伦理道德框架，确保其科学、可持续发展。

最后，"教学"与"管理"是教育的两大业务应用领域。

"教学"是指数字化条件下的"教"和"学"。课堂是教育改革的主阵地，课堂教学是数字化转型的核心。利用数字技术为教学赋能已成为国内外的关注焦点，其重点是加快数字技术与教学过程和教学内容两方面的深度融合，从教师的"教"和学生的"学"两方面入手实现全面数字化。一方面，借助数字技术改变传统教学方法，为学生提供个性化、定制化学习支持服务，推广数字技术支持的选课走班、跨校协同、家校合作、校企联动等灵活开放的教学组织模式，促进个性化培养和协同育人；另一方面，要深化网络学习空间应用，推进常态化应用，构建线上线下混合式教学的有效模式。此外，还要积极利用基于人工智能的智能助教、智能学伴等教学产品，深入探索虚拟现实、增强现实等新型技术在教学中的应用，通过开展启发式、探究式、讨论式、参与式的课堂教学活动，打造网络化、沉浸式、智能化的智慧教学新模式，以此促进学生深度学习的发生，达到培养学生核心素养的目的。

"管理"是指基于数据驱动的教育管理。当前，数据驱动的精细化教育管理已成趋势。一方面，重点建立统一、安全、便捷的部、省、市数据交换通道，不断提升教育数据采集、分析、挖掘等处理能力，推动教育数据的有序流动，实现跨地域、跨层级、跨部门的数据共享，促成校内校外业务协同、教育服务一站式办理，从而提高管理效率；另一方面，积极推行基于大数据的区、校一体化教育管理，通过人工智能技术实现管理流程数字化，推动管理业务流程再造，实现人机协同的精细化、科学化教育决策。例如，学校管理者可以借助智慧校园管理平台发布文件通知、查看班级学情、开展评师评教等，通过将线下管理流程转移到线上，节省人力物力，提高效率，并通过全面数字化简化管理流程，优化教育治理体系，提升管理服务质量。

当前，我国教育数字化已进入新发展阶段，我们要以此为契机，利用新一代数字技术支撑教育在育人方式、办学模式、管理体制、保障机制等方面的全要素创新，打造高度智能化的沉浸式教学环境、编制灵活自组织的开放式教学内容、开展数据驱动的综合性过程化评价、培养人机协同的高水平数字化教师，推动教育的流程再造、结构重组和文化重构，促进教育研究和实践范式的深刻变革，改变教育发展的动力结构，全面提升教育的内在品质，打造更加公平、更有质量、更加美好的未来教育。

二、曹培杰　学校教育数字化转型：从智慧校园到未来学校

专家简介：曹培杰，中国教育科学研究院未来教育研究所副所长。

当前，新一轮科技革命开启了一场比工业革命发展速度更快、涉及面更广、颠覆性更强的社会变革，为教育带来了全新机遇和挑战。学校是教育的主阵地，是教育数字化转型的关键一环。2023 年 5 月，习近平总书记在中共中央政治局第五次集体学习上明确指出："教育数字化是我国开辟教育发展新赛道和塑造教育发展新优势的重要突破口。进一步推进数字教育，为个性化学习、终身学习、扩大优质教育资源覆盖面和教育现代化提供有效支撑。"在这个大背景下，推进学校教育数字化转型，已经成为支撑教育高质量发展、建设教育强国的必然要求。

（一）学校教育数字化转型是大势所趋

学校是教育发展到一定阶段的产物，是有目的、有计划、有组织地培养学生的专门场所。现代学校教育体系诞生于工业时代。随着第一次工业革命的兴起，原来的手工作坊被机器大生产所取代，大量的工厂应运而生，由此对教育提出一个新的要求：社会发展需要的不是培养少量的贵族，而是培养一大批掌握固定知识和技能的人才。于是，现代学校以其特有的集约化组

织优势和专业高效的运行模式登上历史舞台，实现了从"小规模松散化教育"到"大规模标准化教育"的历史性转变。尽管现代学校难以照顾每个学生的个性发展，却为人类社会全面进入工业时代提供了重要的人力资源支撑，契合了时代发展要求。

但是，当人类社会全面迈入数字时代，现代学校教育的组织优势就开始退化，而其劣势则在新的时代背景下愈加凸显。尤其是把不一样的学生拉向统一标准的教育体系中加以培养，把不同的人最后培养成"同样"的人。由于过于追求标准化，"千人一面""千校一面"成了现代学校难以克服的天然缺陷。随着新一轮科技革命的加速演进，人工智能、大数据、云计算、区块链等技术加速融入经济社会发展各领域全过程，数字化转型已经成为重组生产要素资源、重塑全球竞争格局的关键力量。人们越来越强烈地意识到，现代学校教育体系无法满足个性化、多元化、高质量的学习需求，"规模化"与"个性化"的矛盾越来越突出，以至于有人讲："我们把机器制造得越来越像人，却把人培养得越来越像机器。"毫无疑问，时代发展迫切需要对学校教育进行一场结构性变革，推进数字化转型已经成为每一所学校必须回答的时代之问。

（二）学校教育数字化转型的发展阶段

自现代学校诞生至今，校园环境发生了多次嬗变，包括传统校园、数字校园、智慧校园等，都对教育教学带来了直接而深刻的影响。实际上，有什么样的校园，就会发生什么样的教育，环境的育人作用远比预想大得多。社会建构主义认为，学习不是"外部刺激的反应强化"或"信息的内部加工过程"，而是"社会环境或特定情境中的知识建构过程"，即学习是发生在真实情境中的社会协商和实践参与过程。从这个角度来看，学校教育的核心就是创设学习环境、构建学习共同体、持续开展师生对话，从而促进学生全面而有个性地发展。

在传统校园阶段，"一个老师一群学生，一块黑板一支粉笔"基本就构成了校园环境的主体，教科书、练习册等纸质媒介是师生教学活动的重要载体。每间教室摆满整整齐齐的桌椅，学生规规矩矩地坐着听老师讲课……这种场景与工厂非常相似，教室就像工厂车间，教育过程则像工业流水线生产，这种车间式的教室就是为了满足标准化的教学。

在数字校园阶段，得益于"校校通""农远工程""三通两平台"等重大项目的部署实施，学校教育实现了"修好路、通上车、装满货"，即校园网络接入全覆盖，多媒体教室、虚拟仿真实验室、网络教学平台等软硬件配置逐步到位，各类数字教育资源不断丰富。教学媒介不仅有纸质媒介，还有多媒体课件、电子教材、专题网站等数字媒介。网课、慕课、翻转课堂等信息化教学取得规模性突破，让"一块屏幕改变命运""人人都能上名校"成为可能。但是，这种教育数字化大多停留于简单应用层面，存在着"灌输多交互少""展示多探究少""预设多生成少"等问题，甚至有些教学把过去的"人灌"变成了现在的"电灌"。

近年来，智慧校园建设进入快车道，北京、浙江、江苏、安徽、宁夏等地出台了专门文件，引导学校围绕基础设施、资源数据、应用服务、安全保障等方面有序推进智慧校园建设，为学校教育高质量发展奠定了数字底座。相对于数字校园，智慧校园具有三大优势：一是智能感知，依托智能传感、物联网等技术，对校园环境状态进行实时监测，根据师生需求对软硬件设施进行自动调节，保障校园系统绿色高效运行；二是数据驱动，依托大数据技术开展伴随式数据采集，深度挖掘、分析数据背后的规律，以此实施学习者特征识别、趋势研判分析及教育教学改进；三是精准服务，依托认知计算、云服务等技术，推动平台开放协同，实现各项业务线上全流程办理，为师生提供精准个性的教学、科研、管理服务。尽管智慧校园催生了教学、管理、服务新形态，更加贴近师生需求，但这些探索仍然无法突破"工业化教育"的框架，更多是技术支持下教育的局部改善，离真正实现智慧教育新形态还有不小的距离。

（三）从智慧校园迈向未来学校已经蓄势待发

当前，从智慧校园迈向未来学校，成为学校教育数字化转型的重要趋势。与其他领域的数字化转型不同，学校教育数字化转型的对象是师生，不是简单的生物体或机器，其特殊性集中体现在"人"的复杂性、多样性、动态性。复杂性，就要求学校教育数字化不能追求简单复制，必须保持足够的开放度、弹性化和人文性。多样性，就要求学校教育数字化不能追求统一标准，必须提供丰富多元的选择和灵活弹性的机制。动态性，就要求学校教育数字化不能追求短期效率，必须着眼长远，结合时代要求不断更新教育理念、变革教育模式，培养适应未来的人才。

在智慧校园建设阶段，学校通常会强调科技赋能、数据驱动、虚实融合等元素，核心是发挥数字技术对教育教学的支撑赋能作用；在未来学校发展阶段，学校通常会强调协同融合、跨界创新、价值赋能等元素，数字技术对教育发展的革命性影响作用充分彰显，并进一步呈现出"技术隐身、教育崛起"的新态势。到那时，人们不再格外强调技术，因为技术已经隐身于教育的背后，变成了教育教学中无处不在、不可或缺的重要组成要素，如同我们呼吸的空气一样，无须强调却又无比重要。学校关注重点从技术应用变成育人创新，整合线上线下、校内校外等各方面力量，努力满足每一个学生的个性化、高质量教育需求。可以说，未来学校是教育形态的整体重构和系统变革，是"工业化教育"转向"智慧型教育"的必然结果，其核心是大规模标准化教育迈向大规模个性化学习。

2020年，世界经济论坛发布的《未来学校：为第四次工业革命定义新的教育模式》报告提出，要创造一种以学习者为中心、以新技能为导向（全球公民技能、创新创造技能、技术技能、人际交往技能）、以办学创新为目标的学校教育模式，包括灵活设计课程、多元评估方式、促进教师成长、密切社会合作等。经合组织提出了未来学校的四大教育图景，包括学校教育扩展、教育外包、学校成为学习中心、无边界学习。其中，"学校教育扩展"是指正规教育的参与率继续扩大，尽管学生学习的选择性更强，但学校的结构和过程仍然存在。"教育外包"是指随着社会越来越多地参与教育，传统的学校体系被打破。"学校成为学习中心"是指多样化教育和实验成为常态，学校与社会无缝衔接，以此开展灵活学习和社会创新。"无边界学习"是指在人工智能、虚拟现实等技术支持下，正式学习与非正式学习难以区分，传统学校体系逐渐瓦解，学习随时随地发生。

可见，未来学校要把数字技术作为教育教学的创新要素和变革因子，建设以学习者为中心的新型教育环境，促进教学流程再造、课程体系重构、评价方式转型和管理模式变革，推动学校教育从"批量生产"模式走向"私人定制"模式，让每个学生都能享受到量身定制的教育服务。一是学习场景相互融通，利用数字技术打破校园围墙，把社会中一切有利的教育资源引入学校，健全资源开发、动态更新、社会汇聚机制，形成多类型、体系化、高质量的数字教育资源体系；通过学校教育场景与网络学习场景、社会实践场景的有机结合，跨越传统教育的时空边界，形成线上线下虚实融合、校内校外贯通衔接的良好生态，让整个世界都变成学生学习的平台。二是学习方式灵活多元，利用数字技术创新教学组织方式，实施以学习者为中心线上线下融合教学，创新课堂形态，实现普遍适切的因材施教；灵活设置课程主题和学习计划，加强学科交叉融合，创新教学组织方式，组建跨区域、跨学校、跨年级、跨班级的学习共同体和实践共同体，使知识学习与社会实践、正式学习与非正式学习融为一体，让学习成为一种美好的体验。三是管理服务智能精准，利用数字技术优化教育业务流程，开展数据驱动的教育质量监测和综合素质评价，通过伴随式教育数据采集，实现对学习成长状态的动态评估和诊断反馈，促进学生德智体美劳全面发展；探索微学分、微证书等数字认证，推动各类学习成果的自由转换，支持学习者开展随时随地、贯穿终身的学习；推进系统集成的业务协同，优化教育流程，全面提升教育决策科学化、管理精准化、服务个性化水平；增强教育算法模型的透明度，构建可信的人工智能体系，保障师生拥有充分自主决策权，让学生站在教育的正中央。

三、杨现民　以数据充分赋能纵深推进教育数字化战略行动

专家简介：杨现民，江苏师范大学智慧教育学院院长、教授、博士生导师。

教育数字化战略行动的持续推进，是教育系统贯彻落实党的二十大精神的重要体现。教育数字化既是当前教育信息化事业发展的主要任务，也是教育现代化的关键特征和核心指标，数字化转型的广度和深度直接影响现代教育体系构建的速度和质量。当前，全国各地教育数字化转型工作已经全面铺开，在"广度"上取得了成效显著，下一阶段需要重点在"深度"上做足、做实、做细。教育数字化"深度"转型阶段面临的挑战难度更大、服务要求更高、持续时间更久、牵动部门更多。如何发动好"数据引擎"，实现数据充分赋能，是纵深推进教育数字化战略行动的"关键一招"。

（一）数据充分赋能教育数字化转型的基本理路

"充分赋能"绝非一般的赋能，而是强调数据在驱动教育数字化全面转型中的全流程赋能、全要素赋能、全场景赋能。也就是说，数据要素要渗透到教育系统的每一个"细胞"，包括教育环境、教育活动、教育资源、教育利益相关者等。从理论上来讲，教育系统只要在运行，便会源源不断地产生数据。数据作为一种"隐形"生产要素，通过加工处理又会反作用于教育系统，进而促进教育系统的自我演化。这应该是数据充分赋能教育数字化转型的内在逻辑。

从内在逻辑向外展开，便涉及数据如何充分赋能教育数字化转型的实践逻辑，包含自下而上、递进支撑、循环反馈的三层赋能，分别是数据治理层赋能、数据开发层赋能和数据应用层赋能。数据治理层赋能要解决好数据自身的质量、交换、安全、隐私等关键问题，通过高质量、高可信、高安全、高流通的数据资源供给，为数据开发层提供生产要素支撑，展现数据的基础支撑价值。数据开发层赋能重在通过多元数据分析和深度数据挖掘，产出面向具体业务和具体问题的教育数据产品和服务，为数据应用层提供方案支撑，展现数据的生产加工价值。数据应用层赋能指向数据要素在教育业务场景中的示范应用和普及推广，通过合理规范、持续有效的数据应用，逐步提升教育系统的运行效能，推动各项教育事业高质量发展，展现数据的终极应用价值。

（二）数据充分赋能教育数字化转型面临的现实难题

从多年来国内教育大数据的建设与应用实践来看，数据充分赋能教育数字化转型仍面临三项突出难题。

一是贯穿全生命周期的数据治理机制尚未健全。《信息安全技术—数据安全能力成熟度模型》将数据的全生命周期划分为采集、传输、存储、处理、交换、销毁6个阶段。虽然全生命周期数据治理的理念逐步深入实践领域，但从理念到实践的成功转化还有较长距离，数据质量难以保障、数据多层多级交换难度大、数据安全与隐私泄露风险大、治理主体权责不清晰等问题依旧突出。此外，各级教育行政部门大都未建立专门的数据治理机构和专职人员队伍，难以对教育大数据开展专业化、高效化的治理，影响数据价值发挥。

二是用户隐私数据的使用边界不清晰、防护难度大。教育数据交换共享过程中存在数据安全风险，容易引发数据泄露、流失、篡改、滥用等数据安全和伦理问题。各级智慧教育平台在构建用户画像过程中，为实现更加精准的用户画像，容易出现过度数据采集、敏感数据展示等现象，严重侵犯师生隐私。此外，技术开发人员、技术运维人员、教育管理者等人的数据安全意识不足，对国家个人信息保护相关法律法规还不够熟悉，存在违规接触或泄露个人隐私数据的风险。

三是教育数据的深度开发能力不强、应用示范度和广度不高。数据作为一种新型生产要素，从"原材料"变成"产品和服务"，须经过劳动者的加工处理，这是数据要素实现其自身价值的必经之路。当前，教育领域数据要素的开发力度和深度远远不够，市场上缺少"撒手锏式"或者"网红式"的教育数据产品，不少地区和学校虽然也在积极探索数据驱动的精准教学、精准教研、教育科学决策、教师队伍治理等应用场景，但整体的应用深度和频度不足，数据价值的激活度不高、普及面不广，难以满足教育高质量发展的现实需求，也难以支撑教育全面数字化转型向纵深发展。

（三）数据充分赋能教育数字化转型的实施建议

一是健全系统观指导下的全局教育数据治理机制。确定教育数据治理的战略目标，将国际数据治理经验与我国教育实际相结合，科学设计智慧教育平台数据治理的组织架构、标准规范、人员队伍、配套机制、技术工具、监督考核等内容，构建横向互通、纵向联动的智慧教育平台全局数据治理体系。编制配套的、细化的、可操作的智慧教育平台数据治理指南和实施方案，推进平台数据分类分级确权授权使用。加强各级平台数据规范审查力度，严格执行国家标准和行业标准，以标准的"真应用"切实破解"数据孤岛"顽疾。既要注重师生身份、行为轨迹、资源使用等原始数据的治理，也要加强用户画像状态、资源推荐结果等衍生数据的治理。认真研究 ChatGPT 等生成式人工智能技术产品对教育数据生产、加工、流通和应用带来的挑战及其应对措施，确保人工智能生成数据的可管可控。

二是建立用户画像全生命周期隐私保护链。基于《中华人民共和国网络安全法》《中华人民共和国数据安全法》《中华人民共和国密码法》等国家法律，建立"事前防护—事中检测—事后审计"的平台数据安防机制。依法保障平台用户基本知情权，对所有接入智慧教育平台体系的平台和移动应用进行数据采集与使用用户告知事项的全面审查，确保教育数据主体的数据访问权、更正权、删除权、反对权、撤回权及投诉权等，完善用户使用条款和隐私声明。明确用户画像全生命周期的隐私保护风险及不同隐私等级数据的管理权限，不同数据域产生的数据隐私等级不同，在用户画像建立和使用时，应根据不同业务场景和数据隐私等级，给予不同的管理权限和使用规范说明。建立平台算法审查制度和备案制度，对采集、处理、分析、评价、推送、展示等各类算法的可解释度、公平度等能力指标进行评价和分级，通过创建不良算法特征库开展智能算法筛查工作，确保算法公平透明。

三是打造教育数据深度开发生态圈。积极响应国家数据要素市场化政策，健全教育数据要素开放与交易机制，面向市场供给更多、更优质的教育数据资源。建立教育数据用户需求清单定期公开机制，吸引科研机构、行业企业等力量精准投入研发力量，开发更多好用、有用、易用的教育数据产品和服务。加强教育数据资源统筹，针对教育重大需求，设立"揭榜挂帅"科技项目，吸引高水平科研团队进行集体攻关。软件行业协会、人工智能学会等社会组织，积极联合高校加强高端数据人才培养，组织开展员工数据研发能力培训，精品数据产品与服务的遴选和推介工作，加速推广优秀教育数据产品与服务，营造有序竞争、奋发向上的行业新生态。

四是着力推进教育数据应用示范。坚持"场景嵌入式、服务伴随式、学习泛在式"的基本理念，面向一线教师和管理人员开展普及式、渗透式数据素养培训工作，建立一支懂数据、用数据、爱数据的教师队伍。坚持"应用为王，服务至上"原则，结合不同阶段教育发展特点，积极探索教育数据场景应用的创新点，找好数据驱动教育问题解决的突破点，发挥好创新点的示范作用、突破点的带动作用，全面提升教育数据创新应用水平。通过征集场景案例、设立专项课题等多渠道创设更丰富的教育数据应用示范场景，并选择有条件的区域和学校开展试点工作，不断总结和推广试点经验，逐步形成多元化的教育数据应用范式。建立"评估—反馈—优化"的教育数据应用链条，以评估结果为依据，开展数据证据导向的教育决策与教育干预，让数据价值在支撑教育高质量发展中充分彰显。

四、杜娟　技术变革视角下教育融通空间的升级转型及应用建设

专家简介：杜娟，沈阳师范大学教授，辽宁省基础教育信息化研究中心副主任，辽宁省电化教育馆副馆长，硕士研究生导师。

（一）教育融通空间的演进

数字技术通过对数据进行汇聚、处理、整合，创造出复杂的虚拟空间，并通过对传统教育要素优化重组、升级转型，重塑教育行业格局，促进了教育均衡、教学创新和组织变革。其本质是通过数字技术"联结"着教育中的"人"、场所及活动。根据"教育信息化动力从建设驱动向应用驱动演化，信息化理念从工具应用向深度融合演化"的演进逻辑，教育融通空间随着数字技术的迭代也演进为多模态传播空间、跨领域融合空间、智慧教育生态空间三个阶段。

数字教育空间1.0：以数字化资源建设与应用为重心的多模态传播空间。在多模态传播空间中，教育者利用数字化资源的多模态特性和资源服务功能开展教育教学，知识以单向传播为主，并通过对不同类型的知识进行时间序列式、空间分布式、行为领域式等多种方式表征，形成学习情境，促进学习者理解并建构知识。

数字教育空间2.0：以生成性学习互动为中心的跨领域融合空间。跨领域融合空间是依托Web2.0技术，形成的"人""资源"进行深层次教育互动的空间形态，具有开放性、参与性、生成性、跨领域等特征。在跨领域融合空间中，不同组织、角色的教育主体就共同的教育目标通过网络"联通"，组成互联网信息源，每个个体、组织都是信息网络的节点，与数字资源非线性相互作用形成信息流通，在"线上"与"线下"非平衡状态中不断寻找平衡点，形成貌似无序、实则有序的自组织系统。

数字教育空间 3.0：以服务大规模培育个性全人为目标的智慧教育生态空间。智慧教育生态空间是开展智慧教育活动的空间形态，空间依托物联网、云计算、大数据、区块链等新一代数字化技术，赋予传统教育空间物联、智能、感知、泛在的特征，实现对物理空间的解构，并结合人类智慧，重新构建成集"云、网、物、心"于一体的融通空间。具备精准智能、重塑要素和协同演化的核心特征。为师生、教育管理者提供适切的教育支持，协调教育活动要素之间的关系，建设以"促进学习者全面发展的协调、智能、人性"为主要特征的制度文化及机制，重构教育生态。

（二）智慧教育生态空间应用范式

根据空间生产理论，从社会关系再生产的角度，聚焦智慧教育生态空间中的"人"这一核心要素，分析"人"与"时空""资源""环境""社会"的关系变革，提出以下三种智慧教育生态空间的应用范式。

1. 变革"时空顺序和资源作用"的应用范式

数字技术突破时空限制，改变了原有资源辅助教师教学的单一功能，为实现自主学习、个性化学习提供了支持和服务。智能批阅、智能学籍管理通过精准高效的数据分析，生成有价值的决策信息，为教育政策制定提供了依据。泛在智慧学习环境、教育工程数字服务则面向教育系统工程和学习者，提供数据追溯、智能服务。

2. 改变"认知—身体—环境"关系的应用范式

智能虚拟技术具备沉浸感、交互性、构想性和智能化特点，通过为学习者提供具身认知体验，破除了感官体验和认知内容之间的屏障。智能学伴根据学习者的学习困难和需求，为其提供个性化的学习支持和指导。智慧微格、智能研修为教师的个性化成长提供平台，创新教师教育模式。智能安防、智慧能源管控可为数字校园建设提供智能保障，教育资源智慧供给则可为不同地区、不同学校提供个性化教育和信息化服务支持。

3. 开辟"人—技术—人"新关系的应用范式

智慧教育生态空间实践的本质是"人机共生"的合作思维，这一实践重构了社群中的"人—人"关系，为人类学习开辟了新思路。基于数据分析，利用知识跟踪算法实现对学习者的学习诊断，向学习者自动推送个性化的学习路径和学习材料，为大规模教育中个性化学习形态的实现提供了可能。智慧校园、智慧督导在教育教学管理过程中进行信息的智能输入、输出和反馈，可实现智能教育治理。而数字社区服务、数字化终身学习平台等面向社区和大众开放，扩大了智能教育服务的受众面，并提高了服务效率。

可见，智慧教育生态空间的应用，重构了教育业务模式、工作流程和人际关系，形成了技术、教育实践、教育主体三者平衡的教育服务新生态。从微观上来说，智慧教育生态空间的合理应用推动了培养学习者核心素养的教学创新实践活动的开展；从中观上来说，智慧教育生态空间的科学建设为构建智慧教育服务优质均衡发展的模式提供了必要条件；从宏观上来说，智慧教育生态空间的良性发展为实现"支撑终身学习的学习型社会"提供了顶层设计和管理服务的思路。

（三）智慧教育生态空间建设机制

智慧教育生态空间中"人、技术、活动、制度、文化"等要素相互协同作用，形成促进自组织系统发展的内生动力。同时，教育生态系统作为一个复杂开放的自组织系统，除了要重视其内部的整体性，还要防范自组织系统的突变性。这就需要加强相关机制建设，促使实现智慧教育生态空间的有序发展。

1. 环境：创建智能物理环境，为空间创新应用提供支持

智能物理环境是智慧教育生态空间的基础。完善的智能物理空间应包含四个方面：一是能提供体感舒适并符合人体工学的物理教室，便于师生开展教学和学习；二是能够成为学生自主建构工具和交流的移动终端；三是能够智能分析判断学习情况并推送学习资源，形成个性化学习路径的智能分析系统；四是为师生、生生、家校提供互动交流的通信系统。

2. 社群：重视人的核心作用，构建为优质教育服务的人力资源体系

首先，管理者要建立"数字化思维"，具备数字化转型的战略眼光，提高数字化技术统筹规划的能力，对本地区（学校）体制机制、组织架构等方面进行顶层设计，对师生渗透数字化转型的思维认知，使其理解数字化转型的重要意义，通过数字化"智治"全面推动组织转型创新。

其次，激发师生数字化转型的内生动力，形成"促进学生发展"数字化技术应用的常态效应。智慧教育生态空间变革为数字化转型提供基础和动力，但还需要调动包括"人""物""流程"等教育中的全要素。形成发展共同体，优化资源供给，改革教育模式，营造网络思维与文化，是激活师生数字化转型的内生动力的主要着力点。

最后，吸纳优质社会资源形成合力，注意从原有的"标准化"服务转向以人为本的"精准化""定制化""个性化"服务，打造促进全人发展的教育教学生态场景。

3. 制度：加强智慧教育制度空间建设，探索技术驱动下的教育生态

"如何着眼智能技术驱动下的教育系统的结构性变迁，构建并科学治理可持续发展的良性教育生态"成为建设智慧教育制度空间需要解决的关键问题。智慧教育制度空间建设需要关注如下三方面：一是关注技术发展，准确研判技术发展成熟度，在符合科技道德的前提下形成制度性解决方案；二是形成协同思维，结合教育发展需求，将技术新态势和以人为本的教育发展理念相结合，形成多元社会协同体系，提升教育治理的品质；三是注重精准治理，充分利用大数据、人工智能，将其嵌入教育治理，根据数据监控精准分析教育问题产生的背后原因，形成具有可操作性、可检验性的治理制度，在复杂多变的治理环境中形成智慧治理新结构。

4. 文化：注重智慧教育文化空间建设，打造清朗有序的智慧教育

教育数字化转型最根本的是要转变传统教育文化的基因，形成新的"文化基因"。文化隐性地存在于教育主体的意识形态层面中，引导、规范教育主体发展。智慧教育文化空间建设，更要注重因数字化而形成的文化嬗变。首先要关注个体身心发展。以智能化技术为支撑，关注数字时代成长中的青少年因数字行为习惯带来的心理表征，帮助青少年形成健康、正确的世界观、价值观。其次要加强网络空间文化建设。通过教育引导、制度规约、舆情监控等方式构建内涵深刻、清朗有序的网络空间。最后要加强数字校园文化空间建设。以学校文化特色为基础，在学校管理者的主导下形成具有一定特色的良好学校组织文化。

五、杨俊锋　规避人工智能在教育应用中的伦理风险

专家简介：杨俊锋，杭州师范大学教授，教育部教育信息化战略研究基地（北京）副主任，博士生导师。

利用人工智能技术促进教育数字化转型，提升教育质量、促进教育公平，是全球各个国家推动教育高质量发展的战略选择。然而，人工智能的教育应用产生了隐私泄露、偏见与歧视及教育不公平等伦理风险。在建设教育强国的背景下，应率先制定和出台一套行之有效的人工智能教育应用中伦理风险的防范对策，以保障每一个学生享有公平的受教育权利，确保人工智能能切实推进教育质量、教育公平，实现终身学习。

（一）人工智能教育应用的伦理风险及成因

随着人工智能与教育的加速融合，其过程中产生了亟待解决的伦理问题，包括数据泄露、算法偏见与歧视、学术不端、教育价值偏颇、人文关怀缺失等，这些问题将会阻碍教育数字化的可持续发展。

1. 数据泄露与隐私过度收集导致学生权益受损

数据是训练和优化人工智能系统的基础，也是人工智能系统准确反映和满足学生需求的关键。然而，人工智能产品（如"监测头环"和人脸识别等）在学校的使用引发了一系列伦理问题。首先，这些技术在未经学生或家长同意的情况下收集各种个人信息，如上课表现和定位数据，这不仅侵犯了学生隐私，也可能对学生心理产生负面影响。其次，缺乏数据安全规范和妥善保管可能导致数据泄露。例如，2022 年 6 月，"××学习通"软件的用户数据库疑似被非法销售，涉及的信息包括姓名、手机号等，数量高达 1.7 亿条。这种泄漏不仅侵犯了个人隐私，还可能引发诈骗或威胁人身安全，对学校声誉和家校关系产生负面影响。

2. 算法不透明或可导致教育偏见与歧视

算法具有高技术门槛特性，其伦理风险也往往难以觉察，比如，算法模型的简约化可能导致教育被形式化的风险，算法黑箱可能导致学习被算法控制的风险，算法偏见可能导致教育的歧视与不公平等。例如，美国 GRE 考试中部分州采用了人工智能自动评阅，研究发现，非裔美国人往往在语法、风格和组织方面被自动评阅评为低分。此外，个性化推荐功能也可能导致不公平。例如，经济落后地区学生或女性学生可能由于偏见失去接触高级学习内容的机会，限制其潜力和职业发展。由于算法不透明，受影响者往往难以察觉这些偏见，这进一步加剧了教育中的"马太效应"。

3. 过度依赖或可导致师生主体地位消解与人文关怀缺失

人工智能应用的介入使传统教学中的"师—生"二元关系转换为"师—机—生"三元关系，若教师过分依赖人工智能的决策，将学生数据化、标签化，不关注学生实际问题，在教育中忽视和缺失人文关怀的情感教育力量，将不利于培养学生的健全人格与身心健康。若学生过分依赖拍照搜题、个性化推送等功能，而不对人工智能提供的大量知识和信息加以思考，会陷入"拿来主义"与"信息茧房"的泥潭，可能会丧失学习能动性，产生思维惰性，长此以往，学生的元认知、创新性思维、批判性思维、独立解决问题的能力均可能受到不同程度的损害。以"××搜题"的拍照搜题功能为例，部分学生过度依赖软件寻找答案，不利于学生独立自主学习能力的培养，也有悖于人才培养的根本目标。

（二）应对人工智能教育应用伦理风险的政策建议

面对人工智能教育应用的伦理挑战，为响应国际倡议，推进人工智能与教育的双向融合，建议积极推动人工智能教育应用伦理规范研究，加强监管力度，创新制度设计，深化教育生态创新，为我国人工智能教育应用的可持续发展提供重要保障。

1. 研究制定并出台人工智能教育应用伦理标准

随着人工智能在教育领域的应用日益广泛，制定和实施相关的应用伦理标准变得尤为重要。

确保数据和算法管理的隐私性、透明性和公正性。开发者在数据收集阶段需要明确告知用户收集信息的范围，并获得其明确授权。整个数据生命周期内，从收集、存储到销毁，都需要严格的管理和明确的权责归属。在算法设计方面，透明性和可解释性是关键。应用的所有决策逻辑应能被教师、学生、家长等用户理解。还需通过多元化的数据训练和算法审查，确保算法决策的公正性，避免产生歧视性偏见。

确保数据安全、产品质量，并提供全面的技术与教育支持。提供者需确保数据可通过加密技术进行安全存储，同时实施访问控制以限制对敏感数据的访问。数据安全审核应定期进行，以预防和预警可能的数据泄露。产品质量方面，提供者应确保产品功能完整、性能稳定，同时提供优质的用户体验。提供者还需构建有效的客户服务体系，包括详细的用户指南、在线客服和技术支持。

确保人工智能教育应用的合理使用并加强自身权益保护。在教育中，应谨慎地使用"拍照搜题"等可能导致学生思维惰化的功能，并在适当的场景下，使用生成式人工智能以辅助而非替代教师教学。同时，需警惕学生利用人工智能进行考试作弊和学术不端等不良行为。教育管理部门应监督这些准则的实施，并对违规行为进行严格的调查和处理。同时设立投诉机制，以便教师、学生和家长举报不当行为。教育工作者、学生及家长需要了解如何使用合法手段保护自身的隐私权和知识产权等权益。

2. 构建人工智能教育应用进校园的审查机制

建立人工智能教育产品进校园的审查机制是确保人工智能教育产品符合教育目的和原则的重要措施。

制定审查内容标准。教育部、国家互联网信息办公室、工业和信息化部、中央电化教育馆等部门共同制定审查内容标准，标准应涵盖人工智能教育产品的内容、隐私保护、算法透明等。内容上，包括内容的准确性、年龄的适宜性、教学方法的相关性，以及文化和社会的适宜性等。在教育资源被批准使用之前，应由富有经验和教育专业知识的教师、学校领导小组及各种社会团体评估其伦理性、安全性、公平性、效益性。技术上，应确保人工智能教育应用的数据管理与算法设计符合国家法律法规与伦理标准。

明确审查责任主体。为确保人工智能教育应用安全、有效地进入学校，审查责任主体包括国家教育行政部门、地方教育行政部门、教研部门和信息中心、学校及第三方专家团队。国家教育行政部门负责制定全国性审查标准和准入政策。地方教育行政部门负责依据国家标准执行地方级别的审查，专注于本地文化和教育现状，以及与国家级部门进行定期沟通和审查结果报告。教研部门和信息中心侧重于应用的教学效果和技术适用性，进行持续的效果评估和用户需求反馈。学校作为终端使用者，负责应用的日常管理和监测，对出现的教育或技术问题进行实时反馈和上报。最后，第三方专家团队将从伦理、安全、数据保护等多维度进行独立的周期性审查和评估。

确定审查规范流程。综合考虑教学应用特性、系统内分工、技术可行性和用户接受度。教育部设立审查团队，其中应包括教育、信息技术和法律专家，确保审查的全面性和公正性。开发者在申请审查时需提交详细资料，包括产品说明、安全性和隐私保护等。不仅要审核这些材料，还需测试产品的实际性能。通过审查后，需定期检查产品使用情况，确认产品是否符合标准，并根据需要进行调整。对数据安全，也需要进行持续严格的监管，以保护学习者的信息权益。

后　记

　　2019 年 8 月，教育部教育管理信息中心批准立项"中国智慧教育区域发展研究报告"（以下简称"报告"）。报告的定位和意义是把智慧教育的理念带给区域和学校，给区域提供智慧教育建设和应用的方向，指导智慧教育项目的研发，推进智慧教育自身的学理迭代。

　　项目立项伊始，我们建立了完善的组织架构，以报告为依托，先后成立了总报告专家组、国家级新区智慧教育发展报告专家组、职业教育数字化转型发展报告专家组、数字化赋能课后服务发展报告专家组，以及区域项目负责人联络组。总报告专家组定期组织研讨、调研，探讨团队协作机制；确定报告研制路线图，以厘清的概述为纲，通过问卷调研的方式，聚焦区域和学校智慧教育发展现状，以指引发展为目的编制年度报告。《中国智慧教育区域发展研究报告（2020）》修订了智慧教育的定义，关注智慧教育研究和技术热点，完善了智慧教育实践四维路径，明晰了五维评估指标体系。《中国智慧教育区域发展研究报告（2021）》从 5 个维度 17 个指标提出智慧教育的观测评估体系，呈现了区域智慧教育发展现状与特征，并通过案例进行引证，对智慧教育的发展趋势进行了展望。

　　《2023 中国智慧教育区域发展研究报告》聚焦数字化转型、智慧教育、智能教育、数字教育等，进行概念比较。丰富案例分析的维度，提升区域指数表征能力，采用"1+X"的体例开展梳理工作。2023 年问卷主要从教育理念、教与学空间、数据资源、教育形态和教育治理五个维度展开，通过二级指标呈现区域智慧教育发展样态。以"智能＋教育"的三重内涵，即教育以智能技术为环境、以智能技术为内容、以智能技术为目的，阐述智慧教育的全貌。

　　在研究、撰写过程中，我深切地感受到智慧教育的发展离不开各方面的共同努力。在此，我代表总项目组衷心感谢所有参与本报告研究和撰写的专家团队和合作伙伴。

展望未来，充满期望。中国智慧教育在大家的共同努力下，凝练"区域范式"，推动技术赋能"教学管评测"，发挥区域带动和辐射效应。今年增加专题研究报告，更加丰富了报告的内容和形式。我们将继续秉承客观、公正、严谨的态度，深度挖掘区域典型案例，保持报告一贯的借鉴性、方向性和指引性，完善智慧教育"智商"测评指标体系，探索智慧教育概念性和操作性框架，提供智慧教育建设与发展的方案。

最后，再一次感谢上海市闵行区教育局、上海市徐汇区学校事务管理中心、广东省东莞市教育信息中心、湖北省武汉市汉阳区教学研究培训中心、湖北省荆门市电化教育馆、河南省教育资源保障中心、浙江省东阳市电化教育馆、江苏省南京市电化教育馆、江苏省苏州市电化教育馆、陕西省西安市现代教育信息技术中心、陕西省西安市西咸新区教育体育局等单位对本次数据采集工作的支持，也感谢西北大学、西北师范大学、深圳大学、淮北师范大学、辽宁省电化教育馆等专家团队的学术贡献。

"中国智慧教育区域发展研究报告"项目负责人　刘曦葳